国际工程项目合同管理全流程手册

秦占飞 著

中国法制出版社
CHINA LEGAL PUBLISHING HOUSE

前　言

20多年来，我国工程企业先后“走出去”，主要在中东、中亚、非洲、美洲等地区开展了跨国经营，并取得了不俗的业绩。伴随着国家“一带一路”倡议的深入实践，中国工程企业境外业务无论在市场份额还是在业务领域上都将会进一步得到提高和拓展。

中央对企业国际化发展提出了明确要求，希望国有企业成为创新驱动、提升“走出去”能力的主力军，要大力提升国际化经营水平，打造国家新名片。同时，也对国际化发展提出警示，要求在国际化经营中必须加快国际化能力建设，切实防范重大经营风险。

随着我国工程企业境外业务的不断扩展和深入，面临的项目执行法律风险压力越来越大。一方面，境外业务点多面广，在不同的国家和地域开展业务遵守的当地法律法规不同，面对的业主或承包商不同，合同模式也不尽相同，法律风险防范和控制措施的难度也逐渐增大。另一方面，境外项目法律风险防范意识依然不高，重大法律风险识别、应对和措施不尽到位，项目执行全过程管理还比较薄弱，项目综合效益水平有待提升等。

鉴于此，希望本书的出版和发行，能够对中国工程企业国际化经营业务持续健康发展有所裨益。本书结合我国工程行业特点，认真剖析国际工程承包项目执行所遇到的重大经营法律风险，更多从实战和经验教训入手，具有专业性和实用性，既可作为工程企业境外市场开发人员及项目执行人员的工具书，也可作为工程项目管理专业院校师生的参考书。但由于笔者水平所限，加之编写时间较为仓促，错漏之处在所难免，希望本书使用者和参考者多提出宝贵意见和建议，我将不断持续改进和提高。

在本书编写和评审过程中，参考了本书后附的几本书籍，也得到了中国法制出版社领导和专家的悉心指导和斧正，使得该书相关内容更趋完善。在此一并鸣谢！

自　序

一、中国工程企业国际化经营概述

早在21世纪初，伴随着中国经济的迅速发展，建设工程市场的兴旺及国内工程企业发展的强劲势头，越来越多的中国工程企业跨出国门，走向国际工程市场舞台，投入国际工程的建设当中。在此前后，一些国有企业和民营企业已经在非洲、中东及南美地区等国际工程市场开启了国际工程建设的尝试和探索，国际化经营实现了初步的成果。2013年，国家主席习近平先后提出共建"丝绸之路经济带"和"21世纪海上丝绸之路"的重大倡议，2015年，国家发改委、外交部、商务部联合发布《推动共建丝绸之路经济带和21世纪海上丝绸之路的愿景与行动》，得到国际社会的广泛关注和积极回应。适应新形势的发展需要，中国工程企业国际化经营的步伐走得越来越快，区域化和规模化优势越来越明显，但与此同时随着国际工程市场的激烈竞争，国际工程承揽的利润空间变得越来越小，工程企业面临的风险越来越大，尤其是法律风险日益突出，一些大型国际EPC（Engineering Procurement Construction，工程总承包模式的一种）工程项目出现了工程拖期和效益下滑，甚至发生亏损或巨额亏损。因此中国工程企业如何提升自己的国际化经营能力和实力，在国际工程市场大舞台上竞相角逐，实践-总结-提升-再实践，积极主动迎接挑战，应对重大风险挑战，国际化经营路子走得又稳又准，成为一个重大的实践课题。

二、国际工程项目法律风险管理综述

国际工程项目，尤其是国际工程总承包项目的实践，对工程企业提出了越来越多的能力和实力的要求。以往我国工程企业，仅仅依靠项目成本控制和施工技术优势，以实现项目效益的传统项目管理模式和理念被挑战。

现代国际工程总承包管理市场的实践证明，工程企业不仅要拥有一流的施工技术，精细的工程总承包设计、采购、施工和试运及配合业主开车投产的项目管理能力，更加重要的是要具备融资的渠道，协助融资的有效手段和途径；要具备依法合规经营的意识和理念，健全完善的合规管理体系和运行机制；要具备防控国际工程项目法律风险的能力和水平，这样才能使自身具备为业主提供工程总承包管理服务的能力，在国际工程日益竞争的强林中立于不败之地，持续健康发展。

工程企业在国际化经营的过程中，所面临的法律风险会越来越多，法律风险防控和应对的难度也会越来越大。随着工程企业境外业务的不断扩展和深入，所面临的项目执行法律风险的压力会越来越大。一方面，境外业务点多面广，在不同的国家和地域开展业务对应的法律法规和政策不同，将面临政治、经济、安全、环保及法律等方面的风险；另一方面，面对的业主或承包商不同，项目执行的技术规范和标准也不尽相同，合同模式也不尽相同，所面临的项目执行法律风险也是千变万化。此外，我国工程企业执行境外项目法律风险防范意识依然不高，合同履约及契约精神尚未完全形成，重大法律风险识别、应对和措施不尽到位，项目执行全过程管理能力还比较薄弱，尤其是项目变更、索赔及反索赔能力不强，法律纠纷处置水平不高，所有这些都会影响工程企业在国际化经营中综合效益水平的实现。

三、“一带一路”走出去倡议的响应与落实

我国提出的“一带一路”的合作倡议，将充分依靠我国与有关国家之间现有的双边和多边机制。借助现有有效的区域合作平台，“一带一路”旨在借用古丝绸之路的历史符号，高举和平发展的旗帜，积极发展与沿线国家的经济合作伙伴关系，共同建设一个政治互信、经济融合、文化宽容的利益共同体、命运共同体和责任共同体。

“一带一路”合作倡议，为工程企业拓宽国际化经营的路径，实现国际工程区域化、规模化、全球化等创造了发展的大机遇，也为我国工程企业“走出去”提供了政策上和经济上的保障。

因此，在响应“走出去”倡议方面，我国工程企业应抓住这个历史机遇，做好国际化经营的长远规划和区域布局，结合企业实际现状，编制国际工程市场开发计划，并按照计划分步实施，逐步走出一条创新发展、融合共生、合作共赢的国际化经营路子；在落实“走出去”倡议方面，我国工程企业应当顺应国际工程市场的发展趋势，发挥企业的优势，改进自身的弱势，练好企业内功，建立健全一套国际工程项目的市场开发和执行体系，并加强体系的有效运行，不断提高企业的国际化经营能力和水平，提升国际工程项目执行过程中的法律风险防范与控制，助力企业不断开拓和创新，依法合规诚信经营，开创出工程企业国际化经营的大好局面。

目　录
Contents

第四章

承包商合同履行过程管理

第五章

合同变更管理

第六章

承包商合同索赔管理

第七章

合同关闭管理

第一章
国际工程合同体系

合同在国际工程领域占据着中心地位，体现了相关的法律法规和惯例，规范了当事人的权利、责任与义务以及工程实施过程中的风险分担，是国际工程参与各方实施工程管理的基本依据。在国际工程领域，国际咨询工程师联合会（简称 FIDIC）制定并推荐使用的《土木工程施工合同条件》（简称 FIDIC 合同条件）被称为“土木工程合同的圣经”。许多国家参照国际上的这些标准合同条件，结合自己国家的具体特点，制定出自己国家的工程承包标准合同条件。

第一节 合同综述

一、合同的定义

合同是现代社会进行各种经济活动的基本法律形式，它通过对当事人权利义务的规定，起着维护并保障经济交往顺利进行的作用。合同的应有之义是当事人之间意思表示一致，即只有当事人之间意思表示一致的情况下，合同才可以成立。

《中华人民共和国民法典》（以下简称《民法典》）第四百六十四条第一款规定：“合同是民事主体之间设立、变更、终止民事法律关系的协议。”

简而言之，合同具有以下特征：

（一）合同是当事人之间自愿协商所达成的协议，是双方或多方的民事法律行为；

（二）合同当事人具有平等的法律地位；

（三）合同具有法律约束力；

（四）合同内容和合同形式必须合法；

（五）依法成立的合同，受法律保护。

建设工程合同是承包人进行工程建设，发包人支付价款的合同。它包括工程勘察、设计、施工合同；合同应当采用书面形式；建设工程的招标投标活动，应当依照有关法律的规定公开、公平、公正进行。

二、合同的分类

社会经济活动和财产流转方式是多样的，当事人订立合同有着不同的经济目的，而不同的经济关系在法律上的表现形式也是不同的，这就决定了合同的多样性。按照不同的标准，可将合同作不同的分类。

（一）单务合同和双务合同

根据当事人之间是否互负义务，可将合同分为单务合同和双务合同。单务合同是指当事人一方负有义务，而他方不负有义务的合同。双务合同是指当事人双方互负义务的合同。

区分单务合同和双务合同的意义在于：

第一，双务合同有同时履行抗辩的效力，单务合同无此效力。

第二，双务合同有风险负担的分配问题。

比如，当事人一方因不可抗力不能履约则无权要求对方履行合同；若对方已履行，则应将所得利益返还，而单务合同没有对待给付以及返还义务。

（二）有偿合同和无偿合同

根据当事人取得利益是否付出代价，可将合同分为有偿合同和无偿合同。有偿合同是指当事人取得合同规定的利益必须为此支付相应代价的合同。无偿合同是指当事人一方取得合同规定的利益无须支付任何代价的合同。

区分有偿合同和无偿合同的意义在于：

第一，有偿合同的债务人的责任通常比无偿合同重；

第二，无民事行为能力人或限制民事行为能力人订立有偿合同时未经法定代理人同意则为无效合同或效力待定的合同（个别情形除外），而对于纯获利益的赠与等无偿合同，无民事行为能力人或限制民事行为能力人作为受益方均可单独订立；

第三，债务人与第三人的合同为无偿或有偿时，债权人行使撤销权所应具备的条件有所不同。

（三）诺成合同和实践合同

根据合同成立时是否需交付标的物为标准，可将合同分为诺成合同和实践合同。诺成合同是指双方意思表示一致即成立的合同。实践合同是指除意思表示一致外还必须交付标的物方可成立的合同。

区分诺成合同和实践合同的意义在于：

第一，合同成立的要件不同。诺成合同仅以当事人意思表示一致为成立要件；实践合同还要以交付标的物为成立要件。

第二，当事人义务的确定及承担的责任不同。诺成合同中当事人有交付标的物的义务，不履行该义务则构成违约责任；实践合同中交付标的物只是先履行合同义务，违反该义务不产生违约责任，可构成缔约过失责任。

（四）要式合同和不要式合同

根据合同是否要以特定形式为要件，可将合同分为要式合同和不要式合同。要式合同是指必须依据法律规定的形式而成立的合同。不要式合同是指当事人订立的合同依法并不需要采取特定的形式，当事人可以采取口头形式，也可以采取书面形式。合同除法律有特别规定外，均为不要式合同。

（五）明示合同和默示合同

在明示合同中，当事人要用语言或文字明确表示他们缔结合同的意愿，而默示合同只能从当事人的行动或当时的环境来推断出他们缔结合同的意愿。从法律意义上讲，明示合同和默示合同仅仅是表达承诺的方式不同，其法律效果则是相同的，它们之间没有实质性的区别。

（六）主合同和从合同

根据合同相互间的主从关系，可以将合同分为主合同和从合同。主合同是指不需要其他合同的存在即可独立存在的合同，从合同是指以其他合同的存在为前提的合同。

三、合同的基本条款

合同的基本条款即合同的主要内容，依照合同类型的不同而有所不同。合同作为一种法律关系，其内容就是当事人享有的权利和承担的义务。根据我国的规定及实践，合同的基本条款可分为两大部分：合同的必备条款和合同的选用条款。

（一）合同的必备条款

合同的必备条款是指一项合同必须具备的条款，若合同中缺少这类条款，或这类条款不明确，合同就很难履行，甚至导致合同本身不成立。概括而言，必备条款一般包括下列条款：

1. 合同当事人的名称或姓名、国籍、住所；
2. 签约日期和签约地点；
3. 合同标的的种类、范围、技术条件、质量、标准、数量；
4. 价格条件、付款方式和各种附带费用的条款；
5. 合同履行的期限、地点和方式；
6. 违约责任。

（二）合同的选用条款

一般而言，合同的选用条款包括下列条款：

1. 合同能否转让及其转让方式；
2. 争议解决方式及所适用的法律；
3. 合同使用的文字及其效力；
4. 合同履行过程中的风险责任承担方式；
5. 标的物的保险范围及保险费的承担方式；
6. 合同的担保；
7. 不可抗力；
8. 索赔。

无论是必备条款还是选用条款，都是对一般合同而言，如法律有特殊规定的，还应按照法律的规定确定合同条款。

值得一提的是，FIDIC 制定的有关合同条件，是将必备条款和选用条款综合编纂而成，用以作为工程承包合同的范本。

在合同的正文之外，对合同中某些未能详尽说明的内容，一般作为合同的附件在合同中列明，附件是合同的重要组成部分，与合同正文具有相同的法律效力。

第二节　国际工程合同综述

一、国际工程合同的基本概念

一般来讲，一国当事人为取得酬金，以自己的人力、物力和技术，在别国境内承包该国政府或企业委托的建设项目所订立的协议，就属于国际工程承包合同。其中，委托建设工程的一方为发包人（通常情况下为业主），承包工程一方为承包人。发包人的主要权利是按时、按量、按质验收完工的工程项目，主要义务是提供必要的施工条件和支付价款。承包人的主要权利是收取酬金，主要义务是承担工程的设计、建筑、安装、试车等任务，如期交付工程项目。因此国际工程合同是指不同国家的有关法人或个人之间为了实现该国际工程项目中的特定目的而签订的，并确定双方权利和义务的协议。

二、国际工程合同的特征

国际工程承包合同的特点是：

（一）合同的主体具有国际性。合同的当事人不是同一个国家的法人，而是分属于两个不同国家的企业、法人或其他经济、政治组织。

（二）合同的内容广泛而复杂。即国际工程承包合同的内容极其复杂，不仅涉及勘察、设计、土木工程，而且涉及机械工程设备交易、建筑材料交易、技术使用许可、人员培训等方面，是一项综合性的输出。这是其他类型的合同所难以比拟的。

（三）风险大。国际工程承包合同的履行期限长，交易额大，国际市场行情变化迅速、难以把握，建筑工程项目又在异国履行，容易遇到较大的经济风险、自然风险和政治风险。这就要求承包人应具有很高的经营管理水平和先进的施工技术。

（四）竞争激烈。国外的大工程一般都采用招标的形式向国际市场招标，投标人众多，强手林立，竞争很激烈。

（五）多重规制。不但要受到国内政策法令的影响，同时，又要适用履行地国家的法律和政策。

（六）合同的组成复杂。国际工程承包合同很少只订立单独的合同，而是由好几个合同文件组成。这些合同文件包括招标通知、投标须知、合同条件、投标书、中标通知、图纸、技术标准、工程量及价格表、合同协议书以及其他经双方确认具有约束力的文件等。多数都采用一个主合同和若干个分合同配套组成。

（七）合同的履行期长。一般的项目要2—3年的时间，大型项目则往往要3—5年才能竣工。

三、国际工程合同的种类

国际工程合同的种类较为复杂。根据不同的标准，可以分为不同的种类。按工作内容可分为咨询服务合同、工程施工合同、货物采购合同和安装合同等。还可以按承包范围、计价方式分类。

（一）按承包范围分类

可以分为设计-建造合同、交钥匙合同、施工合同、分包合同、设计管理合同、施工管理合同等。

1. 设计-建造合同

设计-建造合同形式在发达国家工程项目中的应用已经比较普遍。随着我国建筑业的发展，国内应用设计-建造合同形式的项目也会逐渐增多。与传统合同相比，设计-建造合同的最大特点是将工程项目的设计和建造交给同一个主体实施，该主体即设计-建造承包商，对设计和施工向业主承担“单一责任”。

2. 交钥匙合同

交钥匙合同（Turn-key Contract），又称启钥契约、一揽子合同，指买卖双方签订的以成套工厂设备和技术转让为目标的买卖协议。承包商从工程的方案选择、建筑施工、设备供应与安装、人员培训直至试生产承担全部责任，最后把一项随时可以使用的工程交给买方。交钥匙合同是由设计合同、许可证合同、土木工程合同以及设备采购合同等构成的一个复杂的整体。在该合同以外，有的还同时签订技术援助合同、经营管理合同或推销该厂产品的合同。交钥匙合同的性质是成套工厂设备的买卖与技术转让结合在一起的合同。其标的物可分为两类：一类是有形财产，包括厂房与机器设备；另一类是无形财产，包括商标、专利与专有技术的使用权等。传统的交钥匙合同，买方所购进的是整套工厂的生产设备。卖方一旦把工厂的建筑物、机器设备以及书面技术资料移交给买方之后，合同即为履行完毕。通过暂时验收，证明已达到合同规定的指标后，该项目的所有权与风险即转移给买方，价金亦于此时付清。目前业主为加重卖方提供技术的义务，在交钥匙合同里增加卖方保证买方能按合同规定的标准、效率与成本开动工厂设备、制造产品的责任，这种合同也可称为产品到手合同。

3. 施工合同

由承包商按照雇主提供的设计进行工程施工。但该工程可以包含由承包商设计的土木、机械、电气和（或）构建物的某些部分。承包商与业主签订合同并在项目管理团队的管理下按照设计图纸和规范开展建造工作，一般在承包商进入合同前，项目的设计已经完成，但在国际上通行的方式是业主只提供设计图纸，而承包商还需要完成施工图的深化设计工作。

4. 分包合同

工程分包合同是在承包商与业主签订了工程承包合同之后，承包商与分包商之间订立的合同。分包合同的目的是承包商将其从业主处所承包的工程项目的一部分或其中的某一单项工程分包给分包商，这样既可转嫁风险，又可赚取管理费和高额利润。在分包合同中，分包商须对其分包的工程部分提供材料、设备和劳务，为该项分包工程的完成承担一切责任。分包商并不直接和业主发生合同关系，但要对承包商承担其所承包工作范围的义务。

5. 分项承包合同

分项承包合同是指发包方将一项总的工程分为若干部分。每个部分包含一个或几个工程项目，分别与若干承包人签订合同，各承包人只对自己所承包的具体项目负责。整个工程的协调工作由发包人负责。

（二）按计价方式分类

依据计价和支付方式的不同，可分为总价合同、单价合同和成本补偿合同。

1. 总价合同

这种合同一般要求投标人按照标价文件要求报一个总价，在这个价格下完成合同规定的全部项目。总价合同有四种方式：

（1）固定总价合同

承包商的报价以详细设计图纸及计算为基础，并应考虑到一些费用的上升因素。当施工中图纸有变或工期要求提前，则总价也应改变。这种合同适用于工期较短，对工程项目要求十分明确的项目。

（2）增加总价合同

在报价及订立合同时，以招标文件的要求及当时的物价计算总价合同，但在合同条款中双方商定，如果在执行合同中由于通货膨胀引起工料成本增加达到某种限度时，合同总价应相应调整。这种合同业主承担了通货膨胀的风险，承包商承担其他风险。一般工期较长的合同可采用这种形式。

（3）固定工程量总价合同

即业主要求投标人在投标时按单价合同办法分别填报分项工程单价，从而计算出工程总价，据之签订合同。原定工程合同全部完工后，根据合同总价付款给承包商。如果改变设计或增加新项目，则用合同中已确定的单价来计算新的工程量和调整总价。这种方式对业主有利，一是可以了解投标人投标时的总价是如何计算的，便于业主审查；二是在物价上涨增加项目时可利用已确定的单价。

（4）管理费总价合同

业主雇用某一公司管理专家对发包合同的工程项目进行管理和协调，由业主专给一笔总的管理费用，采用这种合同时要明确具体工作范畴。

2. 单价合同

如果承建项目规模巨大，施工复杂，招标人对工程内容、范围或经济技术指标尚不能做出明确具体的规定，或是工程量可能出入较大，则采用单价合同形式为宜。单价合同分为三种形式：

（1）估计工程量单价合同

承包商投标时在工程量表中填入各项的单价，据之计算出总价作为投标报价之用。每月结账时以实际完成的工程量结算，在工程全部完成时以竣工图最终结算工程的总价格。

（2）纯单价合同

设计单位不能及时提供施工详图，或虽有但由于某些原因不能比较准确地计算工程量时可采用这种合同。将来施工时按实际工程量计算。有时也可由业主在招标文件中列出单价，而投标方提出修正意见，双方磋商后确定最后的承包单价。

（3）单价与包干混合式合同

以单价合同为基础，但对其中某些不易计算工程量的分项工程（如施工导流、小型设备购置与安装调试）采用包干办法，而对能用某种费率计算工程的，均要求按实际完成工程量及合同上的单价结账。许多大型土木工程都采用这种方式。对业主而言，单价合同的主要优点是可以减少招标准备工作，缩短招标准备时间，能鼓励承包商通过提高工效等手段节约成本，提高利润，业主只结算工程量表的项目开支，可减少意外开支，只需对少量遗漏的项目在执行合同过程中再报价，结算程序比较简单，但业主方存在的风险也在于工程的总造价一直到工程结束前都是个未知数，特别是当设计师对工程量的估算偏低，或是遇到了一个有经验的善于运用不平衡报价的承包商时，风险就会更大，因而设计师比较正确地估算工程量和减少项目实施过程中的变更可为业主避免大量的风险。对承包商而言，这种合同避免了总价合同中的许多风险因素，比总价合同风险小。

3. 成本补偿合同

指承包人完成工程项目和合同中规定的其他任务，即业主向承包商支付实际工程成本中的直接费用（一般包括人工、材料及机械设备费），并按事先商议的方式支付管理费及利润的一种合同方式。对工程内容及其技术经济指标完全确定而又急于上马的工程，如旧建筑物维修、翻新工程，或是完全崭新的工程以及施工风险很大的工程可采用这种合同。其缺点是发包单位对工程总造价不易控制，而承包商在施工过程中也容易不注意精打细算，因为是按照一定比例提取管理费及利润，往往成本越高，管理费及利润也越高。

这种合同又可分为成本加奖金合同、成本加百分率酬金合同、成本加固定数目酬金合同、最高限额成本加固定数目酬金合同。

（1）成本加奖金是指报酬等于按承包人完成工程的总价，算出一个百分比基数再加上承包人的奖金。奖金的比例是工程优质占 20%，降低成本占 40%，提前完成占 40%。

（2）成本加百分率酬金是指按照全部付出的费用，经过调整后，补偿承包人所发生的成本，再提取一个规定的百分比，作为承包人的酬金。

（3）成本加固定数目酬金与成本加百分率酬金基本相同。所不同的是其用一个固定不变的数目代替百分率，固定数目实际上也是按估算成本的百分率计算出来的。

（4）最高限额成本加固定数目酬金，是一种对发包人较为有利的形式。如造价超过初定的总价，则可以削减以致用承包人自己的资金来支付超过合同规定的总价部分；如果有节余，则发包人也可以分享余额中的一部分。

四、国际工程合同的内容

如同上文所述对国际工程合同分类的阐述，同样的理论也适用于国际工程合同的内容，即虽然因为地域和各自发展需要形成的几个比较具有国际权威性的国际合同体系不尽相同，但其合同条件所需要的构成要素仍拥有众多的共同点。按照国际上通用的“合同条件”，一般包括以下内容：承包人一般义务条款、专利权和专有技术条款、支付条款、工程变更条款、工程承包的转让和分包条款、竣工和推迟竣工条款、维修条款、违约惩罚条款以及特殊自然条件和人为障碍条款等。

需要说明的是，承包人一般义务条款一般指承包人应该负责工程项目的全部设计和施工，并无偿提供为施工所必备的劳务、材料、机器设备及管理知识。支付条款一般规定在合同条件的“特殊条件”之中，需要包含对预付款、进度款、结算、支付期限等内容的规定。工程变更条款和工期相关内容的条款也是合同条件必须具备的内容，毕竟在合同签订后，业主有权改变合同中规定的工程项目，承包人应按变更后的工程项目要求进行施工。因工程变更增加或减少的费用，应在合同的总价中予以调整，工期也要相应改变。合同项下的双方当事人在履行合同过程中，可能会出现违约的行为，针对各方违约的情况，合同条件需要包含违约惩罚的条款。除上述合同条款外，还要订立仲裁条款，特殊风险条款等。

第三节 国际工程合同文件

国际工程合同的形成过程时间跨度大，合同规定的当事人权利义务内容繁多。因此，国际工程合同最终形成的合同通常是一系列文件的组合。这些组成工程合同的一系列相互关联的文件称为合同文件（Contract Documents）。

在国际工程实践中，国际工程合同主要通过协商谈判和招标投标两种缔约方式订立。由于缔约程序不同，两种方式形成的合同文件虽然本质上相同，但形式上有所区别，各有特点。

一、协商缔约与国际工程合同文件基本组成

（一）协商缔约

协商缔约是国际工程合同订立的一种基本方式，一般是由业主向承包商发出要求谈判的要约，承包商作出响应后，双方按照商定的程序进行协商谈判。协商缔约程序相对简单。谈判时一般由一方事先准备一套合同文件作为双方谈判的基础，然后双方按照一定的顺序对合同文件依次协商谈判。谈判过程中双方按照要约与承诺的方式对所有问题逐一进行协商。当双方对合同文件中的每份具体文件从实质内容到文字表述都达成一致时，合同即告成立。协商谈判形成的合同文件直观地展现工程合同的结构，反映了国际工程合同文件的基本组成。

（二）国际工程合同文件的基本组成

国际工程合同的基本组成文件通常有合同协议书、合同条件和合同附录三部分。

1. 合同协议书

（1）合同协议书的作用

国际工程合同的合同协议书又称协议条款（Articles of Agreement），有以下主要作用。一是用来介绍合同定义的背景，二是说明合同的当事人就合同工程的承包达成协议的主要内容，三是定义合同文件的组成和优先解释顺序，四是作为当事方正式签署并使合同生效的文件。

（2）合同协议书的结构

国际工程合同的协议书主要包括合同标题、缔约时间与当事方、陈述、正文、结尾辞以及签名栏等内容。

2. 合同条件

(1) 合同条件的作用

国际工程合同的合同条件是用来详细规定合同各方当事人权利和义务的文件，一系列相互关联的合同条款有机地组合起来就成为合同条件。一方面，合同条款是合同条件的具体化，某一项条款仅是合同条件规定合同当事方权利义务的一部分；另一方面，合同条件离不开具体合同的条款支撑，合同条件中设定的一系列合同条款，为合同当事人正确履行合同，以及解决履行过程中和履约后可能出现的各种问题提供法律依据。

(2) 合同条件的主要内容

工程项目交易方式是指项目参与方为了实现业主的目标与目的，完成预定的工程设施而组织实施项目的系统方式。工程项目交易方式在国际上多称为 Project Delivery System（简称“PDS”），也有称为 Project Delivery Method 或 Project Delivery and Contract Strategy，我国称其为工程项目承包模式或项目管理模式。

工程项目交易方式明确了项目执行过程中业主的管理职能，界定了项目各参与方在特定工程项目中的作用、职责、风险分担以及业主拟采用的支付方式。PDS 在很大程度上决定了工程项目的工期、成本、质量与合同管理方式，选择适宜的 PDS 能够提高工程项目的执行效率，降低工程项目的交易成本。

工程项目交易方式确定后就要把双方各自承担的义务和责任固化在合同条件中。国际工程合同的合同条件要定义工程与服务的内容和当事人的责任，规定与工程实施有关的实体性责任和程序性责任，明确风险分配机制和风险控制方案等内容，同时还要约定合同内容调整、争议解决等方面的机制。合同条件的内容体现为合同的条款。

合同条件一般有下列主要条款：合同标的条款、承包商权利义务条款、业主权利义务条款、时间与进度计划条款、合同调整与工程变更条款、质量保证与检验条款、报酬计算与支付条款、分包条款、产权与知识产权条款、风险分配与保险责任条款、合同暂停与终止条款、索赔和争议解决及仲裁条款、合同一般规定条款等。

(3) 制订合同条件的方法

在国际工程实践中，合同当事人制订合同条件一般采用两种方法。其一是直接选用一种国际或地区性专业组织编制的示范性标准工程合同条件，结合具体项目的特殊要求，形成具体工程项目的合同条件；其二是由合同当事人根据双方协商达成一致的工程承包各项条件创建合同条件。

大多数标准工程都把合同条件设计成通用（一般）条件（General Conditions）和专用（特殊）条件（Special Conditions）两部分。通用条件适用于某一类工程；专用条件则是针对某个具体的工程项目，在考虑项目所在国法律法规不同、项目特点和业主要求不同的基础上，对通用条件进行的具体修改和补充。例如，FIDIC 针对每一种合同条件提供有专用合同条件编写指南。由于专用条件的针对性特点，通常在合同的协议书中规定专用合同条件相比通用合同条件有解释上的优先权。

3. 合同附录

（1）合同附录的用途与效力

国际工程合同的协议书和合同条件统称为合同正文。但出于合同结构合理和阅读方便考虑，有些独立成篇的内容需要作为合同的附录进行详细规定。或者有些合同条款规定的事项需要在合同签字生效后继续完善，达成一致后单独生效，这些事项也适宜作为合同附录进行规定。另外，当事人在履行合同的过程中需要签署的一些协议或证书的格式，以及一方当事人需要向另一方当事人提交的由第三方签署的文件格式都可以作为合同附录。

合同附录是合同的组成部分，与合同正文具有同样的法律约束力。合同附录可以简称为"附录"或"附件"，通常没有实质区别；英文中 Exhibt、Attachment、Appendix 和 Annex 等都可以标识合同附录。如何标识对合同附录文件本身的效力并无影响。

另外，合同附录也可以附有自身的附录文件。因此，应注意对不同层级的附录文件采用不同的标识名称，同一层级的附录文件则应采用相同的标识名称。

（2）合同附录的分类

合同附录根据文件的性质和用途可以做不同分类。

①说明性附录和格式文件附录

合同附录根据内容的性质可以分为说明性附录和格式文件附录两类。

说明性附录是对合同正文某一条款中规定的具体事项进行详细说明的附录。这些事项的内容一般占有较大篇幅，附于合同正文之后比直接放入合同正文中更为合适，以免使合同变得拖沓冗长，不便阅读。工程合同常用的说明性附录有项目规范附录、项目执行方案附录、分项工程表（总价合同）或工程量清单（单价合同）附录、性能保证指标附录、合同价格与支付计划附录、业主批准的合格供应商名单附录等。

格式文件附录是当事人在合同中约定的需要在履行过程中由当事人或第三方签署的协议和保证函等文件的格式。这些格式文件经签署生效后一般构成工程合同的附属合同。常用来作为格式文件附录的文件有：母公司担保书（Form of Parent Company Guarantee）、银行履约保函（Form of Performance Bank Guarantee）、银行预付金保函（Form of Advance Payment Bank Guarantee）、银行保留金保函（Form of Retention Payment Bank Guarantee）、银行维修保函（Form of Maintenance Bank Guarantee）、更新协议格式（Form of Novation Agreement）。

②技术文件附录和商务文件附录

合同附录根据文件用途通常又可以分为技术文件附录和商务文件附录。

技术文件附录又称技术附件，是对合同中与工程技术相关的内容进行详细说明的文件，一般包括工程定义和项目执行管理两大类内容。技术文件附录通常都是说明性附录。

商务文件附录又称商务附件，主要是对工程合同中与商务条款有关的内容进行详细说明的文件，以及合同中规定的保函等格式文件。商务文件附录通常既包括说明性附录，又包括格式文件附录。

(三) 合同文件的基本特征

协议书、合同条件与附录和附件作为国际工程合同文件的整体结构，它们共同表现出了以下三个特征：结构关联性、交易适从性、内容贯通性。在合同执行过程中由双方授权代表签署的有关补充协议、会议纪要也应作为合同的有机组成部分。

1. 结构关联性

结构关联性是指工程合同文件整体结构应是相互衔接，并且是相互补充的。相互衔接是指正文与附件之间存在的有机关联。一方面，附录与附件不是无故而生，而是因为正文的需要存在。所有的附件均由正文命名而生，同正文的条款相配合，以对正文条款所描述的有关权利和义务进行补充。例如，当工程标的条款中有“技术指标详见附件”的规定时，就必定会产生“技术指标附件”。当条款中有“具体验收程序和技术条件要求见附件”的规定时，就必然会产生“验收程序和技术条件附件”。另一方面，正文必须依靠附录与附件的内容才完整。如果某项条款引述的附录或附件不存在时，该项条款的规定就不具有可执行性。

2. 交易适从性

交易适从性是指合同文件是依交易实际特征而定的。即工程合同的文件结构和条款内容服从交易的需要。交易要求复杂时，合同结构就复杂；反之，则简单。如一个工程项目设计成 EPC 总承包模式时，它的合同结构要比拆分成设计、采购、施工三部分更简单，省去了这些界面的协调内容。

3. 内容贯通性

内容贯通性是指合同正文与附录文件的文字要语意一致，不能有异议。同时，描述的当事人权利与义务在正文与附录中具有严格的一致性。

二、招投标方式缔约形成的合同文件

采用招投标方式缔约，一般由招标人通过媒体发布招标公告或向特定对象发出招标通知，然后向通过资格审查符合条件的投标人发出招标文件，为要约邀请；投标人根据招标文件内容在约定的期限内向招标人提交投标文件，为要约；招标人通过评标确定中标人，发出中标通知书，为承诺；招标人和中标人按照中标通知书、招标文件和中标人的投标文件等订立书面合同时，合同成立并生效。

在最终订立书面合同时，一般将招标、投标、评标、授标等阶段的主要过程文件通过定义的方式引用成为合同文件。因此，招标投标方式最终形成的合同文件结构较为复杂，体现了招标投标方式的过程特点。

招投标过程与合同相关的文件如下。

（一）招标文件

招标文件是指招标人向通过资格预审的投标人发放的招标文件，通常又称投标邀请（Invitation to Tender，简称 ITT），是招标人在发标前构建的一系列文件，供投标人投标使用。招标文件通常由下列文件构成。

1. 投标邀请函（Invitation Letter）

投标邀请函是招标人邀请投标人投标的信函。内容除表明邀请投标人投标的意向外，一般还同时声明招标人没有与最低价投标人签订合同的义务，以避免投标邀请被解释或理解为要约。

2. 投标人须知（Instruction to Bidders，简称 ITB）

投标人须知是告诉投标人，招标人对工程有哪些要求，以及如何投标、开标、评标和定标的文件。投标人须知通常包括以下几项内容：

（1）工程和招标情况的说明。

包括工程概况、招标程序、招标文件的构成、招标文件的修正与补充程序、招标文件问题澄清的规定等。

（2）对投标人的投标文件内容要求。

包括招标人对商务报价（Commercial Proposal）、技术报价（Technical Proposal）和执行报价（Execution Proposal）三部分的内容要求。

商务报价的内容要求一般包括投标书格式填写要求、货币与汇率要求、投标保函要求，还要明确是否允许投标人对合同条件提出偏离项，以及是否允许投标人提供可供选择的选项报价等；

技术报价的内容要求一般包括招标人对技术方案的总体要求及各专业的技术方案要求。另外，一般还要明确是否允许投标人对技术标准和规范提出偏离项，以及是否允许投标人提供可供选择的技术方案等。

执行报价的内容要求一般包括工程实施方案和实施方法要求、项目进度计划、采用的施工机械和设备材料、人员和劳动力保障，以及临时生产生活设施等。

（3）投标人投标程序合规要求。包括投标文件包装及密封和标识要求、投标文件递交地点规定、投标截止时间规定，迟到投标书的处理规则，投标文件的修改及撤回等。

（4）开标与评标等程序的说明。包括开标程序、投标书的审查、评标原则和评审指标、投标书问题澄清方式、中标承包商的通知方式等。

3. 投标书格式（Bid Form）

投标书格式是招标人编制的一组供投标人填写的格式文件，根据招标人提供的合同格式文件设计制作。核心的内容是报价表，通常还包括技术报价与执行报价中需要投标人填写的部分表格。

4. 合同格式（Form of Contract Agreement）

合同格式是招标人准备的用来形成合同的格式化文件，投标人一旦中标，就要按这些格式化文件来与招标人签订合同。合同格式包括的文件与工程合同的一般形式相同，一般包括协议书（Agreement）、合同条件（Contract Conditions）以及附录与附件格式（Form of Exibits/Attachements）三部分。

5. 项目规范（Project Specifications）

项目规范包括两部分内容，一是对工程进行定义的文件；二是界定实施工程所需服从的有关标准和规范，包括项目所在国家的强制性标准和规范、业主要求采用的有关国际组织的标准和规范、业主为项目准备的特殊要求和规定等。

6. 图纸（Drawings）

图纸用来说明工程定义文件的实施细节。

7. 工程量清单（Bill of Quantities，简称 BOQ）

工程项目招标采用按照实际完成工程量的多少来计算承包商报酬的方式结算时，招标文件中必须提供工程量清单，包括工程量计量原则、单价工作内容总说明、单价工作内容特别说明及工程量清单四项内容。

（二）投标文件

投标文件是投标人为了响应招标人的招标文件要求编制的一系列文件。投标文件一般由下列文件构成。

1. 投标函（Letter of Tender）

投标函是指投标人按照招标文件的条件和要求，向招标人提交的有关报价、质量和工期目标等承诺和说明的函件，是投标人为响应招标文件相关要求所做的概括性说明和承诺的函件，一般作为投标文件的起始文件，其格式、内容必须符合招标文件的规定。

投标函中要明确表示接受招标文件中合同条件、业主要求等文件的内容，承诺中标后提供履约担保、按照业主要求尽早开工和按时竣工等内容。

2. 商务报价

商务报价是投标人按照招标文件的条件和要求向招标人提交的商务报价文件，承诺按照文件中标明的商务条件和价格承揽并完成工程。商务报价的核心内容是投标书中的报价表。如果招标人允许投标人的报价有技术方案和合同条件的偏离项，商务报价中同时要附上偏离项目表。

3. 技术报价

技术报价是投标人按照招标文件的条件和要求向招标人提交的关于工程技术方案的说明和承诺文件。如果招标人允许投标人的报价有技术方案和技术标准的偏离项，技术报价中同时要附上偏离项目表。

4. 执行报价

执行报价是投标人按照招标文件的条件和要求向招标人提交的文件，表明投标人一旦中标将如何组织实施项目的说明和承诺文件。执行方案中一般包括项目的HSE方案、项目组织方案、人力资源方案、进度和费用控制方案、设计组织方案、采购与物流方案、施工组织方案、分包方案、质量保证与质量控制方案等。

（三）评标阶段文件

投标阶段结束后，招标人按照既定程序开标，然后进行评标。招标人在评标阶段如果对投标人的技术和执行报价存有疑问，则需要与投标人进行澄清。澄清一般以会议的形式进行，澄清的结果通常形成《报价文件澄清会纪要》。

对于允许投标人提出合同条件偏离的招标项目，招标人认为不能接受的偏离项，一般通过谈判的方式与投标人协商撤回，招标人同意接受的偏离项则取代招标文件所附合同条件中的相应内容。谈判的结果通常形成《合同条件偏离谈判纪要》。

（四）授标阶段文件

招标人通过评标确定中标人后，要正式书面通知中标的投标人。对所有未中标的投标人，招标人也应当同时给予通知。投标人提交投标保证金或投标保函的，招标人还应退还这些投标人的投标保证金或释放投标保函。招标人发给中标人的通知称为中标通知书（Letter of Acceptance 或 Letter of Award，简称 LOA），有时也称授标意向书（Letter of Intent，简称 LOI）。

（五）招投标过程文件的性质

1. 招标文件的性质

招标文件是要约邀请而不是要约。招标人编制招标文件邀请投标人来向招标人发出要约，投标人要是不想向招标人发出要约，可以不参加投标，即不递交投标文件。就法律意义而言，投标邀请一般不构成要约，招标人没有义务接受最低报价投标或必须接受某一投标。因此，在这一点上投标邀请类似于广告，在法律上没有严格约束力。我国合同法明确规定招标文件是要约邀请而非要约。在英国法上将其称为“谈判要约”（Offer to Negotiate）、“要求要约的要约”（Offers to Receive Offer）或者“讨价要约”（Offer to Chaffer）等。

在实践中，投标邀请中经常写明招标人没有法律义务接受最低报价或其他任何投标，以避免投标邀请被解释为要约。但是，如果投标邀请中明确说明接受最低价投标则要约具有约束力，投标邀请的性质据此可以变为要约，或者投标邀请变为单方要约或选择性合同，在受要约人履行合同条件之前要约人有随时撤销要约的权利。

2. 投标文件的性质

投标文件是要约。第一，投标人通过招标人的资格预审程序，符合要约是由具有订约能力的特定人作出的意思表示的特征。第二，投标人递交满足招标文件要求的投标文件，符合要约必须具有订立合同的目的特征。第三，投标文件仅递交给招标人，符合要约必须向要约人希望与之缔结合同的受要约人发出的特征。第四，投标文件有详细的技术和商务报价文件，符合要约内容必须具体确定的特征。第五，投标文件按照招标文件规定的方式递交给招标人，符合要约必须送达到受要约人的特征。

3. 中标通知书的性质

在合同法的意义上，中标通知书视作受要约人对要约做出的承诺，如果该承诺属于无条件承诺（Unconditional Acceptance），该承诺会使具有约束力的合同生效；如果承诺属于附条件的承诺，则该承诺的约束力需要根据具体情况加以判断。需要注意的是，中标通知书的效力是由其内容所决定的，而不能仅凭其名称来判断。中标通知书有时使用“Letter of Intent”的名称，译成中文的原意为“意向书”。有专家为意向书做过如下定义，“意向书只是一方当事人以书面形式提出将在未来某一天签订合同的意向。除特殊情况外，它没有约束力”。

在中标通知书中招标人如果明确表示无条件接受中标人的投标文件所表明的条件和价格，并确定签订合同的时间、地点，则中标通知书即为无条件承诺，不管是否签订书面合同，双方之间的合同关系在实际上已经成立。

在中标通知书中招标人如果明确表示接受中标人的投标文件所表明的条件和价格附有前提条件，即承诺所表达的内容附有实质性条件，则属于附条件承诺。中标通知书的效力需要根据具体情况判断。

在中标通知书中如果含有“需合同确认”（Subject to Contact）或其他类似语言，就表明合同订立还需要进一步谈判或者其他事件作为条件，一般认为合同还不能成立。这是因为“需合同确认”在法律上来说已经具有确定含义，此类表述的意思不仅是合同必须以书面订立，而且作此规定一方的意图就是防止在采取进一步措施之前承担合同责任。因此，只有在极其例外的情况下此类语言才可被解释为有约束力的协议的存在。但是，如果合同双方已经就所有条款达成一致并同意将来需要签订正式文件来表述合同，合同仍然成立。

在中标通知书中有时会附加其他条件。例如，可能会在中标通知书上附“以贷款方同意为条件”（Subject to Loan Sanction）或“以某机构同意为条件”（Subject to the Approval of the Ministry of）等。第三方同意或批准与否以及业主获得同意或批准的时间长短很容易引起争议。一般认为，如果业主写明以第三方同意或批准为条件，可以认为业主应以合理努力来获得。如果在合理的时间内没有获得同意或批准，就可以认为合同成立而无须第三方同意或批准，合同因而成立，或者由于第三方不同意或不批准，承包商有权获得缔约损害赔偿。

总体而言，若业主的招标文件内容比较齐备，如包括工程合同的通用条件、特殊条件等，则合同的条款基本齐全，法院倾向于认为中标通知书的发出构成合同成立；反之，如业主招标文件仅涉及工程的一些事宜但缺乏详细的规定，还须进一步签署协议方能完善合同时，法院一般倾向于判决中标通知书的发出不构成合同成立。

（六）最终合同文件及与招投标过程文件的关系

1. 最终合同文件

招投标方式形成的最终合同文件一般通过在合同协议书中设置整体合同文件定义条款进行规定，同时明确合同文件内容发生冲突时解释的优先顺序。完整合同文件通常包括下列文件：合同协议书、中标通知书、合同条件偏离谈判纪要、专用合同条件、通用合同条件、技术要求（有时也称为业主要求）、投标文件澄清会纪要、投标文件、合同附件等。

2. 最终合同文件与过程文件的关系

招标文件是经过招标投标程序形成的最终合同文件的本源。虽然其性质是要约邀请，其本身不具合同约束力，但投标人一定要按照招标文件设定的内容和要求来编制投标文件，否则投标人的投标文件有可能被招标人拒绝接受，其包含的业主要求和合同条件等内容都通过投标人的投标行为转化为最终合同的内容。

投标文件则是合同法意义上形成的最终合同文件的直接来源。投标文件一旦被招标人以无条件承诺的形式所接受，合同即告成立，其根据招标文件要求设定的合同条件和价格将被直接写入最终的合同。

在实践中，通常将投标文件和招标文件中的有关文件直接定义到最终合同文件中。而且招标人为了使最终达成的合同充分反映其要求，通常还会规定招标文件中业主要求的效力优先于投标人的投标文件。

（七）合同文件冲突解释规则

工程招投标形成的合同文件较多，由于这些组成文件共同指向同一个标的，因此有可能出现含混不清或对同一内容的表述不一致等情况，需要事先约定一个解释顺序。

格式之争（Battle of Forms）是合同法中的一个古老问题，即要约人与受要约人之间发生了一系列的信函往来，其中的合同条件有所不同，在合同履行后一旦发生争议就会出现以哪个合同条件为准的问题。早期的法院判例是以“最后一枪”（Last Shot Rule）原则来判决，即以最后发出要约方的合同条件为准。

但是在招投标方式国际工程订立合同的实践中，遇到承包商的投标文件与业主的招标文件表述的意思不一致时，解释的优先顺序一般不适用后述优先原则，而采用业主要求优先原则，以使业主的要求和利益能够得到有效的保证。因此，招投标方式订立的合同，在合同条款中一般明确规定其组成文件按下面的顺序安排文件解释的优先次序：

1. 合同协议书；
2. 中标通知书；
3. 合同条件偏离谈判纪要；
4. 专用合同条件；
5. 通用合同条件；
6. 技术要求；
7. 投标文件澄清会纪要；
8. 投标文件。

三、常用的合同组成文件

（一）合同协议书

随着工程市场国际化的进展，工程合同从合同条件到合同形式都有标准化的趋向，合同协议书也形成了相对固定的结构形式。合同协议书通常都有标题、序文、主文、结尾辞与签名栏等内容。

1. 标题

合同标题通常是协议书中的第一项内容。虽然工程合同当事人之间的法律关系是用合同内含的各个条款来判断，合同的标题不会对合同双方产生实质性影响，但出于辨识方便的考量，协议书通常都会依照合约性质，在协议书首页的最上方给予合同一个适当的标题。标题中一般包含合同类型以及项目或工作包名称两部分内容，有时也可以表明合同的计价方式。

2. 序文

标题之后即为序文，其目的在于很简略地介绍与合同内容相关的当事人、缔约时间、缔约事由等背景，让阅读合同的人对合同有一个基础的认识。序文通常又分作两部分：

（1）开场白

第一段文字是合同的“开场白”（Commencement），一般说明合同当事人名称、当事人的国籍与住所或主营业所、订立日期等内容，例如：

This Contract is made and entered into effective as of the [_ _ _ _] day of [Month], [Year]; by and between [Official Name of the Owner] (Hereinafter refered to as "COMPANY"), a company organized and existing under the laws of [Name of Country] and having its registered office at [address] and [Official Name of the Contractor] (Hereinafter refered to as "CONTRACTOR"), a company organized and existing under the laws of [Name of Country] and having its registered office at [address] ...

合同当事方多于两方时“by and between”改用“by and among”，表明合同在多方当事人之间订立。

工程合同的当事人指签订合同的各方，是合同的权利和义务的主体。当事人除需要合法成立外，还应当具有相应的民事权利能力和民事行为能力。例如，在中国签订建设工程承包合同的承包商，不仅需要工程承包企业的营业执照（民事权利能力），而且还有与该工程的专业类别、规模相应的资质许可证（民事行为能力）。在有些国家也会有外国工程企业必须通过在当地注册成立的子公司才能承揽工程服务业务的规定。

（2）合同共识陈述

第二段文字是合同共识陈述（Recitals 或 Preambles），在国际工程合同中，由数个以“Whereas”字样开头的句子所组合而成，也因此，这些句子被俗称为“鉴于条款”（Whereas Clauses），表示当事人乃是基于对所陈述事实（例如订约的目的、背景来由等）的共同认识订立合同。

工程合同的“鉴于条款”通常包括下列共识陈述：

1）表明业主希望雇用承包商提供工程服务的陈述；

2）表明承包商具有专业经验的陈述；

3）表明业主已经具备实施工程所需条件的陈述；

4）表明业主和承包商双方愿意按照协议书所附合同条件缔结并履行合同的陈述。

在“鉴于条款”之后，一般会以“Now Therefore, the parties hereto agree as follows:”这样一句话结束序文部分的叙述。这句话在协议书中起承上启下的作用，目的在于提醒阅读合同的人，真正规范订约当事人权利义务关系的条款在这句话之后进行表述。

（二）协议主文

协议主文也称为“可履行条款”（Operative Part 或 Operative Provision），位于“Now Therefore, the parties hereto agree as follows:”这句话之后。协议主文通常包括以下内容：

1. 合同文件定义及解释的优先顺序；
2. 承包商履行工程服务责任的承诺；
3. 业主给付工程服务报酬的承诺；
4. 工期或竣工日期；
5. 通知方式；
6. 合同修改的方式；
7. 合同文件的份数和效力。

（三）结尾辞与签名栏

协议书架构中的最后一个部分是结尾辞与当事人的签名栏。

1. 结尾辞

所谓结尾辞指的是在当事人签名之前通常会出现的一段文字，表明签名人确实有签名的正当权限，还会载明签名的日期。英文合约结尾辞的标准模式通常都以“IN WITNESS WHEREOF”这三个词起始，就权利义务的规范上并没有什么特别的功能或意义，与中文合约里最后通常会记载的“恐口说无凭，特立本约为证”很类似，有时候也会用“INTENDING TO BE LEGALLY BOUND”代替，意思也是一样的。结尾辞有时也可将签署文件份数和效力纳入。

结尾辞一般表述如下。

“IN WITNESS WHEREOF, intending to be legally bound, the parties have executed this Contract in [duplicate] by duly authorized representatives of both parties on the date and year first written above, intending each copy to serve as an original.”

关于结尾辞中的内容，实际应用中还有以下两点需要注意：

（1）关于“duly authorized representatives”的授权确认。

当合同的当事人为法人组织时，除了法定代表人根据法律当然具备对外代表公司签约的权限之外，公司董事会决议或法定代表人的授权书可以作为某个董事、总经理或其他重要职员代表公司签约的证明文件。

（2）关于“on the date and year first written above”的表述。

如果合约结尾辞里注明的日期和合约最前面序文所载的合约订立日期相同，就用这句话表示，如果不同的话，就应该另以条款确定合约生效日（Effective Date），以免产生争议。

2. 签名栏

签名栏部分，通常需要填写有权代表当事人签署合同的代表的姓名和职务，并由代表本人亲笔签名并签署日期。另外，国际工程合同有时会有见证人见证的要求，需要见证人也同时在合同的签名栏签字。

合同协议书示例

CONTRACT NO：
JOB TITLE：__________

_______CONTRACT FOR__________

This Contract is made and entered into effective as of the day of__________ (“Effective Date”), by and between__________, a company of limited liability organized under the Laws of the__________And__________, a company of limited liability organized under the Laws of the__________.

(A) COMPANY wishes to have certain WORK executed by CONTRACTOR in relation to the__________ (the “Project”).

(B) CONTRACTOR has represented that it is fully qualified, experienced and able to execute and complete the WORK so as to provide the FACILITIES to COMPANY and has agreed to do so on the terms and conditions of this Contract.

(C) COMPANY hereby agrees to engage CONTRACTOR for the provision and execution and completion of such WORK so as to provide COMPANY with the FACILITIES for the Contract Price and subject to the terms and conditions of this Contract.

This Contract consists of this signed document, the following attached schedules and all drawings, standards, specifications and other documents referred to in the schedules or in any of the referenced documents and any released Purchase Orders issued pursuant to the Contract, if provided for in Schedule “B”.

SCHEDULE “A” General Terms and Conditions
SCHEDULE “B” Job Specification
SCHEDULE “C” Contract Price and Payment Provisions
SCHEDULE “D” Safety, Health and Environmental Requirements
SCHEDULE “E” Settlement of Disputes, Arbitration and Choice of Law
SCHEDULE “F” Taxes, Duties and Related Obligations
SCHEDULE “G” Materials, Tools and Equipment
SCHEDULE “H” Special Terms and Conditions
SCHEDULE “Q” Quality Requirements

A reference in this Contract to any of the schedules listed above shall, in addition, be considered a reference to any attachments to said schedules and to all documents referred to in said schedules or attachments.

Should there be any conflict between the said schedules and attachments, they shall be resolved by applying the following order of precedence:

1. Schedule “H”
2. Schedule “A”
3. Schedule “D”
4. Schedule “E”
5. Schedule “F”
6. Schedule “C”
7. Schedule “Q”
8. Schedule “G”
9. Schedule “B”
10. Attachments to Schedule “B”

All notices, authorizations and approvals pertaining to this Contract shall be in writing. Except as otherwise provided herein all notices between the parties shall be carried out in accordance with Paragraph 33 of Schedule “A”.

The parties hereby designate the following agents for the purpose of receiving any notice of referral to arbitration and receiving any further notice and documents during the course of the proceedings, unless and until they have designated in writing another agent for that latter purpose:

COMPANY:	CONTRACTOR:

IN WITNESS WHEREOF the parties have executed this Contract in duplicate, intending each duplicate copy to serve as an original, as of the Effective Date set forth above.

COMPANY	CONTRACTOR
Name	Name
Signature:	Signature:
Title:	Title:
Date:	Date:

（四）工程合同技术附录

工程有狭义和广义之分，狭义的工程意指工程活动的结果，即工程标的物，又可称为目标工程。广义的工程意指建造工程标的物的工程活动本身，即工程实施过程的所有工程活动。工程合同所指的工程为广义概念。

工程合同的技术文件附录又可称为技术附件，是对合同中与工程的技术内容相关的详细说明。根据广义的工程概念，工程的技术内容主要体现在两个方面，一是工程的定义，包括工程标的物的定义和工程活动的定义；二是工程的实施，包括工程的计划、组织、管理和协调等方面的程序性规定。在工程合同的正文（协议书、合同条件）中，通常不规定详细的工程的技术内容，而是采用技术文件附录对这些内容进行详细的描述。不同类型的工程合同所需的技术文件附录通常有所区别，但都可以归为工程定义附件和工程实施附件两个部分。

1. 工程定义附件

工程合同一般需要在合同条件正文以及技术附件中对工程进行定义，包括目标工程和工程活动。由于合同条件大多采用标准形式，无法反映具体项目的特征，故合同条件正文对工程进行的定义都是原则性的，详细的定义一般放入技术文件附录中。常用的工程定义附件有：

（1）项目概况附录；

（2）目标工程技术要求附录，包括工艺说明、设计基础、性能保证指标等详细内容的规定；

（3）目标工程范围附录，通常用分项工程表来规定；

（4）承包商工程活动定义附录，通常用责任矩阵来规定；

（5）工程标准和规范附录，通常包括工程标准和规范清单及有关文件、图纸；

（6）工程图纸。

2. 工程实施附件

常用的工程实施附件有：

（1）项目管理附录，通常包括工程的计划、组织、管理和协调等方面的实体和程序性规定；

（2）工程设计附录，通常包括设计的组织、设计方法、设计审查等规定；

（3）工程采购附录，通常包括采购与物流工作程序、主要设备和材料供应商名单、主要物流服务商名单；

（4）工程施工附录，通常包括现场管理、施工组织、管理、检查验收、签证索赔等方面的实体与程序性规定；

（5）HSE 附录，通常包括健康、安全与环境方面的实体和程序性规定；

（6）QA/QC 附录，通常包括质量保证与质量控制方面的实体和程序性规定。

（五）工程合同保证担保文件

1. 母公司担保书

以沙特某投标项目母公司担保格式主要内容为例。

2. Guarantee and Indemnity

2.1 In consideration of Company agreeing to enter into the Contracts with the Contractors, Guarantor hereby irrevocably, unconditionally and absolutely guarantees as primary obligor (and not merely as a surety or guarantee only) in favor of Company:

2.1.1 that each Contractor will perform and comply with each and every obligation, warranty, duty and undertaking of it under:

(i) the relevant Contract; and

(ii) this Deed,

in accordance with the terms and conditions of the relevant Contractor or this Deed, as the case may be;

2.1.2 that each Contractor will pay in full all sums of money that are due or owing by it to Company under:

(i) the relevant Contract; and/or

(ii) this Deed,

or as a result of any breach thereof, in accordance with the terms and conditions of the relevant Contract or this Deed, as the case may be; and

2.1.3 that each Contractor will discharge in full all liabilities of it under:

(i) the relevant Contract; and

(ii) this Deed,

in accordance with the terms and conditions of the relevant Contract or this Deed, as the case may be,

(together being the "Guaranteed Obligations").

2.2 Without limitation or prejudice to Clause 2.1, Guarantor irrevocably, unconditionally and absolutely agrees with Company that should:

2.2.1 a Contractor default or failure occur in respect of any of the Guaranteed Obligations; or

2.2.2 an Insolvency Event occur in respect of either or both of the Contractors, Guarantor shall:

2.2.3 forthwith upon receipt of written notice of such default, failure or Insolvency Event from Company and to the extent required by Company in such notice, itself promptly perform or arrange for prompt performance of, in place of the applicable Contractor, each and every Guaranteed Obligation relating to the applicable Contractor; and

2.2.4 indemnify and save harmless Company from and against all losses, damages, costs, expenses, liabilities, claims and proceedings which Company may suffer or incur by reason of such default, failure or Insolvency Event (including all legal fees, costs and expenses).

2.3 Guarantor's obligations hereunder:

2.3.1 are of a continuing nature;

2.3.2 constitute direct, primary, irrevocable and unconditional obligations;

2. 3. 3 shall not be dependent or contingent upon any previous notice being given to Guarantor or to either or both of the Contractors nor on any previous claim being made against either or both of the Contractors;

2. 3. 4 shall remain in full force and effect until every obligation, warranty, duty and undertaking of the Contractors under and pursuant to the Contracts and this Deed have been satisfied or performed in full;

2. 3. 5 are in addition to and in substitution for and shall not merge with any other right, remedy, guarantee or security which Company may at any time hold for the performance of any obligation, warranty, duty and/or undertaking of the Contractors and may be enforced without first having recourse to any such security; and

2. 3. 6 shall not be discharged, released, limited, reduced, extinguished, exonerated or otherwise prejudiced or adversely affected by, whether or not known to Guarantor;

(i) any time, indulgence, compromise or concession that Company or any party acting on Company's behalf may grant to either or both of the Contractors, or by any waiver, forgiveness, forbearance or any other dealing or thing done, omitted or neglected to be done under or with either or both of the Contracts (or any other related contract, warranty or agreement), or by any right or remedy arising under either or both of the Contracts (or any other related contract, warranty or agreement) or by any neglect by Company or any party acting on Company's behalf in enforcing any right or remedy Company may have against either or both of the Contractors or any other person;

(ii) any amendment, modification or extension which may be made to either or both of the Contracts (or any other related contract, warranty or agreement) or in the extent, nature or method of performance of the Work to be performed under the same;

(iii) any arrangement made between either or both of the Contractors and Company including any addendum or amendment to the obligations of Company under either or both of the Contracts (including any adjustment to the amount payable to either or both Contractors under either or both Contracts);

(iv) any arrangement made between either or both of the Contractors and Company including any addendum or amendment to the obligations of either or both Contractors under either or both of the Contracts (including any suspension of the Work and extension of time for performance of the Work);

(v) any intermediate payment or other satisfaction made by Guarantor or made by any Contractor under either or both of the Contracts;

(vi) any legal limitation, disability or incapacity or change in the constitution or organization of either or both of the Contractors, Company, Guarantor or any other person;

(vii) the assignment or novation of either or both of the Contracts (Guarantor hereby irrevocably and unconditionally: (A) consents to any such assignment and to any such novation; and (B) confirms that Guarantor's obligations hereunder shall remain in full force and effect (including, without limitation, to the Contract as assigned or novated));

(viii) the novation of any contract (s), including any purchase order (s), to a Contractor under a Contract (Guarantor hereby irrevocably and unconditionally: (A) consents to any such novation; and (B) confirms that Guarantor's obligations hereunder shall remain in full force and effect);

(ix) any bond, security or other guarantee now or hereafter held or obtained by Company for all or any part of the obligations of either or both of the Contractors or any expiry, discharge, release or waiver thereof;

(x) any act or omission of either or both of the Contractors pursuant to any other arrangement with Guarantor;

(xi) any breach of either or both of the Contracts by Company or other default of Company;

(xii) any Insolvency Event;

(xiii) any invalidity, illegality, unenforceability, irregularity, avoidance, suspension or termination of either or both of the Contracts (or any other related contract, warranty or agreement) or any invalidity, illegality, unenforceability, irregularity or avoidance of any of the provisions of the same;

(xiv) any lenders' direct agreement that may be entered into by the Contractors in relation to or in connection with the Contracts and the implementation of any of the arrangements set out in any such direct agreement; or

(xv) any other matter or thing which in the absence of this provision would or might otherwise have discharged, released, limited, reduced, extinguished or exonerated Guarantor from or in respect of, or otherwise prejudiced or adversely affected, any of its obligations or liabilities under this Deed,

and Guarantor hereby waives notice of the foregoing.

……

5.2 Cross default

The Parties agree that if a breach or occurrence of the type referred to in Paragraph 26.1 of a Contract arises, such breach or occurrence shall also be deemed to have arisen under the other Contract and Guarantor and each Contractor shall not raise and hereby waive any argument, claim or defense to the contrary.

……

6.8 Claims by Company

6.8.1 If Company wishes to make a claim of whatever nature against any Contractor, Company may present the claim to Guarantor who shall thereafter administer that claim on behalf of the Contractors.

6.8.2 It shall not be necessary for Company to divide or allocate any claim between the Contractors or between the Contractors and Guarantor.

7. Performance Bond

7.1 Provision of the Performance Bond

The Contractors shall, on or prior to the date of this Deed, provide Company with the Performance Bond that has been duly executed by a first class international bank that has been Approved, in satisfaction of the obligation of each of the Contractors to provide a performance bond under Paragraph 9.2.2 of their respective Contract.

7.2 Adjustments to the Bond Amount

7.2.1 The bond amount under the Performance Bond shall increase each time any single or aggregate increase in a Contract Value equal to two percent (2%) or more of the Contract Value upon which the value of the Performance Bond was previously based occurs, so that it equals (after the adjustment) ten percent (10%) of the adjusted Total Contract Value. The Contractors shall be responsible for promptly procuring and formalizing (by way of delivering to Company a duly executed new bond or a duly executed amendment to the existing bond, that is to the satisfaction of Company) any such increase to the bond amount.

7.2.2 If a Change Order under either of the Contracts results in an increase to the Contract Value that triggers an increase to the bond amount of the Performance Bond under Clause 7.2.1, the Contractors shall not be entitled to any payment for such Change Order unless and until Clause 7.2.1 has been complied with.

7.2.3 Upon the Date of Mechanical Completion of the Facilities, the bond amount under the Performance Bond shall change to five percent (5%) of the Total Contract Value.

7.3 Return of the Performance Bond

7.3.1 The Performance Bond shall become null and void following the earlier of:

(i) the date of issue of the Final Acceptance Certificate, save where there are pending claims in relation to or in connection with any of the Contracts at such date in which case it shall become null and void following final determination and (if applicable) payment of such claims and shall in the meantime remain in full force and effect; and

(ii) the date on which the bond amount under the Performance Bond is reduced to zero.

7.3.2 The Performance Bond shall be returned to Out of Kingdom Contractor promptly after the date it becomes null and void, save where there are pending claims (including previously notified claims) at such date in which case it shall be returned following final determination and (if applicable) payment of such claims and shall in the meantime remain in full force and effect.

7.4 Replacement Performance Bond

Where the Performance Bond is subject, pursuant to its terms, to a fixed expiry date, the Contractors shall, not less than fourteen (14) days prior to such expiry date, amend or replace the bond with a duly executed amended or replacement bond if the date upon which Company will be obliged to return the said bond to Out of Kingdom Contractor is not certain to occur prior to such expiry date. Any replacement bond shall be issued by a bank or other entity of equivalent standing to the original issuer (for this purpose, the standing of the original issuer shall be the standing of the original issuer as at the date that it issued the bond) and shall be on identical terms as the previous bond (save that its amount shall be equal to the available amount of the replaced bond on expiry and that any fixed expiry date shall be reasonably adjusted to occur not less than thirty (30) days after the date on which, according to the CMPS, Company will be obliged to return the bond to Out of Kingdom Contractor). Such procedure shall be repeated as often as necessary. Failure to deliver an amended or replacement bond within the required timeframe shall be valid grounds for a demand equal to the full available amount of the existing bond.

7.5 Bond Replacement Event

If a Bond Replacement Event occurs and the Contractors fail, within twenty (20) days of such Bond Replacement Event becoming known, to provide to Company replacement security (such replacement security and its issuer to be subject to Company's prior written Approval and to be duly executed), then Company may, after having given ten (10) days notice to the Contractors specifying the failure, terminate the engagement of the Contractors under the Contracts in which case the provisions of Paragraphs 26 and 28 shall apply.

8. Confidential Information

……

8.1.2 Guarantor shall at all times comply with the terms and conditions of Paragraph 19 of the Out of Kingdom Contract (including taking into account that this Deed shall be deemed to be "Company Confidential Information" under the Out of Kingdom Contract) as if it was Out of Kingdom Contractor.

……

9. Dispute Resolution

9.1.1 Provisions of this Deed apply in respect of Disputes

Any dispute, controversy or claim arising out of or in connection with:

(i) this Deed;

(ii) the In Kingdom Contract; and/or

(iii) the Out of Kingdom Contract;

including any question regarding its or their existence, validity or termination (a "Dispute"), shall, if not finally resolved by mutual agreement, be resolved in accordance with this Clause 9, and not under the dispute resolution provisions of the Contracts.

……

11. Lenders and Financing

11.1 Guarantor and Contractors recognize that Company and/or members of Company Group may raise finance (including project finance) in connection with the Work and/or the Program.

11.2 Guarantor and Contractors shall accept and do all things necessary to give effect to such amendments to this Deed as the proposed Lenders may reasonably require in accordance with internationally recognized project finance practice.

11.3 Guarantor and Contractors shall, to the extent required by Company, assist and cooperate with Company in respect of the negotiation by Company of the Financing Agreements, and shall ensure that all proposed Sub-contractors and Vendors do the same.

11.4 Guarantor and the Contractors shall allow Lenders or any of them (including any of their advisers, respective nominated entities and their advisers) to attend meetings and to have access to the Work Site and shall provide all necessary apparatus, instructions, facilities and other things as may be necessary for the Lenders or any of them (including any of their advisers, respective nominated entities and their advisers) to examine or inspect the Work, witness tests or otherwise monitor the performance of the Contractors in respect of the Contracts.

11.5 Guarantor and the Contractors shall comply with the environmental, social, workers' rights and other requirements, rules, policies and regulations of the Lenders.

11.6 Guarantor and the Contractors shall not enter into independent discussions with the proposed Lenders or any of them with respect to the financing of the Work and/or the Program unless specifically authorized in writing in advance to do so by Company. However, if requested to do so by Company, Guarantor and the Contractors will assist Company in discussions with any proposed Lender with respect to financing of the Work including contacting ECAs in order to obtain letters of commitment relating to financing of the Work and/or the Program.

11.7 Guarantor and the Contractors shall fulfill all applicable obligations and comply with all applicable procedures that may result from Company's financing arrangements for the Works, the Program and/or the Complex.

11.8 Guarantor and the Contractors shall, on notification from Company of any proposed financing, co-operate promptly with Company and any proposed Lender (including any of their advisers) and shall furnish such information and documents reasonably requested by Company and/or the proposed Lenders including:

11.8.1 certified copies of Guarantor's and/or the Contractor's corporate charters, by-laws, applicable resolutions, applicable incumbency certificates and financial statements;

11.8.2 applicable legal opinions [covering, without limitation, the matters set out in Clauses 14.1.1 to 14.1.3 (inclusive)];

11.8.3 confirmation from Guarantor and/or Contractors that the matters set out in Clauses 14.1.4 and 14.1.5 are true and correct in respect of it; and

11.8.4 consents to assignment, certifications and estoppel certificates.

11.9 Guarantor and the Contractors will, should Company request, promptly enter into a direct agreement with the Lenders and Company (upon terms acceptable to the Lenders, Company and the Contractors, although the Contractors acknowledge and agree that the direct agreement shall be on such terms as consistent with terms used on other project financed projects in the Middle East similar to the Project and/or the Program) dealing with, amongst other thing: cure periods before Contractors can suspend or terminate this Deed or the Contracts, following Company default or insolvency; step-in rights for the Lenders or a third party to stand temporarily in the shoes of Company; novation of this Deed and/or the Contracts to a third party nominated by the Lenders (the Lenders' step-in and novation rights will be triggered by a Company default under this Deed and/or a Contract, Company insolvency or a borrower event of default under the Financing Agreements).

12. Precedence of this Deed

The Parties agree that in determining their respective rights, obligations and liabilities under either or both of the Contractors, the terms set out in this Deed shall apply, and that if there is any conflict between the terms of this Deed and either or both of the Contractors, the terms of this Deed shall prevail.

13. Joint and Several Liability and Enforceability

13.1 The Contractors agree that they shall be jointly and severally liable to Company for the performance of all of the obligations, warranties, duties and undertakings of the Contractors under this Deed and the Contracts (including any obligations which are expressed to be obligations of one Contractor or the other) and no waiver or forbearance by Company in respect of either of them shall be deemed to be or shall be treated as a waiver or forbearance in respect of the other one.

……

17.2 Obligations, Liabilities and Rights of Contractors

For the avoidance of any doubt, where this Deed purports to impose an obligation or liability upon either or both of the Contractors, or fetter a right of either or both of the Contractors, each Contractor agrees to such obligation, liability or fetter.

……

17.9 Company's Rights Cumulative

Company's rights, powers and remedies under this Deed are cumulative and are in addition to and not in substitution for or exclusive of any rights, powers or remedies provided by Law or the Contracts or that Company may otherwise have or hold in relation to this Deed.

17.10 Survival

This Deed shall survive the termination or expiry for whatever reason of either or both of the Contracts and the termination of Out of Kingdom Contractor's or In Kingdom Contractor's engagement under the same.

2. 银行保函

银行保函根据支付条件不同分为有条件保函和无条件保函两类。工程合同中业主通常会根据不同的目的，要求承包商提交不同种类的银行保函。常用的银行保函有银行保函（Performance Bank Guarantee）、银行预付金保函、银行保留金保函、银行维修保函等。

（六）合同更新协议

在国际工程中，经常会使用到合同更新协议（Novation Agreement）。

合同更新（Novation），是英国法上的概念，是指通过三方协议（Tripartite Agreement）导致双方之间的现有合同义务解除，一方与第三方之间达成新的合同，内容与原合同无异。

在国际工程实践中，承包商与业主需要处理合同更新的情况通常是：业主在与一项工程的主承包商订立工程的承包合同时约定在将来的某个时间，业主将先期与其他承包商就该工程某一部分工作已经签订的合同转交主承包商，由主承包商替代业主行使合同权利并承担义务。这种业主先期签订的合同，通常是一些长周期设备的采购合同或者是工程的基础设施和公用工程需要提前进行的工作。业主转交主承包商替代执行可能是出于项目管理上的考虑，也可能是项目融资的需要。

合同更新协议的当事人通常有三方，即原合同的双方当事人，业主和供应商或分包商，再加上工程的主承包商。合同更新协议一旦生效，主承包商与供应商或分包商之间即产生一份内容与原合同无异的新合同。

下面以中东地区 A 国项目和 B 国项目为例，对两个 EPC 合同的内容进行比较：

表 1-1　通用条款构成表

	A 国项目合同	B 国项目合同
文件组成及优先顺序的差异	A 国项目的合同文件由三部分组成，第一部分为主合同、投标指南、技术标格式、商务标格式，其中主合同里包括了通用条款、母公司保函、履约保函格式、预付款保函格式等；第二部分为项目执行说明书、标准与规范、项目图纸与文件、基础设计数据、界面计划；第三部分为其他技术资料（包括供应商名单、A 国境内分包商名单、消防环境保护方面的规定、地质情况等）。合同文件的优先排列顺序在文件中没有明确说明，只是在主合同的整体性协议条款中提及主合同和项目的各种规范组成整个合同，任何修改、变更均以双方有效签订的书面文件为准。	B 国项目的合同文件由五部分组成，第一部分为主合同（包括母公司保函、业主还款保函、串油协议三个附件）、合同通用条款、合同特殊条款、合同分项价、单价清单、采购程序；第二部分为服务范围和工作范围（包括附件“工艺和消耗指标保证值”）；第三部分为业主技术规范；第四部分为附件（包括履约保函格式、预付款保函格式、项目进度计划、原油化验数据、业主产品标准 、制造商名单、发票程序等）；第五部分为图纸内容。按照合同规定，合同文件的优先排列顺序为主合同、特殊条款、价格分项、工作范围及其附件、服务范围、业主技术规范、材料、单价清单、通用条款、图纸。

续表

	A 国项目合同	B 国项目合同
执行需要准备的文件资料的差异	A 国项目合同自业主宣布某中资企业与国外工程公司的联合体中标，和双方签订中标函后开始生效。合同生效前双方签订联合体协议，生效后需要准备母公司保函、履约保函、预付款保函、某中资企业与国外工程公司的过桥协议、进度计划、付款程序、施工进度测量程序等。	B 国项目合同生效日前需要准备母公司保函、履约保函、二级进度计划等，合同生效日后需要准备预付款保函、三级进度计划、付款程序、施工进度测量程序等。
合同生效执行的差异	无论 A 国项目还是 B 国项目，合同执行程序基本上是按照合同生效、EPC 实施、机械竣工、预试车、中交、试车开工、性能测试和考核、完工这样一个程序执行。	
	A 国项目是先签授标函后签正式合同，在授标函签字的当日就开始生效，过 2 个月再签订正式合同。	B 国项目是先签订合同，过 2 个月后合同正式生效。
预付款支付程序的差异	A 国项目的预付款为工程款的 10%，在提供母公司担保、预付款保函、履约保函后一次入账，预付款在支付的进度款中每次抵扣 10%。	B 国项目的预付款也是工程款的 10%，但要分三期支付，合同生效后 1 个月内付 5%、第 2 个月内付 3%、第 3 个月内付 2%。预付款在支付的进度款达到 10% 后开始抵扣。
税金方面的差异	A 国项目涉及的税种主要有预扣企业所得税、企业所得税、红利税等。预扣企业所得税征收对象是外国企业（非 A 国税收居民）在 A 国取得的收入。A 国的预扣所得税税率根据收入类型分 5%、10%、15%、20% 四档。根据规定，工程技术咨询类业务的预扣所得税税率为 5%。针对当地注册企业的企业所得税，税率 20%。在 A 国实现的净利润如汇回国内，将再被征收 5% 的红利税。	B 国项目的税种主要有合同税、社会保险金、个人所得税、海关税等。合同税为合同价的 5%。社会保险金按工资额的 30% 付给 B 国某基金会，其中 7% 由个人支付，23% 由公司支付。所得税为累进税，B 国对外籍人员分地区规定了最低工资标准。项目设备材料以业主名义申报进口，进口海关税由业主在收到海关付税通知后 2 周支付。

续表

	A 国项目合同	B 国项目合同
保险规定的差异	A 国项目在合同期内的施工安装一切险由业主投保。合同规定承包商主要负责购买货物险、综合一般责任险、车辆责任险、职工补偿险、雇主责任险。	B 国项目合同规定施工、安装一切险和第三方责任险由承包商负责承保和理赔，业主负责确定保险条款和支付保费。一旦发生事故，造成损失，承包商对业主财产的赔偿责任仅限于保险范围。另外，承包商负责设备材料运输险（包括海运和陆运）和其人员在 B 国的人身险，并支付保费。

第四节　国际工程合同体系综述

一、国际工程合同体系的范围

在当今追求制度化、规范化的国际工程承包市场中，建立标准化的合同管理已越来越成为国际工程项目管理的核心内容。工程各方能否按合同行使权利并履行各自的义务，直接决定了工程项目的成败及各方的得失。要想依据合同管理好工程，必须先要拥有一套科学的、适合实际项目的合同文件。尽管没有任何一家业主直接照搬标准合同，但标准合同以其具有的科学性、系统性、示范性及公平性等特点，理所当然地成为设计项目合同的首要参考。国际工程实践的经验告诉我们，不同行业、不同业主选用的国际工程合同都是结合了行业和业主的特点而形成的，但它们都会采用一些标准合同的框架作为基础，参照标准合同范本可以大大提高项目参与者的认知度与管理效率。

二、国际工程合同体系的定位和效力

既然国际工程承包是一种跨越国境的经济活动，那么调整和管理由此应运而生的法律关系的合同条件和规范必然具备国际性的特点。虽然由于国际工程承包牵涉的商业领域较为广泛，使得没有一部国际公约可以将所有相关的法律关系全部囊括在内。但是国际工程承包的综合性特点也决定了它必然受到各种国际行为规范的直接或者间接制约。

目前在国际上用于调整国际工程承包关系的法律主要来源于有关国际经济组织

制定的多边国际条约、协定、国际惯例等。国际惯例是指在国际交往中逐渐形成的不成文的原则和规则，有些民间国际组织或学术机构对某些惯例收集整理，编撰成文。国际惯例的必备因素之一是人们认为它具有法律约束力。这从一个方面说明了国际工程合同体系的效力特点，即国际工程合同体系在法律上并不具备强制力。国际工程合同从根本上仍旧是当事人之间自由的真实意思的表示。目前国际上通行的FIDIC等合同体系都是具有极高权威性的、在国际上被广泛认可和使用的指导性文件。

三、国际工程合同体系的分类

在上文中提到的国际工程合同体系范围较广，各个不同的体系间互有联系，有的甚至具有一定的传承关系，但发展到各自成熟的地步，其又具备了各自的特点以区别于其他合同体系。但是不论这些合同体系如何对体系内的合同条件进行何种划分，它们必须遵循一定的划分规律。例如，从经营方式而言，FIDIC合同体系必然要包含的合同种类有工程总承包合同、工程分包合同、设计/咨询合同等。其中，工程总承包合同是国际工程承包项目运用最为广泛的合同类型之一。它是指就某一项工程项目的建设、完成和维修等全部工作，经招标、投标、评标、谈判等一系列过程，由该项目的业主和承建该项目的承包商之间所签订的合同。而工程分包合同则是在承包商与业主签订了工程承包合同之后，承包商与分包商之间订立的合同。

再如，工程合同可以按计价方式分为总价合同、单价合同、成本补偿合同等三类。在这三类合同中，我们遇到最多的是前两种，其中单价合同有估计工程量单价合同和纯单价合同两种形式。估计工程量单价合同的合同价格是以工程量表为依据来计算的，合同中规定的单价乘以实际完成的工作量即为项目结算时的总价格。在纯单价合同中，招标人将工程项目分解为若干分项的工程，但不对工程量作任何规定，由投标人对各分项工程提出报价，经竞争后确定的报价即为合同价格。固定总价合同的合同价格是根据工程设计图纸、技术规范和工程量表计算出来的，工程造价一旦确定，不因物价上涨、利率变动或工程量表变化等因素而作调整。

第五节　国际工程合同管理和控制

一、国际工程合同管理目标

国际工程合同管理的目标，就是以合同文件为依据，严格合同条款的履约；加强项目的合同管理工作，旨在避免或减少因合同管理不当造成的损失，降低合同签订及履约的风险；通过实施一系列的合同控制活动，使工程项目进度、质量、安全和费用等处于受控状态，最终达到工程项目综合效益的实现。

二、合同的评审与签订

工程总承包合同（以下简称主合同）签订后，为了行使、履行主合同的权利和义务，项目部应以主合同为依据，组织进行设计、采购、施工、调试及运行等部分工作的分包，形成设计分包合同或设计咨询合同、材料采购合同、施工分包合同、调试保运合同、咨询服务合同等各类合同。

（一）合同的起草

项目部合同承办人，应参照主合同文件和业主的项目管理要求，参照住建部门发布的示范合同文本、企业发布的示范合同文本、企业已签订和执行的具有示范意义的各类合同文本等，起草或编制相应的专业合同文本。

在起草合同文本时，应当注意以下事项：

1. 合同语言应严谨、简练、准确，符合相关法律、法规、规章和习惯做法；
2. 合同中的术语和概念应当设专款解释；
3. 合同内容原则上应坚持与主合同“背靠背”的原则，避免与主合同相违背；
4. 合同起草时应充分考虑到对主合同各类风险的规避或转移，最大限度地维护企业的利益；
5. 应当充分考虑设计、采购与施工的界面衔接，土建与安装、施工作业各环节的连通配合；
6. 针对项目专业、技术部分内容，应由企业设计管理部门、技术管理部门和施工管理部门等相关专业人员共同配合完成。

（二）合同的谈判

项目部在合同谈判前应进行合同谈判策划，制订谈判策略，成立由技术人员、商务人员和项目管理人员等组成的谈判小组，选择谈判时机，控制谈判进程，保证合同谈判达到预期目标。

（三）合同的评审

项目部在合同签订前，应组织进行项目部内部各专业管理部门的评审工作，内部评审完毕并由项目经理批准后，及时提交企业专业部门，按照企业合同管理审批程序或流程推行企业层级的审查或审核。

合同评审要坚持以下原则：

1. 合法性原则。合同内容应符合国家或项目所在国相关的法律、法规和规范及宗教风俗习惯等。
2. 公平性原则。合同文本中不能有显失公平的条款，不能违背权利义务对等的原则。

3. 风险可控原则。应充分考虑各种风险的防范、规避、转移等措施，避免合同陷阱，体现“双赢”意向。

4. 可行性原则。合同文本应切实可行，具有实际可操作性，并能通过合同的实施达到预期目标。

（四）合同的签订

按照企业合同管理控制程序，企业法定代表人可授权项目经理签署主合同项下的全部或部分合同，授权人应在授权范围内签订合同，并承担相应的风险和责任。

三、合同的履行

合同履行是指合同义务人全面地、适当地履行合同的义务。所谓全面履行，是指合同当事人应履行合同的全部义务，不能只履行部分义务。所谓适当履行，是指当事人应按照法律和合同的要求，在适当的时间、适当的地点以适当的方式履行合同的义务。

四、合同违约

（一）违约的含义

违约是指合同一方当事人完全没有履行或未能全部履行其合同义务的行为。违约的一方应承担违约责任。

（二）违约的救济方法

违约的救济方法是指一方违约后，法律上给予守约方的补偿方法。概括而言，主要有以下几种：

1. 解除合同（Dissolution of Contract）

解除合同是指在合同尚未全部履行的情况下，解除合同的效力，从而解除当事人的权利义务关系。

2. 损害赔偿（Liqudated Damages）

损害赔偿是指违约方就对方所受损害给予补偿的一种方法。损害赔偿涉及损害责任的成立、赔偿范围和赔偿方法等问题。

3. 违约金（Penal Bonds）

违约金是指以保证合同履行为目的，经合同双方当事人的约定，任何一方违反合同义务时，应按照合同违约条款规定向对方支付的款项。

（三）违约责任的免除

合同成立之后，如果当事人不履行合同或者不适当履行合同，都要负违约责任。但是，如果不是出于债务人的过错，而是发生了某种非常情况或意外事故，使合同不能履行、不能完全履行或者迟延履行时，则应当作为例外来处理。

1. 情势变更

情势变更是指在法律关系成立后，作为该项法律关系的基础及情势，由于不可归责于当事人的原因，发生了非当初所能预料的变化，如果继续履行合同，将会导致显失公平的结果，有悖于诚实信用的原则。在这种情况下，应当允许变更或解除合同。

2. 合同落空（Frustration of Contract）

合同落空是指在合同成立之后，不是由于当事人的过失而是发生了当事人不能预见的与订约时的情况根本不同的意外事件，使当事人订约时所谋求的合同目标受到挫折，造成合同的履行成为非法或者不可能。在这种情况下，对于未履行的合同义务，当事人得以免除履行责任。

3. 不可抗力（Force Majure）

不可抗力是指在合同签订后，不是任何一方当事人所造成的，而是由于发生了当事人不能预见、无法避免、无法预防的社会事件或自然灾害，导致合同不能履行或不能完全履行的情况。

不可抗力引起的法律后果，主要有两种：一种是解除合同，另一种是延迟履行合同。在签订合同之后，如果发生意外事故，根据法律规定来判断合同是否落空，或要援引情势变迁原则来解除合同通常是很困难的。因此，当事人通常会在合同中规定不可抗力条款，在规定的不可抗力情形出现后即可依据该条款来免除部分或全部的法律责任。

五、合同转让与合同终止

（一）合同的转让（Assignation of Contract）

合同转让，是指当事人一方将合同的权利和义务转让给第三人，由第三人直接享受权利和承担义务的法律行为。

当事人一方将合同的部分权利和义务转让给第三方时，称为合同的部分转让。一方面，在当事人另一方与第三人之间形成新的权利义务关系，另一方面，未转让的那部分权利和义务对原合同当事人仍然有效，双方仍存有权利义务关系。

当事人一方将合同的权利义务全部转让给第三方，称为合同的全部转让。合同的全部转让，实际上是合同一方当事人的变更，即合同主体的变更，而原合同约定的权利和义务依然存在，并未变更。随着合同的全部转让，原合同当事人之间的权利和义务关系消灭，与此同时又在未转让一方当事人与第三方之间形成新的权利义务关系，即由第三方代替转让方享受权利并承担义务。

（二）合同终止（Termination of Contract）

合同终止又称合同消灭，是指合同关系由于某种原因而不复存在。

1. 清偿（Discharge）

清偿就是债务人向债权人履行债务的内容，其结果使债的关系归于消灭。清偿一般是由债务人向债权人履行合同义务，清偿的标的物一般应当是合同规定的标的物。关于清偿的费用，如当事人在合同中没有规定，一般应由债务人负担。

2. 提存（Despoit）

提存是指在债务人履行债务时，由于债权人受领迟延，债务人有权把应付的标的物提交给专门的提存机构代以清偿，从而使债的关系归于消灭的一种法律行为。提存必须满足债权人受领迟延或不能确定谁是债权人的条件。提存的场所有的是由法律规定的，有的是由法院指定的。债务一经提存，即产生与清偿同等的法律效力。在提存期间，提存物毁损灭失的风险和提存产生的相关费用均由债权人承担。债务人要在提存后，及时将有关情况通知债权人（债权人下落不明的除外），否则，债务人应承担相应的责任。

3. 抵销（Set Off）

抵销是指双方当事人互负同种债务，当清偿期届满时，任何一方有权以其债务与对方的债务在同等数额的范围内进行抵销，使得双方同种同等数额的债务同时归于消灭。抵销作为债的消灭的方式之一，主要有两个优点：一是手续方便，可以避免交换履行；二是当一方当事人破产时，另一方当事人可以通过债的抵销来避免交换履行所引起的不公平的结果。抵销具体可分为法定抵销、约定抵销和以当事人单方面的意思表示抵销等三种类型。

六、合同争议的解决

（一）概述

选择适当的争议解决方式，及时解决合同争议，关系到当事人合同权益的维护和合同损失扩大的避免。从实践上看，合同争议的解决主要有协商、调解、仲裁和诉讼等四种方式。

（二）协商

协商，是指争议当事人依据有关的法律规定和合同约定，在互谅互让的基础上，经过谈判与磋商，自愿对争议事项达成一致意见，从而解决合同争议的一种方法。协商应以合法、自愿和平等为原则。协商特点在于无须第三者的介入，简便易行，有利于及时解决争议，并有利于双方的协作合同的继续履行。但由于协商必须以双方自愿为前提，因此，当双方分歧严重、一方或双方不愿协商时，此种方式往往受到局限。

（三）调解

调解，是指争议当事人在第三方的主持下，通过其劝说引导，在互谅互让的基础上自愿达成协议，以解决合同争议的一种方法。调解也是以合法、自愿和平等为原则。实践中，依调解人身份的不同，可分为民间调解、仲裁机构调解和法院调解三种。

1. 民间调解是指当事人临时选任的社会组织或个人作为调解人对合同争议进行调解。通过调解人的调解，当事人达成协议，并据此制作调解协议书由当事人签署生效。调解协议书对当事人具有与合同一样的法律约束力。

2. 仲裁机构调解是指在仲裁机构的主持下进行的调解。具体又有两种做法：一种是当事人将其争议提交仲裁后，经当事人同意，将调解纳入仲裁程序中，由仲裁庭主持进行。仲裁庭调解成功后，制作调解书并交由当事人签字生效。只有在调解不成或当事人不愿调解时，才进行仲裁。另一种是仲裁机构分别订有调解规则和仲裁规则，当事人申请调解的，仲裁机构按照调解规则组成调解委员会主持调解，调解成功后制作调解书并交由当事人签字生效；调解不成功，需要进行仲裁的，再按照仲裁规则重新组成仲裁庭进行仲裁。无论哪种调解，调解书一般与裁决书具有同等的法律效力。

3. 法院调解是指由法院主持进行的调解。当事人将争议提起诉讼后，可请求法院调解也可由法院主动进行调解，调解成功后，法院制作调解书。调解书经由双方当事人签收后，具有与生效的判决书同等的法律效力。

调解解决合同争议，可以不伤和气，使双方当事人互相谅解，有利于促进合作，维护当事人的合法权益。但这种方法受到当事人自愿的局限，如果当事人不愿调解或调解不成功时，则应采取仲裁或诉讼方式进行解决。

（四）仲裁

仲裁（Arbitration）也称公断，是双方当事人通过协议自愿将争议提交第三者做出裁决，并负有自动履行裁决义务的一种解决争议的方式。

仲裁作为解决合同争议的方法之一，具有如下特点：

首先，从受案依据看，仲裁机构，一般是社会团体，它受理案件的依据是以双方当事人的仲裁协议为基础，在仲裁协议中，当事人可对仲裁事项的范围、仲裁机构、仲裁地点、适用法律等做出约定，并且当事人也可选任仲裁员，因此具有一定的自治性。

其次，从办案速度看，合同争议往往涉及许多专业性或技术性的问题，需要有相关专业知识才能解决。仲裁机构的仲裁员，一般都是各个领域和行业的专家或知名人士，具有相应的专业知识，熟悉相关业务，能迅速处理问题。并且仲裁裁决一般都是终局的，从而有利于迅速解决争议，节省时间和费用。

此外，仲裁还具有中立性和非公开性，所有这些特点都使得仲裁非常具有吸引力。

（五）诉讼

诉讼作为一种合同争议解决的方法，是指因当事人发生争议而在一国法院进行诉讼活动。在诉讼过程中，法院始终居于主导地位，代表国家行使审判权，是解决争议案件的主持者和审判者，而当事人则各自基于诉讼法所赋予的权利，在法院的主持下为维护自己的合法权益而活动。诉讼不同于仲裁的主要特点在于：它不必以当事人相互同意为依据，只要不存在有效的仲裁协议，任何一方都可向有管辖权的法院起诉。争议的解决必须适用合同的准据法，通过诉讼，当事人的权利可得到法律的严格保护。尤其是在当事人不能通过协商或调解解决，而又缺少或达不成仲裁协议的情况下，诉讼也就成了必不可少的补救手段。

以上几种合同争议解决的方法，对各种合同争议的及时解决各有利弊，不同的争议采取不同的方式解决，往往会产生不同的效果，因此，当事人应针对不同争议，妥善选择不同的方法，以使争议得到迅速解决，维护自己的合法权益。

七、合同控制

（一）项目进度控制

项目总体进度计划为项目部合同进度管理和控制的目标计划，在项目实施过程中应当做好以下几个方面的进度控制工作：

1. 项目进度实施方面，要按照计划的关键路径，分单元、装置、专业直至作业工序等进行逐级控制，以控制项目基本作业环节活动的进度来达到控制整个项目的目标进度。

2. 设计方面，要以优化项目工艺或流程为前提，提高设计工作的效率，密切关注设计工作过程中与采购方面的衔接，尤其要特别关注项目长周期设备采购设计参数等的准确性和及时性，强化设计源头的计划控制。

3. 采购方面，在项目伊始就要根据项目设计进度计划，编制好项目设备材料的总体采购计划，并以此计划为依据，做好项目设备材料的采购工作，力求采购订单及时下达。设备制造或材料生产和运输过程中要加强工厂质量检验、催交催运等工作，既要控制采购进度，同时也要保证所购设备或材料的产品质量。

4. 施工方面，现场要以项目施工计划为依据，严密组织施工，优化调配人力资源，满足现场施工需要。同时还要关注现场各单元或装置界面、各专业或各工序的衔接、交叉和配合，统筹加强现场施工管理工作。

5. 加强项目进度的动态监控和改进方面，要在项目实施过程中，组织定期或不定期的进度分析会议，比较项目计划进度和实际进度的偏差，一旦出现负偏差，就要找出其中存在的根本原因，并采取相应的措施进行纠偏，始终保持项目的实际进度按照项目总体计划实施运行。

（二）项目质量控制

应严格按照项目质量计划的要求开展质量管理工作，将质量控制贯穿项目实施的整个过程。

1. 在项目开始阶段，应当组织编制项目质量控制计划，并严格按照计划组织实施和落实到项目实施的全过程，包括设计质量控制、采购质量控制、施工质量控制、试运行质量控制、开车质量控制等，以各专业质量控制来确保项目质量达到项目总承包合同的质量要求。

2. 加强对分包工程的质量控制。将分包工程的质量纳入项目质量控制范围，要求项目分包商、项目供应商和第三方咨询服务商等要满足工程总承包合同的质量要求，同时加强对其工程、工作或服务过程的质量进行全面跟踪和监督。

3. 充分发挥工程承包单位与设计分包单位、物资供应商和施工分包商等之间的质量控制协同作用，通过组织质量联合检查或验收，及时发现工程实施中的质量问题，防止发生工作质量事故，确保项目质量始终处于受控状态。

（三）项目费用控制

项目费用控制，是项目合同控制的关键活动之一，费用控制的好坏将决定项目的最终效益水平。

1. 编制项目费用控制计划。一般要依据项目合同的工作量范围和合同价款构成，将合同工作量按照 WBS（Work Breakdown System）结构方法进行分解，同时将项目的费用预算计划分解落实到 WBS 各项活动中，编制形成项目费用控制计划。

2. 提升项目费用控制意识和能力。在项目实施各项活动中，要依据项目费用计划，将费用控制落实到位；同时根据阶段工程计划，主动开展项目实际费用控制动态分析活动，及时纠正超费用现象或行为，并在后续的项目实施过程中加以持续改进。

（四）项目风险控制

项目风险控制活动，就是针对已识别的项目风险，开展一系列的风险应对、风险控制结果评价和持续改进的过程。

1. 项目风险控制活动，包括项目各类风险的管理和应对，以及应对后的效果分析和评价；采取纠正措施，选择替代对策，制定或完善项目风险管理应对策略和措施；持续开展风险识别、风险评价、风险应对等，严格管理和使用项目不可预见费用，将风险控制贯穿到项目实施的全过程。

2. 项目风险控制部门或岗位，应当定期或不定期地组织开展风险管理活动，充分发挥项目管理各层级全面参与项目风险控制的协同作用，并实施动态管理和跟踪。

3. 运用项目风险预警的方式，建立项目风险预警体系，设置项目风险预警指标；通过对项目实施情况的动态分析，识别是否达到项目风险预警状态；及时发布项目风险预警提示，采取风险应对措施，保证项目风险始终处于受控状态，确保项目目标利润的实现。

第二章

国际工程合同缔约管理

国际工程合同是指不同国家的有关法人之间为了实现在某个工程项目中的特定目的而签订的确定相互权利和义务关系的协议。业主在项目决策的基础上，通过合同总体策划、工程招投标和签约管理程序，实现与承包商之间合同的签订。业主还会通过委托项目管理公司行使项目管理的职能，加强与承包商之间的项目计划、组织和协调、控制等，确保合同的履约和实施，实现项目的目标。

第一节 国际工程合同的谈判与订立

在评标过程中业主或其代表可能邀请投标人进行商务和技术问题澄清，有时也会邀请有授标可能的投标人进行技术答辩与问题澄清，并在澄清的基础上选择和最终评出商务、技术条件均满足招标文件要求、施工技术方案合理、价格上可以接受（一般是符合技术要求的最低标）的投标，再向该投标人发出授标通知书或授标意向书，并邀请其进行合同谈判和签约。

一、谈判中涉及的事项

（一）投标书澄清与技术、商务答辩

在评标过程中，根据评标标准进行技术和商务评定会淘汰一些投标者，这时业主招标机构可能分别约见“过关”的投标人，特别是潜在的中标人，要求他们澄清一些评标过程中发现的问题或疑问。在澄清过程中，评标机构可以要求投标人回答任何问题，并可提出补充要求，例如，要求报送报价单中某些工程量子项的单价分析；或要求投标人对其投标文件中的技术建议书或施工组织设计中的细节作进一步说明；或提交某些评标机构认为是关键的设备的技术数据或说明书；或要求解释其他商务方面的问题等。有时，业主也会把这种答辩和正式授标的合同谈判结合起来，利用投标者急于中标的心情以及投标保函有效期临近截止的形势，使自己在谈判中处于主动地位。

投标人在与业主进行书面澄清或当面澄清时，对问题的答复应持慎重的态度，因为这种答复将记录在案，并将构成投标人对投标文件的补充，构成合同内容的一部分。为此应当考虑所答复问题对自己投标的技术、商务特别是标价的影响。在此前提下，答复过程中应有针对性地对评标机构的怀疑进行充分解释，努力宣传己方能力和投标报价的合理性，建立良好形象促使该机构在下一步的评标过程中倾向于自己。

（二）合同谈判的目的

尽管招标文件（包括投标须知、一般合同条件、技术说明书等）已经对合同内容的所有方面作了相当明确的规定，而且承包商业已在投标时表态愿意遵守，但

是，对于大型国际工程项目，业主很少在这些文件的基础上简单地与承包商签订合同。业主通常在发出中标通知后仍然给予一段时间（一般为一个月左右），与该承包商进行正式的合同谈判，最终敲定合同文本之后再签订合同。

1. 业主的谈判目的

业主希望进一步就合同内容与承包商进行谈判的原因往往是：

（1）通过谈判与该承包商代表和有关技术人员接触，进一步确信该承包商在技术、经验以及资金、人力资源、物力资源和管理能力等方面确有实力，能令人满意地圆满实施承包合同所规定的工作。

（2）在评标过程中可能对承包商的标价进行了订正，但仍须正式由承包商确认；

（3）讨论并共同确认某些局部变更，包括设计的局部变更、技术条件或合同条件的变更等；可能采用中标承包商的建议方案（Alternative），或业主有意改变一些商务和技术条款，这样可能导致合同基本条件即价格、质量标准和工期的变动，为此有必要与承包商通过谈判达成一致。

（4）对承包商标价中被认为不合理的工程量进行核查和合理的调整，使标价合理地压低；

（5）将过去双方业已达成的协议进一步确认和具体化；

（6）业主可能提出要求承包商降价，在双方自愿的基础上就价格进行调整。

（7）合同谈判是业主实现其意图达成合同的最后阶段，是很慎重的。同样，对承包商而言，由于投标阶段承包商基本上是“单向”地向业主报价，即按招标文件中业主单方面的要求进行报价和提供技术方案，而合同谈判则是工程合同签约前唯一一次能和业主方进行“双向”谈判的机会，因此也要予以充分的重视和利用。

2. 承包商的谈判目的

承包商在合同谈判阶段希望达到的主要目标是：

（1）与业主澄清投标书中迄今尚未澄清的一些商务和技术条款，并说明己方对该条款的理解和己方的报价基础，力争使业主接受对己方有利的解释并予以确认，为今后项目实施奠定基础；即使不能使业主完全接受己方的观点也要通过谈判得到尽可能有利于己方的解释；

（2）争取尽可能地改善合同条件，谋求公正，使己方的合法权益得到保护；

（3）对项目实施中可能遇到的问题（如劳务进口、关税、支付期限、图纸审查和批准周期等）提出要求，力争将这些条款明确并写入合同（或合同补遗）中，以避免或减少今后实施中的风险；

（4）如果在谈判中，业主对技术和商务条件做了某些变更，承包商则可以相应地提出价格调整，以争取更为有利的合同价格。

由上述分析可以看出，尽管业主和中标的承包商双方都需要签约前的合同谈判，但双方的目的既一致又有矛盾，而且双方都很明了，一旦签订了合同，对双方都构成事实上的法律约束。因此，双方在谈判中对涉及技术和商务的原则问题都极为慎重，互不相让，互相揣摩对方的意图，有攻有防，针锋相对。同时，经过相当长时间的投标和评标过程，承包商和业主都花费了不少的精力和财力，到了这个阶段，通常双方又都不希望轻易地使谈判失败，都希望谈判成功，最终达成一个双方都能接受的结果而签约。因此合同谈判既是相互斗争又是相互妥协的过程。

招标文件中的所有商务和技术条款是双方合同谈判的基础，任何一方均有理由拒绝另一方提出的超出原招标条件的要求，因为投标前即应对投标文件中的合同条款进行过认真的研究，并在投标书中已予以确认。承包商在合同谈判时主要目的应是在一定条件下尽可能改善合同条件，防止产生意外的损失，而不能寄希望于通过合同谈判解决所有的问题。当然，如果投标之后从投标文件中发现了会使承包商造成风险的这一类问题时，也可以利用合同谈判的机会设法安全地“撤出”，但这毕竟不是合同谈判的初衷。

（三）合同谈判的准备

鉴于合同谈判的重要性，业主和承包商毫无疑问地都要认真做好合同谈判的各项准备工作。这里从承包商角度简要地讲述合同谈判的准备工作。

1. 组建谈判小组

选择合适的人选，组建一个精干的、强有力的谈判小组是确保谈判成功的关键。谈判小组应由熟悉国际工程合同条款并参加了该项目投标文件编制的技术人员和商务人员组成，还应配备能力强的翻译人员。谈判小组的每一个人都应充分熟悉原招标文件的商务和技术条款，同时还要熟悉己方投标文件的内容。谈判小组的成员应根据个人特长和谈判的需要做好分工。

小组负责人即首席谈判代表是决定合同谈判成功与否的关键人物，应认真选定。该负责人应具有合同谈判经验、良好的协调能力和社交经验，具有一定的口才以及良好的心理素质和执着的性格，了解业务，熟悉国际承包惯例和合同文本，当然最好会外语，直接进行谈判易于沟通双方思想。

对法治比较健全的国家或地区的项目，聘请熟悉合同的律师参加谈判小组是有利的，因为在这些国家谈判合同商务条款和敲定合同文字时，往往对方出面谈判的也会有律师。

2. 事先了解谈判对手

从事国际承包工程的公司一般涉及国家多，各个国家由于文化背景不同，价值观念不同，思维方式不一，在谈判中采取的方法也不尽相同。因此，对于新市场，事先了解这些背景情况和对方的习惯做法等，对取得较好的谈判结果是有益的。在这方面，我国驻外使馆、商参处往往会提供有益的帮助。

3. 确定基本谈判方针

谈判小组应收集信息，分析业主可能提出的问题（有时业主在授标通知中会开列出谈判问题提纲），并对其认真进行研究和分析；应尽量收集潜在竞争对手的投标情况并进行分析；对关键问题制定出希望达到的上、中、下目标（因为既然是谈判就不可能事事都符合自己的理想目标，要有据理力争的信心又要有妥协、“退而求其次”的思想准备和“最后防线”的目标），最好写出谈判准备大纲，并得到公司的批准。

4. 认真准备提交的文件

一般情况下，如果业主首先提出了谈判要点，承包商应就此准备一份书面材料（包括翔实的表格和图表）进行答复。为了使业主对承包商的能力增强信心，在该材料中还应进一步说明承包商有成熟的技术准备、充分的能力，能按照项目需要及时动员人力和物力，以便让业主相信承包商能够按时、按质量要求圆满实施合同。

5. 代理人的协调

承包商在合同谈判阶段应和代理人保持密切的联系，尽管在谈判过程中代理人不参加谈判。有时很强的代理人往往也能在谈判场外通过适当的斡旋，起到良好的协调作用，使承包商和业主两方建立良好的、和谐的和相互信任的关系，对于谈判成功是极其有益的。

6. 谈判的心理准备

除上述实质性准备外，对合同谈判还要有足够的心理准备，尤其是对于缺乏经验的谈判者。

（1）和任何谈判一样，合同谈判也是一个艰苦的过程，不会是一帆风顺的。对此一定要有充分的心理准备，为达到自己的既定目标要有力争成功的执着信念，还要有足够的“韧性”准备。

（2）树立谈判勇气，敢于谈判。既然是谈判就应是对等的，己方要按“有理、有利、有节”的原则，通过解释自己的理由，说服谈判对手，不能企图强压对方；反之，当对方采用强压方式时，又要敢于拒绝，婉言提醒对方，按公平合理原则办事。

（3）怕谈判失败而失去签约的机会的想法是不必要的。应当看到，只有业主认为无论在价格上还是在其他条件方面这个投标人是比较理想的，他才会确定授标并进行合同谈判，因此这一承包商应该是处于有利地位的。一般来说，业主的谈判代表并不愿意使谈判真正陷入僵局或失败，因为谈判一旦失败，业主也会浪费时间和金钱而造成被动。因此，承包商代表应当善于抓住签约前的最后一次谈判机会，既有充分的信心，又有足够的耐心，既坚持原则又灵活处置，采取各种方式和渠道，会内会外结合，因势利导解决谈判中的问题和矛盾，争取对己方尽可能有利的条款，获得一个公正的合同，为顺利地实施项目奠定可靠的基础。

（4）目前国际工程承包市场属于买方市场，在一些国家还存在着对本国承包商保护的规定，通常业主都处于比较有利的地位。因此合同谈判只能在原招标合同文件的基础上进行。除非有特别的机会，一般很难争得超出原招标规定更多、更好的条件。对这一点，承包方的负责人应予以理解，避免给谈判代表规定过高的期望目标。

作为投标人代表，在谈判中还需要注意投标保函的安全。因业主手中控制着承包商的投标保函，要防止业主利用权力没收保函。为此，当对方的要求过于苛刻，危及己方的利益而无法接受时，应找出充分的理由，或利用合同条款赋予的权利，把谈判破裂的原因归咎于对方，以避免对方扣留投标保函而造成经济损失，对此不可掉以轻心。

二、合同谈判的主要内容

合同谈判的内容因项目情况和合同性质、原招标文件规定、业主的要求而异。一般来讲，合同谈判会涉及合同的商务、技术所有各条款。这里从承包商角度，将合同谈判可能涉及的主要内容分几个方面以总结谈判时需要注意的要点，以及如何利用谈判的机会尽可能改善合同条件。

（一）工程内容和范围的确认。合同标的是合同最基本的要素，工程合同的标的就是工程承包内容和范围。因此，在签订合同前的谈判中，必须首先共同确认合同规定的工程内容和范围。承包商应当认真重新核实投标报价的工程项目内容与合同中表述的内容是否一致，合同文字的描述和/或图纸的表达都应当准确，不能模糊含混。承包商应当查实自己的标价有无任何只能凭推测和想象计算的成分，如有，则应当通过谈判予以澄清和调整，力争删除或修改合同中出现的诸如“除另有规定外的一切工程”“承包商可以合理推知需要提供的为本工程实施所需的一切辅助工程”之类含混不清的工程内容或工程责任的说明文字和词句。

对于在谈判讨论中经双方确认的工程内容及范围方面的修改或调整，应和其他所有在谈判中双方达成一致的内容一样，以文字方式确定下来，并以“合同补遗”或“会议纪要”方式作为合同附件并说明其构成合同的一部分。

（二）业主提出增减的工程项目或要求调整的工程量和工程内容时，务必在技术和商务等方面重新核实，确有把握方可应允。同时应以书面文件、工程量表和/或图纸予以确定，其价格亦应通过谈判确认并填入工程量表。

（三）对业主提出的改进方案或某些修改和变动，或业主接受承包商的建议方案等，首先应认真对其技术合理性、经济可行性以及在商务方面的影响等进行综合分析，权衡利弊后方能表态接受、有条件接受甚至拒绝。如果接受了业主关于工程内容的变动或业主提出的方案，自然会对价格和工期等产生影响，应利用这一时机争取变更价格或要求业主改善合同条件以谋求更好的效益。

（四）对于原招标文件中的“可供选择的项目”和“临时项目”（Provisional Item）应力争说服业主在合同签订前予以明确，或商定一个确认最后期限，不能拖到工程后期才明确，造成承包商工作的被动。

（五）对于为监理咨询工程师提供的建筑物、家具、车辆以及各项服务，也应逐项详细地予以明确。

（六）对于一般的单价合同，如业主在原招标文件中未明确工程量变更部分的限度，则谈判时应要求与业主共同确定一个“增减量幅度”，当超过该幅度时，承包商有权要求对工程单价进行调整。

三、技术要求、技术规范和施工技术方案

技术要求是业主极为关切，承包商亦应更加注意的问题。

对于业主提出的技术规范，承包商应事先熟悉和了解并核实是否可以达到该规范要求。合同谈判前承包商应认真核实招标书中规定的要求是否和报价编制过程中所采用的施工方法、质量控制条件、所采用的规范相符，如业主对某项工程内容有特殊要求或承包商的常规施工方法有差别时，更应予以注意，要研究己方是否能做到，及其经济性如何。如果有问题，则应研究采取对应措施或与业主协商，力争改用承包商熟悉而又不会影响质量的其他规范。在个别国家或地区，在进行比较和说明后，有时业主可能同意采用中国规范，则应将谈判结果落实在合同文件上。

施工技术措施和技术方案也是合同谈判中业主希望和承包商讨论和落实的主要问题。对于施工项目尤其是施工程序比较复杂的项目，如大型炼化工程，道路、港口工程，码头工程和技术要求高的工业与民用建筑工程等，承包商提交的投标文件中都应提交施工组织设计方案或技术建议书。业主在评标阶段对该方案会认真地进行评定和研究，往往在合同谈判阶段业主会对该方案与承包商进行讨论，承包商应组织工程技术人员认真进行答辩，力争通过答辩使业主对己方提出的方案理解和赞同，显示己方的实力和实施该项工程的能力。

除此之外，对于大中型项目的关键技术问题尤其应予以注意。当业主提供的技术基础资料如水文资料、气象资料、地质资料不充分时，除在投标报价时做好相应的技术措施准备，以及考虑足够的不可预见费外，应力争让业主承担由于资料不足或不准确而产生的风险。

四、合同价格

毫无疑问，在国际承包工程中，支付问题是承包合同的核心问题。这一条款涉

及极为复杂的问题，也是双方当事人在合同谈判中最关心的事情，业主采用招标方式完成项目的目的之一，就是要确定合同价款和支付货币，而承包人则希望尽量多获得外汇和利润。价格条款中一般会涉及以下问题：

（一）合同金额

合同金额总是和合同的范围一致，如仅是施工合同，不牵涉到设备、物资的价格。如果是交钥匙工程合同，则不但要列出设计、施工等劳务费用，还要列出设备、材料的价格，包括价格术语。所以，不论采用何种类型的合同，都要列出明确的计算方法、费用和范围等。

（二）计价货币

通常合同规定的货币即是业主应支付的货币。但是，在世界绝大多数国家，政府实行不同程度的外汇管制政策，在这些国家承建项目，不可能全部获得可自由兑换的外汇，往往是当地货币和自由外汇各占一定的比例。因此谈判中，就要规定各种货币应占比例、两种货币之间的兑换率。在外汇管制严格的国家，还要明确规定汇兑的方式和手续。

（三）税收因素

承包方在项目所在国承建工程，会产生诸多税收问题，如运进项目所在国的机器、设备、材料的进口关税，承包方劳务人员的收入所得税，生活用品的进口税，承包方的营业税等。对这些税金，有的国家规定承包方应照章缴纳，有的国家规定由业主承担或可以部分（全部）免税，因此，对所有税金应明确规定由谁支付，并在价格中充分考虑相关因素。

（四）价格调整

工程承包通常采用固定价格，但是有些项目在实施前无法预计总价，或者当地的通货膨胀率较高时，就要采取滑动价格，即价格可随着工程量的变更、材料和工资价格的变动而做出必要的合理调整。这时，就应规定各种可能导致价格调整的因素以及这些因素变动到何种程度才允许对价格调整。

五、合同支付方式

在承包实践中，国际工程承包项目一般施工时间长，占用资金金额大，大多数承包商是负债经营，资金周转的快慢决定着项目的经济效益的好坏。即使合同价格基本符合行情甚至有较大的预期效益，但由于支付条款（支付方式、付款条件等）不合理而造成承包商不能达到预期效益，或产生亏损甚至使合同无法继续执行下去的实例也是很多的。

毫无疑问，经营中的“早收迟付”的黄金原则对国际工程承包也适用。但是因为业主希望“早做晚付”，这就需要通过合同谈判在招标文件所规定的付款条款基础上进行协商，力争达到一个双方都可以接受，而且对顺利实施项目有利的合同款支付方式。除非另有约定，承包商要力争及时地收取各项工程款，避免被动地成为项目的实际贷款人，“为他人做嫁衣裳”，增加自己的负担，甚至造成亏损。因此，承包商除了在投标过程中以及通过合同谈判力争得到一个合适的价格外，还要注意在合同中有保证合理支付的条款，即何时支付、如何支付、支付方式以及如何确保支付的条款等问题。这也是合同谈判中的重要谈判内容之一。

按一般国际工程承包惯例，工程合同的付款分四个阶段进行，即预付款、工程进度付款、最终付款和退还保留金。

（一）预付款

预付款是在承包合同签字后，在预付款保函的抵押下由业主无息地向承包商预先支付的项目初期准备费。它具有“定金”的性质。一般应在合同签订日起的一个月内支付给承包商。对于发展中国家的国际金融机构贷款项目，一般有不少于10%的预付款。有些业主自筹资金的项目招标时，可能没有预付款，而是以项目初期动员费方式支付一部分前期费用，如施工临时建筑完成或设备进场等，业主将专项支付费用。支付预付款是国际工程承包的一个惯例，是公平合理的。当没有预付款支付条件时，承包商在合同谈判时有理由要求按这种动员费的形式支付。预付款的偿还因业主要求和合同规定而异，一般是随工程进度付款而分期分批由业主扣还；或是工程进度应付款达到合同总金额的一定比例后开始偿还；或是到一定期限后开始偿还。还款的速度一般是有协商余地的。

（二）工程进度付款

工程进度付款是随着工程的实施按一定时间内（通常以月计）完成的工程量支付的款项，有时简称“进度付款”。对单价合同，承包商每月根据完成工程量和到达工地的材料设备（一般支付合同价格的50%—80%）种类和数量（连同业主或工程师签发的工程量认定单证）向业主开出并递交索付账单，要求业主支付。对总价合同工程进度款也可以按双方商定的条件（如形象进度、完成工程量比例等）分期支付。工程进度付款的账单被业主核准到实际支付应该是有时间限制的，合同中应明确这个期限，并应规定如付款时间超过这个期限应该按市场利息率向承包商支付利息。承包商应具有或保留在不能及时得到工程进度付款时中止工程和提出索赔的权利。

（三）最终付款

最终付款是最后结算性的付款，是在工程完工并且如有维修期在维修期期满后经业主代表验收并签发最终竣工证书（Final Certificate）后进行。在这次付款中除应付清承包商所有应得款项（包括保留金）外，还应清理承包商应还付或应缴纳的款项，有时业主会要求出示由项目所在国税务机构签发的完税证明方可进行最终付款。

对于维修期期间的经济责任，可说服业主接受银行出具的维修保函，最好不要采取扣付工程进度款的办法。

（四）退还保留金

所谓保留金，是工程承包历史遗留下来的“习惯”，过去在没有履约保函时业主从承包商工程进度付款中扣留出占合同总价一定比例的款项，当作对承包商履约担保而采取的一种抵押性经济制约手段。在有了履约保函手段后本应取消保留金这种抵押形式，但由于某些业主对保函的间接性担保的实施感到不满意，即使有了履约保函仍然保留了保留金，致使其延续至今，这种与履约保函同时存在的保留金似乎是不甚合理的双重担保。保留金一般是从每次结算账单中按一定比例（5%—10%）扣留，直至达到双方商定的保留金限额止（一般不应超过5%）。

目前在合同中取消保留金的规定还是不太容易的（无论FIDIC的合同条款，还是世界银行的合同范本都有保留金的规定）。按惯例是工程完工时应支付保留金的一半，另一半则在工程的缺陷责任期结束时才支付给承包商。如有可能，应争取业主同意仅以维修期保函担保维修期承包商的责任和义务，或以保留金保函代替保留金。

六、工期和维修期

（一）工期

工期与工程内容、工程质量及价格一样，是承包工程成交的重要因素之一，在合同谈判中双方一定要在原投标报价条件基础上重新核实和确认，并在合同文件中明确。

被授标的承包商首先应根据投标文件中己方填报的工期考虑工程量的变动而产生的影响，与业主最后确定工期。关于开工日期，应根据承包商的项目准备情况、季节和施工环境因素等洽商一个适当的时间。一般来说，国外项目除非是承包商已经有项目的老市场，应适当要求较长的工程准备期，即尽可能延长从签约到正式计算工期的开工日期之间的时间，以便做好开工准备工作。

对于单项工程较多的项目，应当争取（如原投标书中未明确规定时）在合同中明确允许分步或分批提交业主验收（例如，成批的房建工程应允许分栋验收；分多段的公路维修工程应允许分段验收；分多片的大型灌溉工程应允许分片验收等），并从该批验收时起开始计算该部分的维修期；应规定在业主验收并接收前，承包商有权不让业主随意使用等条款，以缩短己方责任期限，最大限度保障己方的利益。

承包商应通过谈判（如原投标书中未明确规定时）使业主接受并在合同文本明确承包商保留由于工程变更（业主在工程实施中增减工程或改变设计）、恶劣的气候影响，以及各种“作为一个有经验的承包商也无法预料的工程施工过程中条件

（如地质条件、超标准的洪水等）的变化”等原因对工期产生不利影响时要求合理地延长工期的权利。

（二）维修期（即缺陷责任期）

合同谈判中还应当对于合同文本中关于维修工程的范围、维修责任、维修期的开始和结束时间有明确的说明，承包商应该只承担由于材料和施工方法及操作工艺等不符合合同规定而产生的缺陷。如承包商不满意业主提供的投标文件（事实上将构成为合同文件）中对维修期等相关说明时，应该与业主谈清楚，并落实在合同补遗上。

承包商应力争以维修保函来代替业主扣留的保证金。维修保函对承包商有利，主要是因为可提前取回被扣留的现金，而且保函是有时效的，期满将自动作废。同时，其对业主并无风险，如发生维修费用，业主可凭保函向银行索回款项。因此，这一做法是比较公平的。维修期满后应及时从业主处撤回保函。

对于重要工程和特殊工程，业主如要求有特殊寿命保证期时，一定要以保函或保险对业主保证，一般不宜接受以滞留保证金的方式进行担保。

七、争端的解决

国际承包工程实施过程中产生争端是在所难免的，因此合同条款中应对争端的解决方式做出规定。一般解决争端的方式有争端双方谈判解决或通过第三者调解，及通过公断、仲裁和诉讼等法律程序解决。国际工程合同中应根据双方的协商规定一种或一种以上的争端解决方式，同时应规定终局方式。一般最为常用的法律解决程序是仲裁，应规定仲裁的结果是终局的。

仲裁不同于法庭诉讼，只能根据争端双方事先订立的仲裁协议进行，因此承包商和业主应在合同中列入仲裁条款，在该条款中就仲裁范围、仲裁效力、仲裁地点与机构等作出规定。

八、其他有关改善合同条件的问题

如前所述，在合同谈判阶段，承包商很难超出原招标文件范围大幅度改变合同条款而获得更有利的条款，但是由于业主和承包商在顺利完成标的项目、圆满实施合同方面有着共同的目的，因此在一定条件下通过合同谈判和双方的妥协，在合同条款中适当地进行改进和变通是可能的，尤其是通过谈判接触，业主在了解承包商是有实力、有信誉和可靠的情况下，也会通情达理地通过协商就合同条件做一些改动，使其更确切，更有利于承包商实施合同。

这里就如何避免合同实施中给承包商带来不必要的麻烦，如何尽量争取使合同条件和合同条款得到改善，提出一些建议。

（一）图纸

招标图纸以及按招标要求由承包商递交的图纸，都应是合同文件的组成部分，并随合同条款由双方签字确认。如果报价是按投标人设计图编制的，则应予以说明。图纸、工程量表和相应的文字共同说明了合同内容和范围，三者之间应该一致，应注意防止三者之间的矛盾使承包商受到损失。

（二）合同的某些措辞

类似“承包商的工作必须使业主满意”（work to be to the satisfaction of owner）之类的措辞在合同文本中是经常见到的，应通过谈判设法明确所谓“使业主满意”只能是施工技术规范和合同条件范围内的满意。在合同文字中对此应予以一定的限定，防止工程实施过程中业主无限制地或恶意地引用，使施工难度增加或在签发完成工程量清单时“刁难”。

作为典型，类似“严格遵守业主的对本工程任何事项（不论本合同是否提及）所作的指示和指导”这样的词句，必须要求业主更改或在补遗中解释清楚。

（三）履约保函及其他各类保函

应当争取业主同意接受由中国银行直接开出的各类保函，这样可以降低我国公司对外承包工程的成本费用。

（四）工程保险和各类保险

应当争取业主同意接受由中国人民保险公司承担各类保险（交通用车辆保险必须由当地保险公司承担者除外）。

有些国家往往有强制性的社会保险规定，它是为保障工人失业、劳动保护、养老等福利设立的。由于外籍工人是短期居留性质，应当争取免除在当地进行此类社会保险。

（五）不可预见的自然和人为障碍

不可预见的自然障碍是指自然环境中碰到的无法预测的问题，如遇到地下的文物或事先不知的地下管道。不可预见的人为障碍是指社区、民间组织突然对项目提出的额外要求等。这一问题由于其不可预知的原因在合同条款中往往写得比较含混，承包商应对此予以注意，还要采取适当的措施为今后可能发生的情况奠定好增加额外费用以及索赔的基础。

（六）违约罚金（Liquidated Damage for Delay）

对于合同有关违约罚金的条件、金额、计算方法等应予以注意，同时要有违约罚金的最高限额。要认真分析按工期要求完工的把握性，必要时对违约应建议增加一些直接或间接的限制条款，并应争取规定发生延误时如有部分工程业已分期交付则应按比例地扣除罚金。

（七）劳务问题

从项目考察开始即应收集项目所在国的劳工法、移民法、出入境管理法和所得税法等法律，了解有关当地劳务和外国劳务的规定。如法律对加班有限制时，在合同谈判中应提出允许当地劳工加班。要了解项目所在国对工人加班的规定，对加班工人付酬。如调查中发觉当地劳工不足，应在谈判时就外国劳工准入问题提出要求，如该国有限制外籍劳工规定时，对此更应注意。应将协助承包商办理外籍劳工入境并取得劳动许可证等作为业主的协助义务，避免将因劳工不足又不能聘用外籍劳工或外籍劳工得不到工作许可证等而造成的工期的拖延完全归咎于承包商。

合同中对于承包商及其外籍雇员应遵守项目所在国法律和法规的要求是可以接受的，但对于有侮辱性或歧视性的条款和不符合国际惯例的规定应要求取消。

（八）设计图纸、材料设备报批时间

对于包括设计工作的项目，一般业主要对承包商的设计（图纸和计算书）进行事先审批后方可加工或施工，对此合同中应规定业主批复时间。由于业主审批延误造成的经济和工期损失承包商应有权提出索赔，或写明“默认原则”，即在规定时间内不予审批即被认为批准。与此类似，对于合同要求向业主报批的施工材料、设备等，也应有审批时间限制。

（九）工程量验收以及衔接工序和隐蔽工程施工的验收程序

按一般的结算程序，对承包商完成的工程量应报请业主或其代表检查和签字验收方可结算。业主或其代表如拖延签字，就会对承包商造成被动和付款的延误。合同中通常还规定施工过程中的隐蔽工程覆盖前或有些衔接性工序，应由业主或其代表检查和见证。对这些涉及业主配合的工作程序，应对业主有一定的约束，防止出现权力在业主手中，而责任却在承包商身上的被动现象。

（十）施工占地

施工占地和取料场占地问题是土建工程施工的大难题，一般应由业主解决，否则承包商就要直接面对土地所有者，这是极为复杂和难缠的问题，应明确规定由业主负责处理。

（十一）开工和工期

一般情况下适当推迟开工期，延长施工准备时间对承包商是有利的，但同时应争取合同工期由正式开工日起算。

（十二）向承包商移交施工现场和基础资料

合同中应规定工程现场移交时间，移交现场的概念应包括现场资料（测量图纸、测量标志等）。

（十三）工程交付

在可能的情况下应争取业主接受以下条件：对单项工程分期分批提交给业主验收和发放完工证明；房建等工程，当某部分工程完全具备交工条件提交业主验收；由于业主原因不能及时验收时，业主应支付照管费。

（十四）预付款保函的自动减额条款

预付款一般是在项目实施过程中逐渐向业主偿还的，其金额随工程进度款中的扣还逐渐减少，因此应注意业主提出的预付款保函格式是不是自动减额的，如不是，应向业主建议改为自动减额的保函。

（十五）施工机具的进口

应争取业主帮助向项目所在国政府申请承包商施工机具的临时进口。承包商还要权衡临时进口和永久进口的利弊，因为有些国家的临时进口条件并不一定优惠。一般项目的工期短，或对临时使用的特种设备采取临时进口办法有利，但此时设备的进口单证应齐全并妥善保存，以便退场在出口时交海关检验，并退还“税收保函”。

（十六）税收条款

税收问题是敏感和复杂的问题，也是直接影响承包商效益的重要问题之一，因此投标前就要对项目所在国有关工程承包的各项税收进行资料收集和税务咨询，避免在编制报价时遗漏。发展中国家的税收往往由于政策的变化而改变，因此，应当有关于承包商对合同签订后如合同变更可予免责的条款。

九、承包合同最后文本的确定和合同签订

在原报价文件的基础上，经过双方多个回合的讨论和妥协，双方合同谈判结束时已经就整个合同达成了基本一致的结论，这时就要共同确定最终合同文本和签署合同。

最终双方签署的合同应是在原投标文件的基础上，补充合同澄清阶段承包商确认的内容和合同谈判阶段双方达成一致的内容，而后形成一个正式文本。除工程量表有时因为有变动需要重新核定编制形成一个新的工程量表外，其他在投标后双方同意变动的内容一般是以合同补遗的形式确定下来，与原合同文件一起共同构成一个完整的承包合同。投标文件所附的合同文本及其他技术商务文件一般在投标阶段都已经多次研究，双方都比较熟悉，而合同补遗则是在合同谈判后根据谈判结果形成的，而且按一般法律惯例合同补遗优先于合同其他文件，因此双方对合同补遗的起草、定稿都应相当重视。

（一）合同文件文本的确定

国际工程合同文件由以下文件组成：

1. 合同协议书

2. 工程量及价格单（Bill of Quantity with Prices）

如经修订，则应由承包商和业主双方签署。

3. 合同条件

一般由合同通用（或称一般）条件（General Condition）和合同特殊（或称专用）条件（Special Condition）两部分构成。

4. 投标人须知

5. 合同技术条件（Specifications）和投标图纸

6. 业主授标通知

7. 双方代表共同签署的合同补遗（有时是合同谈判会议纪要的形式）

8. 投标人投标时所递交的主要技术和商务文件

包括原投标书的图纸，承包商提交的技术建议书（施工组织设计）和投标文件的附图。

9. 其他双方认为应该作为合同的一部分文件

如投标阶段业主发出的变动和补遗（Addendum to Tender Document），业主要求投标人澄清问题的函件和承包商所做的文字答复，双方往来函件，投标时的降价信等。

此外，双方应当对所有在招标投标及谈判前后各方发出的文件、文字说明、解释性资料进行清理，对凡是与上述合同构成内部矛盾的文件，应宣布作废。可以在双方签署的合同补遗中，对此做出排除性质的声明。

（二）合同协议的补遗

如前所述，在合同谈判阶段双方谈判的结果一般以合同补遗（Addendum）的形式，有时也会以合同谈判纪要的形式，形成书面文件。这一文件将成为合同文件中极为重要的组成部分，因为它最终确认了合同签订人之间的意志，所以它在合同解释中优先于其他文件。为此不仅承包商对它重视，业主也极为重视，它一般是由业主或其代表起草。因合同补遗或合同谈判纪要会涉及合同的技术、经济、法律等所有方面，作为承包商主要是核实其是否忠实于合同谈判过程中双方达成的一致意见及其文字的准确性。对于经过谈判更改了招标文件中条款的部分，应说明已就某某条款进行修正，合同实施按照合同补遗某某条款执行。

同时应注意，国际工程合同大都适用项目所在国法律，对于违反所在国法律的条款，即使由合同双方达成协议并签字，也不受该国法律保障。因此，为了确保协议的合法性，应由通晓项目所在国法律的律师核实，才可对外确认。对以外文签署的合同要有对该语言具有足够造诣的翻译把关，并且符合工程技术要求。

（三）签订合同

业主或其代表在合同谈判结束后，应按上述内容和形式完成一个完整的合同文本草案，并经承包商认可后正式形成文件，承包商应认真审核合同草案的全部内容，尤其是对修改后的新工程量和价格表以及合同补遗，要反复核实是否正确，是否符合双方谈判时达成的一致意见，对谈判中修改或对原合同修正的部分是否已经明确地表示清楚，尤其对数字要核对无误。当双方认为满意并核对无误后，由双方代表草签，至此合同谈判阶段即告结束。此时，承包商应及时准备和递交履约保函，准备正式签署合同。

在合同正式签字前承包商要对准备签字的正式文本与草签的文本重新复核，尤其是对核心条款一定要逐字复核。曾经发生过合同一方抱怨草签文本与正式文本不一致而产生争议的事件。因此对国际工程合同签订前一定要“慎之又慎”，正式签字之前组织相关人员尤其是法律人员全面地复审合同是十分必要的。

合同签订之后，承包商应按规定及时递交银行出具的履约保函，并要求业主退回原投标保函；同时，承包商还应递交预付款保函，以争取早日获得预付款，做好开工准备工作。

第二节　合同条款概述

一、合同条款的概念

从国际工程合同体系的发展来看，国际工程合同的发展趋势是建立和发展当事人之间的合作伙伴关系，合同模式演变为“合作共赢型”，思维模式从“如何解决发生的问题”转向“如何合作实现合同目标”。

国际工程承包不仅涉及设计、采购、施工、生产准备及开车服务，还涉及咨询、融资、培训等。国际工程合同需要对上述各方面按照英美合同的三要素“要约、承诺、约因”进行编制，因此其条款是比较复杂的。

合同条款是合同条件的表现和固定化，是确定合同当事人权利和义务的根据。从法律文书而言，合同的内容是指合同的各项条款。因此，合同条款应当明确、肯定、完整，而且条款之间不能相互矛盾。否则将影响合同成立、生效和履行以及实现订立合同的目的，所以准确理解条款含义有重要作用。

二、合同条款的种类

根据合同条款的地位和作用，合同条款的分类主要有以下几种：

（一）必备条款和非必备条款

必备条款又称主要条款，是指根据合同的性质和当事人的特别约定所必须具备的条款，缺少这些条款将影响合同的成立。非必备条款又称普通条款，是指根据合同的性质，在合同中不是必须具备的条款，即使合同不具备这些条款也不影响合同的成立。

（二）格式条款和非格式条款

格式条款是指由一方为了反复使用而预先制订的，在订立合同时不能与对方协商的条款。非格式条款是指当事人在订立合同时可以与对方协商的条款。

（三）实体条款和程序条款

凡是规定当事人在合同中所享有的实体权利义务内容的条款都是实体条款。而程序条款主要是指当事人在合同中规定的履行合同义务的程序及解决合同争议的条款。

（四）有责条款和免责条款

有责条款是指当事人在合同中约定的当事人违反合同应承担的责任条款，即违约条款。免责条款指当事人在合同中约定的，免除排除或限制其未来责任的条款。

（五）通用条款和特殊条款

通用条款是根据法律、法规或行业习惯订立，通用于某一类交易的条款。而特殊条款是结合具体交易实际，经协商达成一致意见的条款，是对通用条款的具体化和补充。

三、合同条款的基本特征

（一）合同条款的整体特征

正文与附件作为合同文本的整体结构内容，共同表现为以下三个特征：结构均衡、适从交易、贯通全文。

1. 结构均衡是指不论合同文本适用于何种交易，它的整体结构应是相互衔接，并且是相互补充的。相互衔接是指正文与附件之间存在的依据是有机相连，不是无故而生。其内容是互补性的，而不是重复的。通过互补对交易的权利与义务进行完善与明确。

2. 适从交易是指合同结构的简繁不是依形式而定，而是依交易实际特征而定的。换句话说，合同结构服从交易的需要。交易要求复杂时，合同结构就复杂；反之，则简单。

3. 贯通全文是指合同正文与附件的文字用词要语意一致，绝无丝毫异议。同时，当事人权利与义务在正文与附件中的描述具有严格的一致性。该特征决定了撰稿人或多个撰稿人的工作规范，尤其当多个撰稿人存在时，总审校人必须提出明确的要求。

（二）合同正文条款的特征

1. 性质特征

从其代表的意义上看条款性质，可以将合同所有可能的条款归为两类，即通用性或基础性条款和特殊性或补充性条款两类。这两类条款中又分别包括法律或利益条款（简称有价条款）、程序性条款。

（1）作为理论和实际运用的参考，通用性或基础性条款是指合同成立的基本条件。包括标的条款（有时同时以商品指标条款和经济技术指标条款的形式出现）、价格条款（有时以价格条款和支付方式条款出现）、交付条款（有时以交付方式条款和交付时间条款出现）、验收条款（有时分为检验条款和接收条款）、生效条款（有时分为合同生效条款和合同终止条款），等等。

（2）特殊（补充）条款是指除上述五种基本条款外的可能使用的条款。例如，质量保证条款、保险条款、免责条款（不可抗力条款）、适用法律条款、仲裁条款、税收条款等。根据交易不同，补充条款还可以扩展，如地质资料条款等。

在上述两大类条款中，各自均含有有价条款和程序性条款。

（1）有价条款是指代表交易价值并约定交易价格的条款。在基础性条款中，有标的条款和价格条款。在补充条款中，有质量保证、保险、免责、税收等条款。但是，在有价条款的构成中，也有程序性的一面。例如，在价格条款中规定支付的货币、方式、时间等。它既有价值，又有程序性。该点揭示了在有价条款预测时，应该兼顾程序性的部分。

（2）程序性条款即规定交易的运行方式或规则的条款。在基础条款中有交付条款、验收条款和生效条款，在补充条款中有提成权的产生、会计及检查、许可证产品的修改和改良等。在程序性条款中，亦含有有价条款的成分。当交付条款列出交付时间、保险等分条款时，其中的交付时间、保险条款，既具有程序性质，又有一定的有价性质。当验收条款列出验收标准，检验、安装、调试、接收、不合理处理等分条款时，在验收标准和不合格处理的分条款中就含有有价性质。而生效条款可列出生效条件、文本、修改、终止等分条款，其中生效条件和终止分条款就具有法律与利益相关的有价性质。

2. 组合特征

由于条款各有自己的作用与内容，就决定了组合在一起时不可随意而就。组合的特征主要表现为体裁严谨和主从有序。

（1）体裁严谨的特点包括两层含义，即条款结构分量与用语分寸和合同表达的交易相符。条款结构分量是指根据交易的难易设定条款数量。如简单交易的合同，合同条款数量具有十一二条即可。而当复杂交易时，如成套项目交易合同可能需要有二十个条款以上。用语分寸，首先是指各条款的命名要贴切，以准确反映交易相关的环节；其次是指各条款的用语量要合适，能够说明交易的内容即可，不要迷恋于文字游戏。

（2）主从有序的特点反映了合同正文撰写或谈判的次序规则和主从规则。次序原则是指不论何种交易合同的撰写和谈判，首先要抓基础条款。在不同的交易中，基础条款的命名与内容可能有些变化，但其本质地位不应变。如标的条款在商品交易中可能表述为“产品规格条款”，而在许可证技术交易中则可能表述为“许可证条款”，但是其作为基础条款的本质地位不变。主从规则是指条款间的关系有主有从。从整体上讲，基础条款为主，补充条款为从。主从次序与条款的命名、定义相关。如基础条款中的“标的条款”的命名发生变化或一旦定义后，其他条款应随之而变。各条款本身也会随着其定名将内含的段落进行排序，分出主从关系。在有价条款中，程序段为辅。在程序条款中，有价段为辅。若颠倒了主从关系，在条款之间、条款之中就会发生混乱，合同表意就不明确，交易的法律框架就会坍塌。

（三）合同附件条款的特征

1. 结构方面的特征

不论何类附件，在结构的形成上均有三个特点，即与正文的呼应性、内容的翔实性和描述的准确性：

（1）与正文的呼应性。是指所有的附件均由正文命名而生，也同正文的条款相应配合，以对合同条款所描述的有关权利和义务进行补充。例如，标的条款中有“技术指标详见附件”时，就必定会产生“技术指标附件”。当条款中有“具体程序和技术条件要求见附件”时，就必然会产生“验收条件附件”。

（2）内容的翔实性。为了将合同正文写得简明扼要，往往在正文中确定原则或目标，而具体的解释与措施则由附件来描述。由是，合同中的某个条款就会扩展成一个独立的附件，附件的篇幅长短不限，只要求说清楚问题。这样，补充性的附件就显得更加具体、更加详细。

（3）描述的准确性。鉴于附件的技术性、政策性和金融性，当有文辞类附件对合同中的术语进行定义时，对附件内容描述的准确性有严格的要求。因为当合同的条款引证附件时，合同条款“正文”的准确性是依附于附件的准确性的，所以合同附件的准确性是必须充分予以重视的，有时比合同正文的准确性还重要。没有附件的准确性，合同正文的准确性也不复存在。

2. 内在方面的特征

不管附件的类别与形式，结构的繁简，它们成立的理由除上述结构特征外，还具有下述特征：遵循行业习惯、合同正文为据、价格条件为据。

（1）遵循行业习惯特征是指附件所言需符合行业通行要求。例如，继电器是否要做硫化试验、防盐雾试验，食品是否要经过检疫，等等。这已不是卖家主观同意与否的问题，而是行业规范中被公认的普遍要求。

（2）合同正文为据的特点是指附件所规定的内容必须与合同正文要求一致，尤其是目标的条件不能“走形”，降低条件。如合同目标是欧V标准的汽油，而在技术附件的描述中降低了标准，这是与合同正文要求不符，或在合同的价格条款中明确了服务费，而在服务附件中通过分量的细化使正文中规定的服务费上升了，也是与合同的正文要求不符。

（3）价格条件为据的特征是指附件所述的义务应与合同价格条款挂钩，即“一份义务，一份报酬”。在价格条款确定后，附件所述的义务既不能多，也不能少；若要增多，就要加价；若要减少，就要减价。

四、合同条款的解释规则

在我国关于合同解释的方法从学理上来讲有文义解释、体系解释、目的解释、习惯解释、诚信原则解释五类。

（一）文义解释，是指按照合同用语的文义及通常使用的方式，来阐述合同条款的意思内容。合同解释应当从所使用的文字入手来探究真实的合同意思，当合同词语有生活和法律上两种不同的意思时，按照法律意义上的文义来解释。比如，合同条款中有“订金”字样，一方要求适用定金罚则而对方否定时，则依据所使用的词汇，认定该“订金”约定不属定金，不适用定金罚则。

（二）体系解释，是指把全部合同条款看作一个统一的整体，从各个合同条款的相互关联、所处的地位和总体联系上阐明当事人有争议的合同用语的含义。比如，合同条款前后多处出现定金和订金，其中某一条款有适用定金罚则的明确约定，则可以依据体系解释方法，认定可以适用定金罚则。

（三）目的解释，就是依照当事人所欲达到的经济的或社会的效果而对合同进行解释。当事人订立合同都是为了达到一定目的，合同的各项条款及其用语均是达到该目的的手段。因此，确定合同用语的含义乃至整个合同内容须符合合同的订立目的。比如，双方签订防寒服销售合同，供货方迟延履行，在第二年春天才交付货物，那么关于迟延履行条款的约定发生歧义时，就必须适用目的解释，因为买方的合同目的在于利用冬季进行销售，卖方春天才交货，显然使得买方无法实现自己的合同目的。

（四）习惯解释，是指在合同条款的含义发生歧义时，按照习惯或惯例的含义予以明确；在合同存在漏洞，致使当事人的权利义务不明确时，还可以参照习惯或惯例加以补充。习惯和惯例是在人们长期反复实践的基础上形成的，在某一地域、某一行业或某一类经济流转关系中普遍采用的做法、方法或规则，能够被广大的合同当事人所认知、接受和遵从。具体的合同往往与当事人的语言环境和推定环境有联系，因而在解释合同时有时也必须根据习惯来确定其内容。

（五）诚信原则解释，要求解释合同有关争议条款时，应从合同当事人订立合同时的本意出发，要求不欺不诈，不哄不骗，以诚实信用的标准来解释合同条款。诚信原则是民法中的帝王规则，既是一种道德要求更是法律规定，解释合同条款也应依据此规则来解释。

此外，国际上通用的还有反义居先、手写文字为准、定量优先、参照先例裁决等解释规则。其中，反义居先原则是指当合同有两种不同的解释时，按照不利于起草人的反义进行解释。

第三节　国际工程合同中的默示条款

按照英美合同法中条件产生的三项意图：明示条件、事实上的默示条件、推定条件，作为合同内容的合同条款从形式上可以分为两类，即明示条款（Express Terms）和默示条款（Implied Terms）。明示条款是指双方当事人在合同中明文约定的条款。除了双方明示的条款外，合同内容也可能从其已有条款而衍生出其他条款，或经习惯、法律或法院之推论而成，这就是所谓的默示条款。

合同中的明示条款是合同的当事人合意的明确表现和权利义务的基础，当事人缔结合同之后，其权利义务的内容、范围一般通过对该合同的明示条款审查即可知悉。但是实践证明，在很多的情形下，对合同缔约双方权利义务的考察不能局限于既存的明示条款，这往往会缩小或扩大有关当事人的权利义务的范围，与当事人基于合意或根据法律应该具有的权利义务形成一定的不符。在这种情况下，法官或调解者在面对因合同而生的纠纷时，一般从签约双方的意愿出发，对合同进行综合衡量，并在必要时通过向合同添加默示条款的方式，对当事人的意思表示的不足、不当之处进行弥补、完善与修正，使争议得到解决。

一、默示条款的含义

合同的默示条款制度是英国合同法中的重要制度之一，其创立对英美法系合同法的发展具有重要影响。对理解一个国际工程承包合同来说，重点和难点是分析和掌握默示条款。任何人（包括仲裁员或法官）不能单方面修改合同的本意，只能以合理合法的依据，按照国际通用的解释规则，提出默示条款，要求双方遵照执行，以解决争端。要掌握默示条款，首先要掌握形成默示条款的依据，它通常包括实践惯例、法律法规和客观事实默示三种；其次形成默示条款需要下列必然条件：公平合理、有利于合同有效实施、显而易见和不言而喻、符合合同的明示条款并且不能与明示条款相矛盾。

英美法的默示条款与大陆法系的合同附随义务在性质和功能上基本相同，我国相关法中也规定了合同附随义务。

二、默示条款的分类与解析

为了在尽可能避免歧义和误解的前提下进行清晰的分析，一般可以将默示条款分为事实上的默示条款、判例法上的默示条款、成文法上的默示条款及习惯上的默示条款等四类。

（一）事实上的默示条款

事实上的默示条款是指法院基于合同的明示条款和案情推定出来的，当事人之间虽未明确表示出来但却应该存在的合同条款。一般认为确立事实上的默示条款的主要标准有两条：“商业效用”标准（“Business Efficacy”Test）和“好事旁观者”标准（“Officious Bystander”Test）。

“商业效用”标准的确立涉及 Moorcock 一案。在该案中，被告是泰晤士河畔一个码头的主人，他和原告 Moorcock 轮的船东签订合同，将其码头租与该船东用于卸货，双方都知道船舶在低潮期间肯定要坐底作业的，结果在低潮该船坐底时，由于河床不平，船底落在了河床里的石脊上造成了损害。船东以此为由向码头的主人提出索赔。上诉法院判决在该合同中应当包含有一个默示条款，即被告（码头的主人）应合理谨慎地确定码头泊位的河床是安全的，不会对船舶造成损害。如果被告这样做了，就会发现泊位的安全性并不适于船舶坐底作业，但被告并未这样做，因此违反了包含于合同之中的默示条款，应承担违约责任。在该案的合同中一开始并未有关于码头的主人对码头的安全负责的明确约定，如不通过默示条款将这种义务加于被告身上，那就等于原告“在购买一个危险的商业机会”，合同也就变得缺乏商业效用。在该案中，法院依照推定的当事人的意思而确定默示条款，其目的是使交易具有当事人双方在任何情况下，都希望达到的效用。此案因确立了事实上的默示条款的“商业效用”原则，而对有关默示条款的理论影响很大，后人常常将创自该判例的默示条款构成规则称为 Moorcock 规则。

需要强调的是，“商业效用”标准默示着对赋予合同商业效用上“必要性”（Necessity）要求，即若不在合同中添加默示条款就无法实现合同的商业效用，所要添加的默示条款在合同中是必不可少的。如果有人建议在合同中订立该条款时，法庭认为当事人双方作为理性的人（Reasonable Men）应予以采纳还是不够的，该条款应当是不言自明的（It goes without saying）条款，是有必要将“商业效用”纳入合同之中的条款。它尽管是默示的，但却是当事人他们自己订立的合同中必不可少的部分。

有关事实上默示条款的适用标准曾被西蒙勋爵详细地归结为五项：① 条款必须是合理的及公平的；② 条款是给予合同商业效用所必需的，假如合同没有这项条款仍然有效则不可添加；③ 条款是显然的、无须说明的；④ 条款是可以清晰表达的；⑤ 条款不能与合同的任何明示条款有相悖之处。另外，从历史上的判例来看，事实上的默示条款要被添加进合同还必须符合下列前提条件：首先，只能适用于双方合同，单方合同不能适用；其次，当事人如对合同进行了精心的起草、审查，合同条款包含了所有细节的合同不应被引入默示条款 。

事实上的默示条款是默示条款中最重要的一种，绝大部分的默示条款还是依事实引入合约的。因为事实上的默示条款适用的基础是当事人之间的真实意图或者推定的意图，其在司法实践中可被广泛适用于各种具体的合同；同时又因事实上的默示条款是一次性默示条款（One-off），即其效力仅及于涉案合同，而无普遍适用之功效，在司法实践中具有很大的灵活性，所以其适用标准也是各类默示条款中最为严格的，在很多相关判例中我们看到法官在向合同中添加事实上的默示条款时多用到“不情愿”（Reluctant）、应“谨慎”（Sparing）等诸如此类词语。其更像是法院对当事人意思表示不足的一种补充，而非修正与干涉。

（二）判例法上的默示条款（Terms Implied in Case Law）

判例法上的默示条款，也即作为法定义务的默示条款。

作为概念，前者突出了这一类默示条款的法律渊源是判例法，后者则体现了其是法院通过判例的形式附加到特定类型合同中去的法定义务的本质。这一法律理论的出现至少可以追溯到 1815 年的 Cardiner v. Grey 一案。在此案中，被告先出示货样，然后与原告订立买卖合同，在交货时，买方发现货物质量不如货样，于是向法院提起诉讼要求赔偿，但并未成功。因为法院判令他必须出示一份书面保证，说明所交货物应与货样相符，但事实上双方协议中仅注明“十二包，每磅十先令六便士”。通常，该案应到此为止。但原告又提出这项买卖中有一种默示的保证，即该货物应该是完好的，应具有可出售的质量，法院基于此而判决原告胜诉。对此，埃伦巴勒勋爵说，“用不着任何特殊的保证，这是每一份这类合同中都有的一条默示条款……不能设想买主要买放在粪堆上的货物”。正如丹宁勋爵所言，“这个案件的重要之处在于这种保证是由法律硬加上的或推断出来的。所以硬加上这种保证是因为它公平合理，而不是因为双方曾明确地或默示地同意过”。自此案以后，有关添加默示条款的司法实践发展迅速。英国法院每次遇到这种案件，就在其中加进一项默示条款，以使其与案件的具体情况相适应。这一默示条款详细地说明合同中的每项条件应包括的细节，而这些细节双方可能从未同意过 。

从英国法院在雇佣合同中添加默示条款的诸多判例来看，显然此种添加并非基于“好事旁观者”标准，而是代之以某种相对宽松的标准，这些标准旨在体现法院对合同双方法律关系本质的认识及把某种类型的合同（区别于某一具体合同）作为添加默示条款的对象是否适宜和合理。

（三）成文法上的默示条款

成文法上的默示条款是由判例法上的默示条款发展而来的。准确地说是相当比例的判例法上的默示条款在经过长期的反复适用后被成文化。成文法上的默示条款添加入合同并非基于当事人的意图，给予其以法律效力，而是基于既存的成文法规定，旨在对买方，尤其是消费者提供一定程度的保护。对成文法上的默示条款的适用无须遵循事实上的默示条款添加时的两项标准，即“商业效用”和“好事旁观者”标准，而是采用一种相对宽松的标准，其并非基于对合同当事人意图的推定而一次性适用，相反，其以公共政策这一宽泛原则为基础，即使在与推定的合同当事人的意图相悖的情况下，也仍然能够被法官添加到合同中去。凡是有关成文法规效力所及的合同，未经当事人明示条款的排除，一律会自然地添加到合同中去成为合同条款的组成部分。成文法上的默示条款具有了在一定条件下和一定范围内对合同的内容进行修订的能力，从而使法官在使用此类默示条款时对合同的干涉力度变得非常强。其既突破了在判例法下默示条款的添加不得与合同的明示条款相抵触的限制，又与事实上的默示条款形成鲜明的对比。但经由后来的立法修订，在现今英国合同领域的成文法规则中，默示条款不能与合同中的明示条款相抵触，即具有相反含义的明示条款可以排除与之相对应的默示条款的添加，默示条款排斥明示条款的情形仅仅是例外。

（四）习惯上的默示条款

有关依习惯而补充的默示条款的判例最早可见于在 1836 年的 Hutton v. Warren 一案，帕克勋爵在该案中援用习惯（Custom）和惯例（Usage）以补充双方当事人未商议之事项，并强调，“习惯的援用应严格限于双方未曾表示过的事项的范围之内”。他在判决中指出，“在商业交易中，长时间以来形成了这样的传统，即使当事人在合同中未加规定，外在的习惯或惯例亦可以添加到合同中去。这一规则对基于习惯或惯例而占据优势地位的其他人身性质的交易同样适用，其建立在下列推定的基础之上：即在这些交易中，当事人并未把具有约束力的条款完全以书面的形式表达出来，而是参照适用了那些已知惯例的内容”。

虽然英美法系在司法中相对大陆法系更为重视习惯和惯例，但在英国法下要去证明一个可以被认可的习惯的存在并将其作为默示条款并入合同并非易事。关于将习惯或惯例默示入合同作为合同条款的条件，英国合同法理论领域似未形成较为一致的意见。盖斯特教授认为，“习惯或特定贸易中的惯例可以默示入合同作为默示条款，但其须是众所周知的、确定的及合理的，并且不与法律相抵触”。而特雷特尔教授则认为，“一个习惯能否约束合同的当事人不在于其是否符合当事人的意图，而在于其对于当事人来讲是否‘合理的’”。在 1958 年的 London Export Corp Ltd V Jubilee Coffee Roasting Co. 一案的判决中，詹肯斯法官认为将习惯纳入合同必须具备两项条件：首先，合同中没有以明示或必要的默示条款排除惯例的适用；其次，惯例与合同的总体意旨相符合。只有同时具备以上两项才能将一个认定的惯例作为该合同的默示条款。值得注意的是，这一未将“合理性”列为条件之一的判例却被后来的判例所不断引证，可说是反映了英国法院在习惯上的默示条款领域仍恪守着法院不干预合同的传统做法。

三、正确理解国际工程合同中的默示条款

默示条款适用有两个前提：一是当事人在合同中没有明示排除默示条款规则；二是没有与当事人意思相反的明示条款。

默示条款制度从一开始就是英美法系的一种解释合同的灵活机制。当国际工程合同发生纠纷，而合同中所规定的明示条款无法适用或不足以解决该纠纷时，法官或仲裁员往往推定适用默示条款，以便纠纷得到合理解决。由此可见，默示条款作为一种司法实践的技术工具，实际上也是一种合同解释方法，因此默示条款在国际工程合同中起着潜在性、补充性、不可避免性和平衡性的作用。

默示条款的潜在性主要体现在默示条款的非明示性上，自从有效合同订立后就一直以一种非明示的方式存在于合同存续的始终，这也是默示条款与明示条款的最主要的区别。在当事人的合同明示条款足以完满解决双方合同纠纷时，默示条款就无必要被法官“激活”。但如果合同明示条款无法确定双方具体权利义务时，法官就需要起用潜在的默示条款来确定双方的权利义务，处理合同纠纷。

默示条款的补充性主要表现在其后备性方面，法官利用默示条款的该种特性来补充确定纠纷合同双方的权利义务，以实现双方当事人权利义务的具体化和明确化。

默示条款的不可避免性主要表现在只要当事人在合同中没有明示排除默示条款规则，那么在任何一个合同中无论双方当事人能不能理解到它的存在，它都是客观存在的。

默示条款的平衡性实质上是以上两种特性的功能延伸，在法官运用默示条款制度用纠纷合同中潜在的默示条款来补充明示条款，确定双方当事人的权利义务时，客观上就实现了合同双方的一种利益平衡，同时也进而实现了个人利益和社会利益的大体平衡。

如对下列条款理解差异引起的争议：

Any changes in BOQ and other additional works shall be considered as variation, and shall be dealt with in accordance with the procedure described in the general contract conditions and terms except as defined above-mentioned. Due to the changes of BOQ, the impact on the contract price shall be based on the attached unit rate schedule, for the additional works, the impact on the contract price shall be based on the unit rate schedule accepted by both sides.

承包商认为，根据本段最后一句话“for the additional works, the impact on the contract price shall be based on the unit rate schedule accepted by both sides”，额外的工程量应采用双方接受的新单价，认为英语“the unit rate schedule accepted by both sides”这句话的意思是双方同意采用的新单价，不是指规定在合同中的单价。从语言的意思理解，承包商的说法似乎有道理，但最终 DAB 认定，承包商的意见不可接受，因为，从合同整体上看，从双方当时签订合同的本意上看，合同双方不是这个意思。而且，此条的语义与前面的句子“Due to the changes of BOQ, the impact on the contract price shall be based on the attached unit rate schedule”的意思有冲突。这里提到的“从合同整体上看，从双方当时签订合同的本意上看”实际上就体现了默示条款的解释功能。

毋庸置疑，明示条款是构成国际工程合同内容的基础，是合同最基本的构成部分。因此，作为凭借外在因素而纳入到合同之中的默示条款从效力上来讲，不应当超越于明示条款之上，其重要功能并不在于否定整个明示条款的效力，而只是在于改变其不合理之处。如果默示条款与明示条款发生矛盾，应以明示条款为准；并且在诉讼中确定默示条款时，法庭也应充分尊重当事人的协商，往往不代替合同当事人确定合同内容。运用默示条款来处理国际工程合同纠纷必须遵循两个前提条件：第一，只有在合同有效成立后才能适用订入默示条款的程序。如果合同的订立过程尚未完成，仲裁庭或法院不应当运用默示条款来解决纷争。第二，应当强调的是，如果当事人双方在合同中订立了明确无误、毫不含糊的明示条款，则仲裁庭或法院不得推定适用与此相反的默示条款。

研究国际工程合同中的默示条款对国际工程项目的效益最大化实现非常重要。很多的情况下，我们索赔找不到合同依据，其原因主要是对合同中的默示条款和国际工程中的惯例和习惯等不甚了解。当适用明示条款不能解决纠纷时，就应该寻求默示条款及国际惯例来保护我们应有的权利和利益。

如果缺乏对国际工程合同条件默示条款的研究和应用，会使国内承包商预期利益受到很大影响，国内总承包商应加强对合同条文背后默示义务的关注。国际工程合同中的默示条款比比皆是，尤其对承包商的默示较多，如合同中规定承包商的“职责、责任、义务、负责、解释、核实、（遵守）当地法律”等方面内容时，对其背后隐含的权利和义务等内容要详细研究、了然于心。

第四节　国际工程合同条款解析

一、国际工程合同的基本原则

通过对国际工程承包合同条款的分析和理解，可以发现英美合同法中的自由约定、默示、合同三要素原则在国际工程合同中得到了充分的体现。

（一）自由约定原则

英美政界、法律界普遍认为，自由约定原则可以促进经济发展、法律进步。故英美国家法律对各行业很少颁布成文法律规定。即便颁布，也往往是稀疏的原则规定、判案依据或历史上的案例。

通常我国的一些地方性法规和部门规章中对业主和工程承包企业应该做什么和

不该做什么进行了约定，国际工程合同则不同，而是允许业主想将什么交给承包商就交给承包商，也允许承包商自由报价。如租地、征地等工作，国内法律规定由业主负责，而国际上征地、租地可交给（或委托）承包商完成；工地条件（包括工地的气候、水文、地质勘探资料、地下已经有的施工障碍物等），国内法律明确规定业主负责提供并对其正确性、可靠性和完整性负责，而国际工程合同往往写明这些由业主提供的资料和数据，业主仅是为承包商提供方便和参考之用，并不保证其正确性、可靠性和完整性。承包商除了事先充分认识此类风险外，还可以结合变更条款来加以处置和应对，如把因为工地条件的变化纳入变更范畴。

（二）默示原则

英美法律界认为，卖方是商人，作为一名有经验的承包商，他们有聪明的商场智慧；买方是弱者，无须在合同中详细明示买方的责任和义务的具体内容，在国际工程合同中对承包商的默示条款较多，如果疏忽、考虑不周，将蒙受重大风险。因此在国际工程合同中规定的有关承包商的“职责、责任、义务、负责、解释、核实、（遵守）当地法律”等方面的内容，承包商一定要认真阅读和编制方案，相应地将与此工作内容相关联的费用纳入报价，否则将有漏报和少报的风险。如合同条款中有这么一项内容：“承包商负责工程设备、材料的采购，运抵现场、保管和使用”。该语句简短明了，但这项内容中包含了承包商在设备材料出厂到现场的使用一系列过程中承担的所有责任和义务，因此承包商应将其出厂货价、运费（陆路船运费、保险费、超限运输措施费）、中途仓储费、中转装卸保管储存费、两国报关费、现场装卸费、现场存放库房堆场建设费，设施、装卸、搬运、保管费，特殊保管等费用，滞港费用及影响竣工日期的风险等全部纳入报价中。

（三）合同三要素原则

英美合同法规定，合同必须有“要约、约因、承诺”三要素才能成立（除非违反国家利益、公共利益、欺诈合同、虚假合同）。国际工程合同中对承诺的要约，须在合同中约定实施过程中的标准、规范、要求，并对实施过程中恰当的原因产生的结果做出允诺。结果符合规定应怎么办，结果不符合规定又应怎么办，这些问题必须在合同中约定清楚。上述就是“约因”，各方怎么办就是“允诺”。没有“约因”的合同，法院无法判决，因为英美法中没有颁布上述成文的法律规定，即使判决了也无法强制执行，法院强制执行的唯一标准就是“允诺”。

而我国对工程建设方面有诸多详细的成文的法律、法规、条例、行政部门规章、办法、细则等，让业主、勘察、设计、施工、供货商等共同遵守，所以我国合同法规定“合同双方以要约、承诺，依法签订的合同受法律保护”。即两要素原则，因为在招投标过程中各方早已清楚法律对各方的规定，并依此进行报价。我国可以依据诸多成文的法律，按照法律中关于“业主该怎么办，承包商该怎么办”的规定，对纠纷予以裁定。

二、国际工程合同条款的分类

按照通行的国际工程合同包含的相关内容，我们可以按照合同条款在合同中的作用和地位将其分为以下几部分：主线条款、意外偶然条款、主体单位与保证性条款、风险责任条款、非签约本意条款、索赔条款。

主线条款是指在工程项目中占主导地位并沿着项目发展线条相关的条款。包括：一般规定、设计、设备材料和供货、现场施工、开工暂停和延误、竣工试验、接收工程、缺陷责任等。

意外偶然条款是指与因当事人故意或过失以外的偶然因素而发生意外情况有关的条款。包括：保险和不可抗力等。

主体单位与保证性条款是指界定合同主体单位以及在保护主体单位正常利益下保证工程项目得到有效推进的相关条款。包括：雇主、雇主的管理、承包商、承包商雇员、变更与调整、合同价格与付款等。

风险责任条款是指确定和分配合同主体单位风险与责任的条款。包括：风险与职责、权利与义务等。

非签约本意条款是指出现违背合同主体单位签约意图情况下如何处置的有关条款。包括：由雇主终止、由承包商暂停和终止等。

索赔条款是指合同主体单位如何向对方主张合法权利的条款。包括：索赔、争端和仲裁等。

此外，我们还可以按照合同条款的归口管理部门的不同分为：商务类条款、管理程序类条款、法律风险类条款等三类。

商务类条款（通常由商务部门主审）包括：工程量、价格、支付及其他相关的条款。

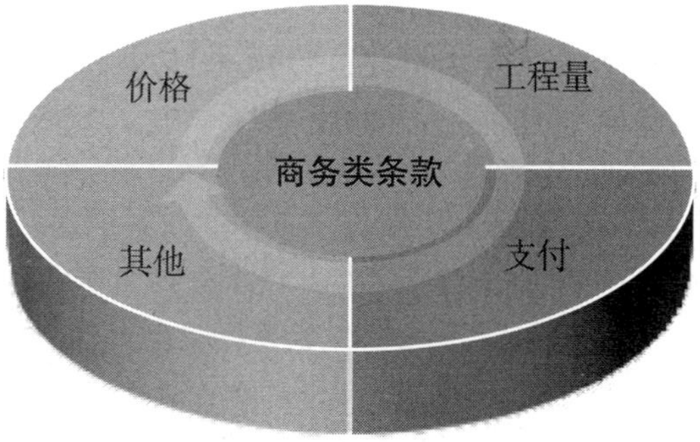

图 2-1　商务类条款示意图

管理程序类条款（通常由相关专业管理部门评审）包括：设计、现场施工、设备材料和供货、竣工试验、开工及其他相关条款。

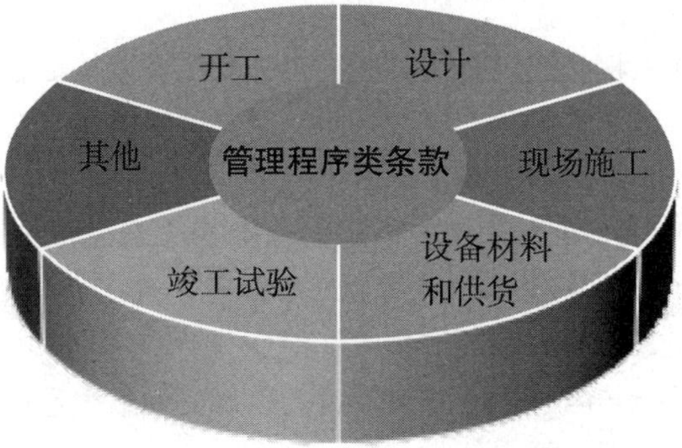

图 2-2　管理程序类条款示意图

法律风险类条款（通常由法律事务和风险管理部门主审）包括：责任限制、争议解决、缺陷责任期、索赔、不可抗力及其他相关条款（如担保、法律适用等）。

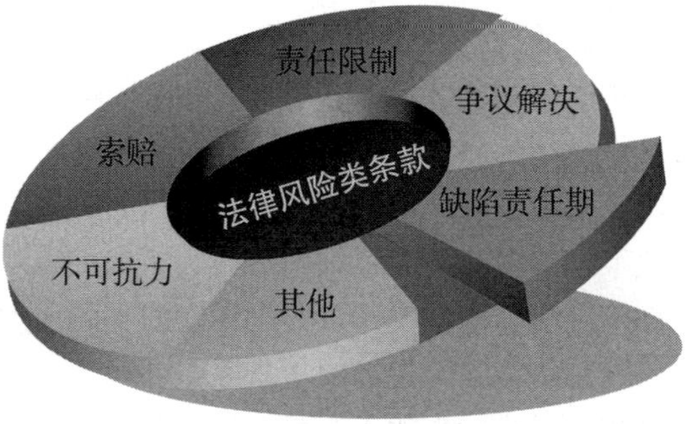

图 2-3　法律风险类条款示意图

三、国际工程合同条款的要点分析

国际工程合同动辄上百页，如何在最短时间里将纷繁冗长的外文合同理出一个头绪来，除了在外文方面的阅读技巧外，最主要的一点就是要抓住合同条款的要点，并围绕这些要点将条款层层剥离和支解，从而掌握合同条款的内在含义。

下面我们将对国际工程合同中涉及的有关条款内容要点加以解读。

（一）定义

定义条款表面看来是为了使合同更加简练，使合同中的措辞更加明确，其真正隐藏的是订约自由这个原则。要实现订约自由原则，合同方就必须给予一些一般词汇在该合同中的特殊意义，为了不至于在整个合同中就某些具有特定含义的词汇加以注释，合同方采取“定义”这种特殊的形式，将该合同中同一个具有同样特殊意义的词汇给予统一解释。另外，通过定义的解释，可以消除对存在争议的词语的不同理解，从而固定合同方相应的合同利益。对于被定义的词汇一般采取将其全部大写，以示与正文中其他地方出现该词且非定义情况下的差异。定义条款本身不规定合同方的权利义务，但它对合同方的权利义务产生深远的影响。

如某施工合同中有这样一个定义：

EMPLOYER'S REQUIREMENTS means the document set out in SCHEDULE 1 and any additions and modifications that may be made to such document from time to time .

业主要求指**附件1**所规定的文件及随时对这些文件所作增加或变更。

而在承包商的义务部分有这样一条：

The CONTRACTOR shall be deemed to have satisfied himself as to the correctness and sufficiency of the CONTRACTOR PRICE，which shall cover all the CONTRACTOR'S obligations under the CONTRACT，including without limitation the cost of compliance with the EMPLOYER'S REQUIREMENTS and all things necessary for the proper design，execution and completion of the WORKS and the remedying of any defect .

承包商应该已经认同了**合同价格**的准确性和充分性，即该合同价涵盖了**承包商**根据**合同**应承担的义务，该合同价款包括但不限于，遵守**业主要求**以及遵守其他为准确设计、执行并完成**工作**和缺陷补救所必需的所有费用。

承包商一旦接受上述条款，就意味着承包商遵守的是一个随时变化的工作要求，增加的执行成本是否可以向业主申请存在很大的不确定性，很难名正言顺地要求业主在合同价款之外就变更部分给予额外的成本和工期补偿，承包商处于非常被动的地位。为避免出现这样的情况，需要对定义重新做一个界定。但是如果合同后文对工作范围的修改定义了补偿方法，那么该条款原则上也可以接受。

（二）工作范围

工作范围是项目工程量的源头和报价的基础，它与承包商的义务有着直接的关联。

下面是一个EPC总承包项目有关工作范围的条款内容：

In the event that any activity of WORK and/or the supply of any EQUIPMENT or MATERIALS or SUPPLIES necessary for the successful implementation of the PROJECT is not specifically mentioned in the specifications, drawings or any of the documents of the CONTRACT but becomes necessary to ensure the successful operation of PROJECT according to the PROJECT SPECIFICATION as incorporated into the CONTRACT, together with the intent thereof, such activity or WORK and/or supply of MATERIALS or SUPPLIES shall also become part of the WORK and the CONTRACT as if the same had been originally included.

如果某些**工程**活动以及/或**设备**、**材料**和**供货**项对圆满实施并完成**项目**以及确保项目根据合同意图以及**项目规范要求**实现成功运行来说很有必要，但在合同技术规范、图纸或其他合同文件中却并未明确规定，则这些**工作**和活动也应视为本工程和合同原始工作范围。

这个条款意味着承包商必须把一些合同文件没有明确描述出来的内容用专业的眼光挖掘出来并纳入报价的基础。

（三）设计责任

设计责任条款通常涉及以下几个方面：

1. 技术——标准；何时评判
2. 符合目的——保证
3. 设计改进或开发
4. 为其他人的基础设计担当责任

例如：

The CONTRACTOR shall be deemed satisfied with and to adopt and accept responsibility for any designs contained in and reflected by the OWNER'S REQUIREMENTS (including without limitation any design criteria or calculations) as though such designs had been carried out by the CONTRACTOR. Without prejudice to the generality of the foregoing, the CONTRACTOR represents and warrants that all such designs of the WORK as a whole and each and every part thereof are adequate, accurate, sufficient and will enable the CONTRACTOR to meet in all respects the requirements of the CONTRACT.

承包商应视为赞同、采纳并接受**业主要求**中规定的设计（包括但不限于设计标准和计算书）对其负责并视其为自己的设计。除了上述内容，**承包商**必须声明并保证这些设计无论整体及各个细节均不失为充分、准确、完整并能确保**承包商**满足**合同**规定的各项要求。

The OWNER will consent or otherwise to any such drawing or document within the period specified in the OWNER'S REQUIREMENTS or, if no time is specified, within maximum of thirty (30) calendar days after receiving the drawing or document submitted, and will signify by a notice that the drawing or document is "accepted" or "accepted with corrections" (stating the corrections required) or that the CONTRACTOR is required to "re-submit" the drawing or document (stating the reasons for the re-submission).

业主将在业主要求规定的时间内签发审批结果，如果**业主要求**中没有明确规定审批时间，则业主将在承包商递交图纸和资料后30个日历日之内公布结果。审批结果有三种情况：a. 批准；b. 批准但需作修改（注明修改要求）；c. **承包商**必须重新提交图纸和相关资料接受审批（注明原因）。

The CONTRACTOR shall be responsible for initiating and progressing the production, optimization, development and finalization of the design of the WORK and for ensuring a regular flow of design documentation to the OWNER in a timely, orderly, logical and consistent manner.

承包商负责启动设计并负责设计**工作**的实施、设计内容的优化、扩展和定稿；确保以及时、有序、有逻辑和前后一致的方式流程向**业主**提交设计图纸。

（四）雇主需求

雇主需求条款通常涉及以下几个方面：

1. 细节程度
2. 一般说明
3. 不一致的义务
4. 冲突或模糊点——谁来协调解决？

例如：

OWNER shall provide CONTRACTOR with PROJECT SPECIFICATION, revisions thereto, and upon request, with copies of specifications, drawings, instructions, and other documents referred to in PROJECT SPECIFICATION and not readily available to CONTRACTOR.

业主应向**承包商**提供**项目说明书**及其修改。如果**承包商**提出要求，业主应提供与**项目说明书**有关的说明书、施工图纸及其他相关文件的副本。

PROJECT SPECIFICATION at any time shall consist of the forgoing and any revisions thereto issued by OWNER.	在任何时候，**项目说明书**均应包括**业主**此前做出的所有修改。
If there is a conflict within the PROJECT SPECIFICATION, CONTRACTOR shall be guided by the following order of precedence of its component parts: the technical requirements (Process Design / Duty Specification / Front End Engineering Package) have precedence over the Project Execution Instructions, and the Project Execution Instructions have precedence over the Engineering Standards / Practices and Specifications.	如果**项目说明书**中有矛盾之处，**承包商**应按下列顺序，优先考虑各部分的规定：技术要求（工艺设计/职责标准/前端设计）－项目执行书－设计标准/惯例和规范。
OWNER at its expense, shall obtain from government authorities the licenses and permits that it must possess to locate, build, maintain, and operate PLANT.	**业主**应就工厂的选址、修建、维护和运营获得政府当局的许可和批准，并承担上述活动的费用。
OWNER shall coordinate all activities conducted by OWNER or by other contractors employed by OWNER on or contiguous to WORK SITE with the activities of CONTRACTOR.	**业主**应协调承包商与业主，或**业主**雇佣的其他承包商在**工地**或工地附近进行的活动。

（五）雇主代表

雇主代表条款通常涉及以下几个方面：

1. 谁
2. 权力
3. 告知义务

例如：

The OWNER will notify the CONTRACTOR in writing the authorized person or persons which shall be the OWNER'S REPRESENTATIVE and its level of authority of the persons so designated. The OWNER'S REPRESENTATIVE shall carry out such duties as are assigned to him and shall exercise such authority as is delegated to him in writing by the OWNER and notified to the CONTRACTOR. The OWNER'S REPRESENTATIVE shall have no authority to amend, vary or waive any of the CONTRACT, to release the CONTRACTOR from any of its duties, obligations or liabilities under the CONTRACT, nor to create any estoppels against him or the OWNER in respect thereof, nor to waive any right of the OWNER under the CONTRACT. Unless and until the OWNER notifies the CONTRACTOR otherwise in writing, the CONTRACTOR shall only take instructions and receive notices, communications and decisions from the OWNER'S REPRESENTIVE in respect of the duties expressly assigned to him in writing.

业主应以书面形式告知**承包商**其委任的**业主代表**以及其代表权限。**业主代表**应按照**业主**的书面委托要求履行其相关职责、行使其相关权力。**业主代表**无权修改、变更或放弃业主的任何**合同**权利和义务或撤销合同规定承包商应履行的职责和义务；也无权对其自身和**业主**做出任何限制，或放弃**合同**赋予**业主**的任何权力。除非接到**业主**另行书面通知，否则**承包商**只承认并执行**业主代表**根据其书面委任权限所签发的相关指令、通知、沟通或决定。

Any determination, instruction, examination, testing or similar act by the OWNER'S REPRESENTATIVE, which is fully (1) consistent with the provisions of the CONTRACT, and (2) in accordance with its delegated authority in level, procedure and scope, shall have effect as though it had been an act of the OWNER. However: any failure on the part of the OWNER'S REPRESENTATIVE to reject any WORK or design or workmanship or EQUIPMENT and/or

业主代表所作决定、指令、检查或测试等，只要（1）符合**合同**规定并（2）在其委任权限内且符合相关程序和范围要求，均应具有与**业主**同等之效力。但是，如**业主代表**未能正确履行其职责否决或拒收某项操作、设计、工艺、**设备**、**材料**或**供应物料**，并不影响**业主**否决/拒收此类设计、工艺、操作、**设备**、**材料**或**供应**

MATERIALS and/or SUPPLIES shall not prejudice the right of the OWNER to reject such design or workmanship or WORK or EQUIPMENT and/or SUPPLIES and/or MATERIALS; if the CONTRACTOR questions any determination or instruction of the OWNER'S REPRESENTATIVE, the CONTRACTOR may refer the matter to the OWNER, who shall confirm, reverse or vary such determination or instruction; and it is understood that OWNER'S REPRESENTATIVE shall in no way be responsible for the execution of the WORK.

物料的权利。如**承包商**对**业主代表**的决定或指令有疑议，可向**业主**提出，业主将做出确认、否定或变更相关决定或指令。**业主代表**对**工程**的实施不负有任何责任。

（六）支付规定

支付规定条款通常涉及以下几个方面：

1. 按价值
2. 或按里程碑
3. 或按时间
4. 或按时间和里程碑

例如：

For all progress payment installation within the payment schedule as per the provisions of the AGREEMENT, CONTRACTOR shall submit to OWNER invoices in accordance with the procedure contained in the PROJECT SPECIFICATION. Each such invoices shall be supported by an OWNER'S "Approved Work Progress Certificate" stating relevant milestones and actual percentage of physical progress achieved, provided that OWNER agrees or has agreed that the actual physical percentage progress achieved by CONTRACTOR is in accordance with the planned physical progress specified in

为了按照**协议**内付款进度表完成所有付款，**承包商**应按照**项目要求**中规定的程序向**业主**提供发票。每一份发票都应附**业主**“批准施工进度证明”，说明相关施工阶段和确切的施工进度。前提是**业主**承认**承包商**已经完成的**形象进度**符合项目执行计划要求的形象进度。**业主**应在收到正确发票后 30 个日历日之内在扣除**合同**规定或相关法律法规要求代扣代缴税费或其他预提费用、保留或抵扣相关款项后将进度款支付

the EXECUTION SCHEDULE. OWNER shall pay CONTRACTOR the relevant installment less any withholding taxes or any other amount which the OWNER is entitled to withhold, retain or set off pursuant to the CONTRACT or otherwise at law, within thirty (30) calendar days of the date of receipt by OWNER of the relevant correct invoices. OWNER shall be under no obligation to pay any installment relative to any milestone which has been approved if a preceding milestone has not yet been approved.

给**承包商**。如果虽然某一进度节点已得到审批，但该进度节点之前的一个节点尚未实现，则此时**业主**也无义务支付进度款。

（七）变更单和变更命令

有关变更的条款会涉及以下几个方面：

1. 业主变更权限
2. 紧急情况处理
3. 标准
4. 如何确认

例如：

OWNER shall have the right, without additional consent from CONTRACTOR, to (1) revise PROJECT SPECIFICATION, (2) change elements of WORK already completed or being performed in accordance with PROJECT SPECIFICATION, and (3) omit a part of WORK previously authorized, (4) make final decisions on the interpretation of PROJECT SPECIFICATION and on matters where PROJECT SPECIFICATION permits alternatives or is not specific, (5) provide, designate, or reject sources of supply for services, equipment, materials, or supplies that PROJECT SPECIFICATION requires CONTRACTOR to provide, (6) require CONTRACTOR to provide

无须**承包商**另外同意，**业主**应有权：(1) 修改**项目规格书**；(2) 改变已经完成的**工作**内容或者根据**项目规格书**正在履行的工作内容，或者；(3) 省去先前经审定的一部分**工作**；(4) 对于**项目规格书**的解释做出最终决定，对于**项目规格书**允许选择或没有明确的事项做出最终决定；(5) 提供、指定，或拒绝服务、设备、材料的供应来源，或**项目规格书**要求**承包商**提供的供应品；(6) 要求**承包商**

studies and cost estimates needed to ascertain the effects of a proposed PROJECT SPECIFICATION revision.

对建议的修改**项目规格书**可能引起的结果进行研究及费用评估。

Notwithstanding that a CHANGE ORDER has not been issued, CONTRACTOR shall promptly comply with instructions, authorizations and notices given by OWNER in connection with WORK in cases of emergencies posing danger to person or property. In all other cases, in the absence of an agreed CHANGE ORDER if such CHANGE ORDER is appropriate under the provisions of Article ＊＊＊, CONTRACTOR shall proceed with additional WORK provided that OWNER has acknowledged that the additional WORK constitutes a CHANGE ORDER and provided that the cumulative amount of all additional WORK so performed shall not exceed ＊＊＊ dollars. OWNER shall issue a CHANGE ORDER with respect to such instructions, authorizations, and notices.

尽管没有出具**工程变更**，如果发生了紧急情况，对人员和财产造成危险的情况下，**承包商**应立即执行**业主**出具的与**工作**相关的指令、授权与通知。在所有其他情况下，在没有**工程变更**的情况下，假如根据×××条的规定**工程变更**是适当的，假设**业主**已经知道附加的**工作**将构成**工程变更**，并且假设所有履行的附加**工作**累积额不超过×××美元。**业主**应就这些指令，授权和通知出具**工程变更**。

Unless CONTRACT provides otherwise, OWNER shall issue a CHANGE ORDER when it revises PROJECT SPECIFICATION or elements of WORK already completed or being performed in accordance with PROJECT SPECIFICATION, or directs omissions of part of WORK previously authorized, providing either of the following CHANGE ORDER criteria is satisfied: (1) Contractor's costs for performing WORK are affected thereby, or (2) the time required for performing WORK is affected thereby.

除非**合同**另有规定，当**业主**修改**项目规格书**，或修改一些按照**项目规格书**已经完成或正在完成的**工作**，或指令取消先前已授权进行的**工作**时，假如以下两项**工程变更**标准之一被满足，业主应出具工程变更：（1）承包商履行**工作**的费用受到影响，或者（2）履行**工作**的时间要求受到影响。

A CHANGE ORDER shall not be allowed when: (1) documents required to complete the initial issue of PROJECT SPECIFICATION are issued, unless they conflict with PROJECT SPECIFICATION at CONTRACT date, (2) minor design revisions are required to recently completed designs, or while the design work is in progress, (3) revisions in WORK already performed by CONTRACTOR are required to achieve compliance with PROJECT SPECIFICATION or to correct errors, omissions or work not in accordance with sound and generally accepted engineering practices, (4) the amounts of services, or the costs of materials, labor or services or the time required for performing WORK vary from those used by CONTRACTOR in estimates made to establish CONTRACT PRICE or SCHEDULED ENGINEERING COMPLETION DATE, or, (5) overtime work is performed unless such overtime work (i) is undertaken at OWNER'S request and (ii) did not result, without being excusable under force majeure, from CONTRACTOR'S having fallen behind the agreed upon detailed work schedule.

如果下列条件满足，则不允许**工程变更**：(1) 为完成**项目规格书**首次公布所必需的文件已出具，除非它们在**合同**生效日就与**项目规格书**产生矛盾；(2) 对于接近完成的设计，或者当设计工作在进行中时，仅要求较小的设计修改；(3) 对已由**承包商**履行的**工作**的修改要求依照**项目规格书**完成，或纠正错误、疏忽及与合理的通常接受的工程实践不一致的工作；(4) 为履行**工作**所提供服务的数量，或原材料、劳力或者服务的费用，或时间与**承包商**当初用于确定**合同价格**或者计划的**工程设计完工日**不同时，或者(5) 加班工作，除非此加班工作①是应业主要求承担的，②不能归咎于不可抗力，且并非由于承包商已经落后于已达成一致的详细工程进度而导致的。

OWNER REPRESENTATIVE and CONTRACTOR REPRESENTATIVE shall each continue to use all reasonable commercial efforts in order to reach agreement in respect of the terms and conditions of any and all pending CHANGE ORDERS, and failing agreement within thirty days of the CHANGE ORDER was originally proposed by OWNER or CONTRACTOR, the dispute shall be resolved in

业主代表与**承包商代表**应继续采用一切合理的商务措施，就任何以及所有未决的**变更单**条款达成一致。如果双方未能在**变更单**初始提出日期后 30 天内达成一致，应根据×××条款将争议提交解决。若**双方**达成一致，或在履行适用的具有约束力的争议解决程序完毕作出裁决时，所导致的对

accordance with ARTICLE * * *. If, as a result of agreement reached between the PARTIES, or the decision at the completion of any applicable binding dispute resolution proceedings, the compensation or adjustments to the scope of WORK, CONTRACT PRICE, CONTRACT SCHEDULE or any part of the WORK differ from those established by OWNER provided for above, the relevant CHANGE ORDER conditions as established by OWNER shall be revised accordingly. In no event shall the performance of the WORK be interrupted or slowed due to any dispute between the PARTIES concerning the adjustments contemplated hereunder.

工程范围、**合同价格**、**合同进度计划**或任何**工程**部分的补偿或调整与**业主**所确定的存在差异，则**业主**所确定的相关**变更条件**应接受相应修订。在任何情况下，不得因**双方**之间在调整方面所存在的争议而中断或减缓**工程**执行。

（八）完工

完工条款涉及以下几个方面：

1. 完工阶段划分
2. 标准
3. 批准/否决

例如：

The completion of the PROJECT by CONTRACTOR will occur in stages to be agreed upon and accepted by OWNER through issuance of: ① CERTIFICATE OF MECHANICAL COMPLETION, ② CERTIFICATE OF RFSU, ③ CERTIFICATE OF PROVISIONAL ACCEPTANCE, ④ CERTIFICATE OF FINAL ACCEPTANCE

承包商完成**项目**施工将分阶段实现，各阶段的完工均须由**业主**以签发下列文件的方式予以验收和认可：①**机械完工证书**；②**开车就绪验收证明**；③**中交验收证明**；④**最终验收证明**。

When the WORK has been mechanically completed, when all the items in the MECHANICAL COMPLETION checklist in the PROJECT SPECIFICATION have been completed; when is ready for inspection; and ready for PRE-COMMISSIONING. And the CONTRACTOR has completed all work which is stated in the CONTRACT as being required for the WORK or part thereof to be considered complete for the purposes of MECHANICAL COMPLETION, the CONTRACTOR shall serve notice in writing to that effect on the OWNER, requesting that the OWNER issue a CERTIFICATE OF MECHANICAL COMPLETION in respect of the WORK. Such notice shall be accompanied with a PRE-COMMISSIONING program for the UNIT for the WORK in accordance with the requirements of the PROJECT SPECIFICATION in a form to be approved by the OWNER.

工程**机械完工**的必要条件罗列如下：**项目技术规范**规定的机械完工清单上的所有工作项目已经完成；工程已经进入验收准备阶段；以及已经进入**预试车准备阶段**。并且，**承包商**已经完成了本**合同**规定的所有工程相关必要工作，或者承包商完成了旨在实现**机械完工**的部分工作，**承包商**应该向**业主**发出相关的书面通知，要求**业主**就本工程签发一份**机械完工证书**。承包商在发出书面通知时还应提交一份符合**项目技术规范**要求的**工程单元预试车计划表**，申请**业主**批准。

For avoidance of doubt, the WORK shall be deemed to have been conditionally accepted on the date of PROVISIONAL ACCEPTANCE of the PROJECT, and prior to such date the care, custody and control of the WORK shall remain with the CONTRACTOR.

为避免疑义，在**项目临时完工验收证明**签发当日即视为本**工程**已被有条件地接受了。在此日期之前，保护、保管和管理**工程**之责仍由**承包商**承担。

Upon expiry of WARRANTY PERIOD, CONTRACTOR shall submit a written request for OWNER to issue the CERTIFICATE OF FINAL ACCEPTANCE. OWNER shall issue the CERTIFICATE OF FINAL ACCEPTANCE when all the requirements of the CONTRACT have been satisfactorily complied with.

保修期满后，**承包商**应向**业主**提交书面申请，要求业主签发**最终验收证明**。如本**合同**所有要求均得以满意遵守，**业主**应签发**最终验收证明**。

OWNER shall issue the CERTIFICATE OF FINAL ACCEPTANCE after the expiration of WARRANTY PERIOD, unless it is evident during the intervening period that PROJECT has shown defects which have not been rectified and the comply with any other provisions and requirements of this CONTRACT.	**业主**应在**保修期**满后签发**最终验收证明**，但如果在业主介入阶段发现**项目**明显存在很多承包商未能按**合同**规定进行整改的缺陷或不符合本合同其他规定和要求的地方，在此情况下，业主拒绝签发最终验收证明。

（九）延误和延期

该条款通常涉及以下几个方面：

1. 事由
2. 报告
3. 批准/否决

例如：

If the CONTRACTOR considers that the progress of the WORK is being or is likely to be delayed, the CONTRACTOR shall immediately give written notice of the cause or the causes of the delay to the OWNER and identify in such notice any event which in its opinion is a DELAYING EVENT. The notice shall be given as soon as practicable and not later than ＊＊ calendar days after the CONTRACTOR became aware, of the event or circumstance.	如果**承包商**认为**工程**进度正在被延误或可能被延误，**承包商**应立即向**业主**发出书面通知，说明延误原因以及承包商认为的**延期事件**。**承包商**应该在意识到延期事件或情况的××个日历日内，尽可能快地发出通知。
It shall be a condition precedent to the award of any extension of time by the OWNER that, in respect of each and every DELAYING EVENT identified in the notice given in accordance with this ARTICLE ＊＊＊, the CONTRACTOR shall, as soon as possible after such notice but in any event not later than ＊＊ calendar days after such notice, notify the OWNER in writing of any factors and the relevant CONTRACT provision which it considers may entitle him to	**业主**批准延期的前提条件是：对于根据本合同×××**条**给出的通知书中所认定的每个**延期事件**，**承包商**应该在发出通知后尽快，但无论如何不超过××个日历日内，以书面形式向**业主**陈述所有因素、承包商认为可赋予其延长工期之权利的本**合同**相关条款以及有关**施工进度表**的评述，列出：导致实际延误的**延期事件**（如果

an extension of time together with a statement referring to the EXECUTION SCHEDULE, setting out: the DELAYING EVENT (if any) which has caused actual delay; the reasons why delay has occurred or is likely to have occurred; the particulars of the expected effects thereof; an explanation of any measures that the CONTRACTOR proposes or intends to adopt to avoid or reduce or mitigate the consequences of the delay; an estimate of the extent of the expected delay in completion of the WORK beyond the DATES FOR COMPLETION; details of the documents the CONTRACTOR proposes to prepare and maintain to support such claim including critical path network analysis and other documents as required by the OWNER in order to demonstrate entitlement; the effect on the critical path noted on the EXECUTION SCHEDULE; details of the measures which it has discussed and agreed with SUB-CONTRACTORS to facilitate the re-programming of the performance of the SUB-CONTRACTORS' services there under as a consequence of the delay.

有);延误发生或可能发生的理由;预见的具体影响;**承包商**建议或打算采取的、用于避免或减轻延误带来影响的所有措施的说明;对照规定**竣工日期**,估计竣工延误程度;**承包商**编制和存档用的延期申请资料,包括关键路径网络分析和**业主**要求的其他文件,以获得延期批准;对**施工进度表**上关键路径的影响;承包商已经与其**分包商**讨论相关具体措施,确保在延误发生后可灵活调整**分包商**的工作安排,并就此达成共识。

Subject always to ARTICLES * * * inclusive, the OWNER will determine and notify the CONTRACTOR in writing of any extension of time by fixing such later date (s) as the DATE (S) FOR COMPLETION as it then estimates to be fair and reasonable provided further it is satisfied that: any of the events which are stated by the CONTRACTOR to be the cause of delay is a DELAYING EVENT; and comple-

业主将遵循×××的规定,决定并以书面形式通知**承包商**延长工期,将其认为公平、合理的稍晚日期定为**竣工日期**,另外还需满足下列条件:**承包商**所阐述的作为延误原因的任何一个事件都必须的确是一个**延期事件**;并且工程完工很有可能被延误或已经由于一个**延期事件**而超出了规定的

tion of the WORK is likely to be delayed or has been delayed beyond DATES FOR COMPLETION by a DELAYING EVENT; or the OWNER may reasonably request further information from the CONTRACTOR to support the extension of time claimed.

竣工日期；或者**业主**可以合理地要求从**承包商**处获得更多信息，以支持其延长工期的决定。

（十）保险

保险条款通常涉及以下几个方面：

1. 承包商的保险种类
2. 业主的保险种类
3. 分包商的保险
4. 免赔额和保证

承包商的保险种类，例如：

Workmen's Compensation Insurance and/or Employer's Liability Insurance and/or any other insurance with statutory limits as required by the respective applicable laws of the CONTRACTOR or SUB-CONTRACTOR to provide for payment to its employees employed on or in connection with the WORK covered by this CONTRACT and/or their dependants.

劳工赔偿险和/或雇主责任险和/或任何其他保险，保险金额为**承包商**或**分包商**各自适用的法律所要求的法定限额，以便向本**合同**项下**工程**相关的雇工和/或其被抚养人支付保险金。

Automobile Liability Insurance for owned, non-owned and hired units covering the use of such vehicles for a limit of not less than Euro 500000.

机动车责任险，包括使用自有的、非自有的或租赁的车辆，保险金额不低于500000欧元。

"All Risks" Physical Damage Insurance to cover the full replacement or insurable value of CONTRACTOR'S EQULPMENT used, owned, leased or hired by CONTRACTOR.

物理损害一切险，**承包商**使用的、自有的、租赁的**承包商设备**的全部重置或可保价值。

"All Risks" Transit Insurance to cover all EQUIPMENT, MATERIAL (S) and SUPPLY (IES) from the respective warehouse and/or point of supply and/or place of manufacture until arrival at SITE and/or WORK SITE which for this purpose shall mean after unloading or, in the event of equipment which cannot reasonably be inspected at the time of unloading, within thirty (30) days of unloading at SITE and/or WORK SITE; Such insurance shall further include insurer's agreement to contribute to fifty percent (50%) of the claim in the event of any loss or damage being discovered after arrival at the SITE and/or WORK SITE of the relevant EQUIPMENT, MATERIAL (S) and SUPPLY (IES) and where it is not possible to ascertain whether such loss or damage occurred prior to the said arrival or subsequently.

运输一切险，所有**设备**、**材料**和**用品**从各自仓库和/或供货点和/或制造地点直至到达**现场**和/或**工程现场**，此处"到达"是指卸载之后，或者对于卸载之时不能合理检查的设备，是指在**现场**和/或**工程现场**卸载后30日内；该保险应进一步包括如下条款：如发现相关**设备**、**材料**和**用品**在到达后在**现场**和/或**工程现场**发生任何损失或损害，但不能确认该损失或损害是在到达之前或之后发生，则保险人同意支付50%的索赔金。

Comprehensive General Liability Insurance with a limit of liability of not less than Euro 2.5 million for any one claim or series of claims arising out of an accident or occurrence resulting in bodily and/or personal injury (including death) to any person and damage or destruction to any properly including OWNER'S Property which shall arise out of or in consequence of CONTRACTOR'S performance of the WORK or PROJECT. The policy shall also cover contractual liability, tortuous liability, products and completed operations liability.

综合责任险，在**承包商**履行**工程**或**项目**引起的任何个人的人身和/或个人伤害（包括死亡）和任何财产（包括**业主**财产）的损害或毁损中，对于一次事故引起的任何单项索赔或系列索赔，责任限额不低于250万欧元。保单也应包括合同责任、侵权责任、产品责任和完工操作责任。

Professional Indemnity Insurance to cover CONTRACTOR'S liability, in * * * or in other countries outside of * * *, for all costs, losses and damages in the aggregate up to Euro Five (5) Million that may be sustained by OWNER arising out of the acts, neglect or omissions of CONTRACTOR in the performance of the WORK or PROJECT.	职业赔偿险，在×××或×××之外其他国家**承包商**的责任，即因**承包商**履行**工程**或**项目**中的作为、疏忽或不作为而使**业主**可能遭受的所有成本、损失和损害，总计最高500万欧元。
Protection and Indemnity Insurance and/or Marine Liability Insurance for owned, non-owned or hired waterborne craft covering CONTRACTOR'S liability including but not limited to crew, pollution, contractual and wreck arising from the use and/or operation of the said craft.	保护和赔偿险和/或海上责任险，**承包商**就自有的、非自有的或租赁的水上工具承担的责任，包括但不限于使用和/或操作上述水上工具引起的船员、污染、合同和失事的责任。
Hull and Machinery insurance (including War and Strike risks) for all vessels owned, hired, chartered, leased or used by CONTRACTOR, in the performance of the WORK or PROJECT for an amount of not less than the full replacement value of each such vessel, including cover for full collision liability and the cost of removal of debris.	船体和机器险（包括战争和罢工风险），**承包商**在履行**工程**或**项目**中所有自有的、租赁的或使用的船只，保险金额不低于每艘船只的全部重置价值，包括完全碰撞责任和清除残骸的费用。
Aviation Liability Insurance (including passenger liability) covering any aircraft owned, hired, chartered, leased or used by CONTRACTOR in the performance of the WORK or PROJECT for an amount of not less than the full replacement value of such aircraft.	航空责任险（包括乘客责任），**承包商**在履行**工程**或**项目**中自有的、租赁的或使用的任何航空器，保险金额不低于该航空器的全部重置价值。
Any other insurances which may be relevant and/or which may be required by law which the CONTRACTOR is subject to.	**承包商**应投保的可能相关的和/或法律要求的任何其他保险。

业主的保险种类，例如：

Construction All Risks Insurance covering all risks of physical loss or damage to the WORK including all EQUIPMENT, MATERIALS and SUPPLY (IES) incidental thereto and which are to be incorporated into the WORK at the SITE except CONTRACTOR'S EQUIPMENT or in transit thereto and intended to become a part of the finished WORK or the PROJECT, and while there, awaiting erection or installation and during erection or installation, testing and COMMISSIONING from the date of CONTRACT award until the end of the WARRANTY PERIOD. For each and every occurrence, the deductible amount for loss of or damage to the WORK or PROJECT is Euro Five Hundred Thousand (Euro 500000) except during COMMISSIONING for which the applicable deductible is Euro One (1) Million.

施工一切险，从合同授予之日起直至保证期结束，**工程**的物理损失或损害的所有风险，包括**工程**附属的且将在**现场**用于工程的所有**设备**、**材料**和**用品**，这些设备、材料和用品在现场等待建立或安装，并且在建立或安装期间进行测试和试车。但**承包商的设备**或在运输中且拟成为已完成**工程**或**项目**组成部分的设备除外。对于每起保险事故，**工程**或**项目**损失或损害的免赔额为 500000 欧元，但**试车期间**的免赔额为 100 万欧元。

Comprehensive General Liability Insurance in the amount of Euro 15 Million for any one claim or series of claims arising out of an accident or occurrence resulting in bodily and/or personal injury, including death and property damage or destruction to any person or property which shall arise out of the WORK or the PROJECT. This insurance shall however apply in excess of Euro 2.5 Million for any one occurrence and shall be excess insurance over and above the insurance carried by CONTRACTOR in accordance with Article * * above.

综合责任险，对于工程或项目引起的对任何个人或财产造成身体和/或人身伤害（包括死亡）以及财产损害或毁损的任何一起保险事故，其任何单项索赔或系列索赔的保险金额为 1500 万欧元。然而，任何一起保险事故超过 250 万欧元时，该保险方予适用，该保险应为**承包商**根据上文第××项投保的保险之上的超额保险。

All losses within the deductible amount stated in the above insurances will be for the account of and be paid by CONTRACTOR. Any breach by CONTRACTOR of conditions and/or warranties contained therein shall also be for the account of CONTRACTOR.

上述保险所述免赔额范围内的所有损失均由**承包商**承担并由其支付。如**承包商**违反上述保险中的条件和/或保证，则**承包商**应承担责任。

OWNER shall include CONTRACTOR and SUB-CONTRACTOR as additional insured on such policy and shall cause the insurers thereof to waive all expressed and implied rights of subrogation against such parties.

业主应将**承包商**和**分包商**列为该等保险的附加被保险人，并促使保险人放弃针对该等当事人的所有明示和默示代位权。

分包商的保险，例如：

CONTRACTOR shall be responsible vis-a-vis OWNER that any SUB - CONTRACTOR where applicable shall take out and maintain at its cost similar insurances as referred to above covering its liability to third parties, its personnel, owned, non-owned and hired motor vehicles, equipment, material supplies and any property of SUB-CONTRACTOR at the SITE and/or WORK SITE.

承包商应亲自向**业主**负责，任何相应的**分包商**应自费投保并保有上文提及的类似保险，保险范围包括其就第三方、其员工、**现场**和/或**工程现场分包商**自有的、非自有的和租赁的机动车辆、设备、材料用品和任何财产而承担的责任。

免赔额和保证，例如：

All deductibles applicable to the insurances stipulated in Article ＊＊ shall be for the account of and be paid by CONTRACTOR. Any breach by CONTRACTOR of conditions and/or warranties contained in such policies of insurance shall also be for the account of the CONTRACTOR.

适用于第××条规定的保险的全部免赔额应由**承包商**承担并由其支付。如**承包商**违反该等保险单上的任何条件和/或保证，也应由**承包商**承担责任。

（十一）中止/终止

此条款通常涉及以下几个方面：

1. 业主随时终止权
2. 承包商权利

3. 未完成工作责任
4. 分包商委派
中止，例如：

OWNER may suspend at any time and for any reason any part of WORK by giving at least 24 hour's notice to CONTRACTOR specifying the part of WORK to be suspended and the effective date of suspension. CONTRACTOR shall cease work on said part of WORK on the effective date of suspension, but shall continue to perform any unsuspended part of WORK .

业主可以通过至少提前 24 小时通知**承包商**，在任何时间、为任何原因暂停**工作**任何部分。通知中将说明**工作**中需被暂停的部分以及暂停的起效时间。**承包商**需在暂停起效日终止**工作**的上述部分，但继续进行**工作**中的未暂停部分。

In CHANGE ORDERS issued to cover the effects of any suspension period, adjustments to CONTRACT PRICE shall be limited to additional costs to CONTRACTOR directly resulting from the following: (1) Contractor's home and branch office employees whose retention on WORK during the period of suspension has been authorized in advance by OWNER. (2) Other items directly related to the suspended part of WORK, if authorized in advance by OWNER, including cancellation of any prior commitments entered into in accordance with CONTRACT by CONTRACTOR.

在为克服暂停期造成影响而做的**工程变更**中，对于**合同价格**的修正需限制在由下述原因直接导致的**承包商**的成本增加：（1）在暂停期间，已得到**业主**授权的承包商的总部或分公司员工的保留其**工作**；（2）与暂停的**工作**部分直接相关的其他项目，如果这些项目已经事先得到**业主**的授权。并包括取消**承包商**按**合同**预先承诺的任何项目。

OWNER may, at any time, authorize resumption of the suspended past of WORK by notifying CONTRACTOR of the part of WORK to be resumed and the effective date of suspension withdrawal. Work shall be promptly resumed by CONTRACTOR after receipt of such notice.

业主可在任何时间对已暂停的**工作**部分批准恢复，只要通知**承包商**需恢复的**工作**部分以及暂停有效取消日。**承包商**在接到这样的通知后需立刻启动工作。

终止，例如：

OWNER may terminate at any time and for any reason any part of WORK by giving 10 day's notice to CONTRACTOR specifying the part of WORK to be terminated and the effective date of termination. CONTRACTOR shall cease work on said part of WORK on the effective date of termination, but shall continue to prosecute any un-terminated part of WORK.

业主可在任何时间，因为任何原因终止**工作**的任何部分，但需在10天前通知**承包商**需终止的**工作**部分以及起效日期。**承包商**需在起效日终止上述部分的**工作**，但对于未终止的部分仍应继续进行。

OWNER has suspended all remaining WORK and said suspension has been in effect for at least 120 days, CONTRACTOR may notify OWNER of its intension to terminate all remaining WORK. CONTRACTOR may terminate all remaining WORK if within 10 days of OWNER's having received said notice, OWNER has not authorized resumption of WORK.

如果**业主**暂停了所有余下的**工作**，而上述暂停已经起效至少120天，**承包商**可通知**业主**其终止所有余下的**工作**的意向。如果**业主**在收到上述通知10天后仍未授权**承包商**重新启动**工作**，承包商可终止所有余下的**工作**。

If part of WORK is terminated by reason of (1) defects or deficiencies, or (2) CONTRACTOR's default in the performance of any material provision of CONTRACT (including failure to supply sufficient personnel or to perform WORK with diligence or to make prompt payments to its subcontractors, vendors, and other suppliers of services, materials and equipment), or (3) CONTRACTOR's becoming insolvent or making general assignment for the benefit of creditors or in any way becoming subject to a petition in bankruptcy or to the appointment of a trustee or receiver, OWNER may take possession of WORK and of all equipment, materials and supplies, with reasonable compensation to CONTRACTOR therefore, and complete WORK.

如果部分**工作**由于（1）承包商的缺陷或不足，或（2）**承包商**在履行任何**合同**实质性的规定过程中的错误（包括不能提供足够的人员，或不能履行**工作**职责，或不能及时付款给其分包商、供应商和其他提供服务、原料和设备的供应商），或（3）**承包商**濒临破产、进行公司总体转让债权人，或在任何情况下将申请破产，或将指定资产托管人或接受人而被终止，**业主**可以拥有工作财产，包括所有设备、材料和供给，为此对**承包商**做出一定的补偿，接着完成**工作**。

If any part of WORK is terminated, with respect to such WORK, CONTRACTOR shall execute and deliver to OWNER all documents and take all other necessary steps to vest in OWNER the rights and benefits of CONTRACTOR under existing agreements with vendors, renters of tools and others.

如果**工作**中的任何部分被终止了，相应于这部分**工作**，**承包商**应完成全部文件并递交给**业主**，同时采取一切必需的行动使**承包商**在与供应商、工具租借者及其他人或机构的现存协议中的权力与利益归属于**业主**。

（十二）损害

此条款通常涉及以下几个方面：

1. 延迟违约金
2. 责任限制
3. 间接损失排除

例如：

For the period of the first 4 weeks after SCHEDULED COMPLETION DATE (as adjusted for approved CHANGE ORDER), CONTRACTOR shall pay OWNER, in lieu of actual damages, 0.3% of the CONTRACT PRICE for the delayed UNIT (s) or part of a UNIT, as indicated in Article * * * for each complete week the COMPLETION of UNIT (s) is delayed beyond the SCHEDULED COMPLETION (as adjusted for approved CHANGE ORDER). Thereafter, CONTRACTOR shall pay OWNER, in lieu of actual damages, 0.75% of the CONTRACT PRICE for the the delayed UNIT (s) or part of a UNIT, as indicated in Article * * * for each complete week the COMPLETION of UNIT (s) is delayed beyond the SCHEDULED COMPLETION (as adjusted for approved CHANGE ORDER).

在**计划完工日期**(之后的头4周时间内（工期已经经过批准的**工程变更**的调整)，**装置**的完工延迟每超过**计划完工日期**(工期已经经过批准的**工程变更**的调整)一整周，**承包商**向**业主**赔偿根据条款×××计算的赔偿总额的0.3%。之后，**装置**的完工延迟每超过**计划完工日期**(工期已经经过批准的**工程变更**的调整)一整周，**承包商**将赔偿**业主**根据条款×××计算的赔偿总额的0.75%代替实际损失。

CONTRACTOR's maximum liability for payment of liquidated damages resulting from the late COMPLETION of UNIT (s) or part of a UNIT payable to OWNER under Article * * * shall not exceed 10% of the SUM of CONTRACT PRICE for the relevant UNIT (s) indicated in Article * * *.	因为**装置**的**完工**延迟，**承包商**在第×××条款下**向业**主支付的违约赔偿金最大债务不超过**总数**的10%。
Consequential Loss shall mean loss of product or production, loss of revenue, loss of profits, loss of use, loss of business, loss of opportunity, increased expense of operation (including overhead), interest, liquidated damages, exemplary or punitive damages, or indirect loss or consequential loss of any other arising out of or in connection with CONTRACT. CONTRACTOR shall not be liable to OWNER for Consequential Loss incurred by OWNER in connection with or arising out of the performance of the WORK or CONTRACT whether such liability is based or claimed to be based upon contract, tort, including negligence, strict liability, or other act or omission on the part of CONTRACTOR, causing the damage or loss to OWNER, and OWNER shall indemnify, defend and hold harmless the CONTRACTOR from any claims for Consequential Loss by OWNER, except as limited below in this Article.	间接损失系产品或生产损失、收入损失、利润损失、使用损失、业务损失、机会损失、作业费用增加（包括一般管理费用）、利息、违约赔偿、示范性或惩罚性损害赔偿、与**合同**相关或由**合同**所引起的任何间接损失。**承包商**不应对**业主**就**业主**所招致的与**工程**或**合同**执行相关或由其引起的间接损失承担责任。无论此类责任是否基于或宣称基于合同、民事侵权行为，包括造成业主损害或损失的失职、严格责任或业主的其他行为或疏忽。且**业主**应就间接损失所提出的所有索赔为**承包商**做出补偿，提供抗辩，并保护承包商免受其害。本条款如下限制除外。

（十三）其他

由于每个工程合同的背景不同，合同中会有一些非通用典型条款的存在。

禁止招揽对方雇员（No Solicitation），例如：

Neither Party shall, during the Term or within one year after the Expiration Date, directly solicit for employment the other Party's personnel who are engaged in the performance of this CONTRACT without the prior written consent of the other Party.

在本合同有效期内以及合同期满日后一年内，任何一方未经另一方事先书面同意均不得直接向另一方参与本**合同**执行的雇员发出招聘要约。

此条款既是为了防止公司的专业人才被挖出，也是为了保护商业秘密。

弃权（Waivers），例如：

Failure of any Party to exercise its right or take any action against the other Party for any breach of CONTRACT shall not be deemed as a waiver of such breach. No waiver of any Party to any right shall be deemed as a waiver to any other rights. Waiver of any Party to any of its right shall be sent to the other Party in writing .

任何一方没有行使其权利或未对另一方的违约行为采取任何行动，不应被视为放弃追究违约方责任的权利；任何一方对某一项权利的放弃，不应被视为对任何其他权利的放弃。一方对某一项权利的放弃，均应以书面形式送交对方。

禁止对外发布（No publicity），例如：

Within the term in this CONTRACT, no Party, without the prior written consent of the other, shall make any public announcement, or issue any press release, with respect to any aspect of the activities taking place or to take place under this CONTRACT.

在本**合同**有效期内，未经另一方事先书面同意，另一方不得就本**合同**正在开展或将要开展的活动相关事项对外公告或发布新闻稿。

第五节 国际工程合同通用条款构成

尽管 FIDIC 合同体系已经发展了几十年，它的框架得到了广泛的认可，但在实践中由于行业和实际情况的差异性，在具体操作中很少直接采用 FIDIC 合同体系，尤其是国际炼化工程承包领域，像一些石油化工行业的国家石油公司，都形成了自有的合同体系，不同的业主有不同的特点。有些业主发布的招标文件中，合同通用条款只有 20 来条，有的则有 50 来条，但大部分的条款都在 40 条左右。

表 2-1　通用条款构成表

序号	条款名称		内容和说明
1	定义和解释		对合同的常用术语进行了基本的定义及解释，增加对数量杂项工作金额、备件杂项工作金额的定义。
2	工作范围		对合同的工作范围进行界定，这是工作量的基础性描述。
3	价格及付款		包括固定总价支付、预付款、进度款、质保金等相关内容的定义和描述。
4	业主及指定代表的责任		对业主及指定代表的责任、义务的规定。
5	进度及工作计划		承包商需向业主提交全面的包括设计、采购、施工、试车等各个阶段的节点、里程碑在内的进度计划、进度计划表格等文件。
6	工程设计		按合同规定完成基础、详细设计任务，保证按进度要求完成各项设计，保证设计、图纸及相关文件质量符合项目要求。
7	采购及供货		对供应商的限定和要求，有关当地采购的要求等。
8	备件采购		包括保证备件在内的一年期操作备件的有关规定，如何报价等。
9	运输及物流		对运输及物流的要求，以及物流商方面的规定。
10	施工		施工前的准备工作、过程中的注意事项以及告知义务等。
11	变更		变更的程序、计价、对总价的影响等。
12	检验与测试		承包商不得进行检测及探伤测试，由另一家批准的代理被委托进行检测及探伤测试；材料需用颜色代码进行标识；承包商焊工必须持有业主颁发的焊接证书等。
13 最终阶段施工和终交	13.1	预试车	预试车要在整套设备机械完工前进行，预试车需提前三个月做准备。
	13.2	中交	条件：机械竣工并完成预试车，承包商确信无缺陷；操作手册提交；对业主人员培训完成；一年备品备件交付；安装维护用的特殊工具交付。 承包商满足条件后 21 日内业主决定是否发中交证书。
	13.3	终交	条件：全部中交证书签发；设备试车完成，稳定运行；没有大的缺陷；操作和维修手册所有副本交付；竣工资料交付。 最终部分设施的终交证书日期将被视为整个设施的终交日期。

续表

序号	条款名称		内容和说明
14	培训		与供货商配合，保证业主人员得到充分培训。
15	性能测试及保证		性能测试及保证应分别适用于所有设施部分，设施的所有参考要求应独立适用于各部分；需连续 72 小时；如性能保证不合格将在业主要求下继续调整直到合格或支付赔偿金。
16	除性能保证外的其它保证或担保		设施的质保期从第一部分的临时接收日开始，至给另一个部分颁发接收证后 12 个月为止，除非该质保期须延长，延长时间与该部分设施因缺陷原因不能使用（包括补救工作）的时间相同。如果只有部分设施受影响，则质保期只为该部分延长。这两种情况下，质保期延长都不能超过 12 个月。
17	法令和标准		技术规范中规定的法令和标准需要遵守。非强制性的除非明确指出的例外，都须遵守，包括其修订后的规定（报告给业主，由其决定执行哪个版本）。
18	安全		安全工作惯例。
19	设计所有权和保密		承包商提供的设计所有权归业主；保密条款；不公开宣告。
20	遵守法律		承包商要遵守法律并赔偿因其违法对业主造成的罚款和责任。取得许可证和工作签证的义务。
21	财税		每次付款业主需扣留 5%的付款费用，直到完成完税证明。
22 承包商责任	承包商供货的所有权；工作保管义务；施工工具和设备；业主现存财产。		
	22. 1	承包商供货的所有权	对安装到工厂中的物品，业主付款超过 5%或到达现场，满足其中一个条件，所有权转移给业主。承包商要在验收前将剩余物品移出现场。承包商对物品所有权瑕疵担保。尽管所有权转移，保管责任和损坏遗失风险仍归承包商。
	22. 2	工作保管义务	承包商在中交证书签发前对工作有保管义务，自费修复保持其完满状态，即使因为业主或其他承包商的行为、疏漏、过失或过错造成丢失或损坏。现场办公室、营地也包括在内。
	22. 3	施工工具和设备	无论任何原因造成的损失、损坏，均由承包商负责。
	22. 4	业主现存财产	因承包商行为或疏漏造成的损失或损坏，承包商负责赔偿或应业主要求修复。

续表

序号	条款名称	内容和说明
23	保险、赔偿及责任	承包商负责保险；业主负责保险；责任上限。
24	专利保障和版权	承包商保障并保持业主免受知识产权侵权的损害，但工艺专利许可除外。对于承包商提供的与工作相关的设计、图纸等信息中相关的知识产权，承包商授予业主非独占的、可转移、不可撤销、免费的许可以对工厂进行完成、使用、修理、扩建等，但不包括设备的复制。
25	承包商人员	所有关键人员需具有大学本科学历或在其工作领域具有相当于本科学历的工作经验以匹配其工作所需要的等级。此外，需说明其各自专业成就以证明其本岗位的适用性。 关键人员的简历和现场工程师、监理的简历应提交给业主进行审核批准。
26	分包	必须有××%工作量当地分包。
27	转让	业主可不经承包商同意转让合同给业主的关联公司或其他公司，或者对项目实际控制的实体。除此以外的转让需经承包商同意。 承包商未经业主事先同意，不得转让合同。转让后，承包商依然承担连带责任。
28	地下物的所有权和使用权	承包商发现的地下物所有权归业主，业主可允许其在工作中免费使用。
29	母公司保函	项目执行前要求承包商最终控股公司开具母公司保函。
30	不可抗力	普通不可抗力范围以及例外规定；10 日内通知义务；减轻影响义务；180 天双方终止义务；付款不适用不可抗力规定。
31	违约赔偿金	延期 LD 为每天各部分总成本的 0.1%；上限为每部分的 5%，最多不超过总价的 5%；性能违约赔偿金为投标价的 10%。
32	工程暂停	业主有权在给出任何理由及在书面通知的情况下暂停相关工程部分。未暂停部分继续施工。
33	选择性终止	对业主有权在不经过法律或法院程序不给出理由的情况下终止承包商工作的一些规定。
34	承包商原因终止	对因承包商原因造成业主终止合同的一些规定。

续表

序号	条款名称	内容和说明
35	工作的继续	承包商在合同出现争议、抗议、法律纠纷等情况下应继续开展工程工作，否则将视为承包商责任终止合同。
36	弃权	书面明确表示方成立。
37	履约保函	
38	通知	性能测试和保证、质保、暂停和终止的通知需经业主主管负责人签发方有效。
39	管辖法律、语言和司法管辖	
40	杂项	修改；独立承包商；条款的独立性。
41	佣金告知义务	
42	承包商索赔/主张的时间限制	对于临时的延期或总价调整的主张应在事情发生 30 日内提出书面申请。
43	留置	承包商保证不提起针对业主的留置权。
44	审计	承包商及其分包商应允许业主在完成其工作或最终验收后的三年内可以对其项目执行期间的账目、成本控制系统及档案等文件进行审核。
45	商业标准和道德	承包商保证不向政府官员、业主或项目管理人员行贿。遵守商业标准。

第六节　国际工程合同条款评审

合同条款评审是指对合同所包含的权利义务内容进行的评论和审查。合同评审的行为主要发生在合同正式签订之前，即合同产生阶段。但是特定情况下，合同条款评审也可以发生在合同履行阶段。合同条款评审的目的是使合同尽可能地做到全面、公正，避免错误、遗漏和对己方不利的条款，以便在合同谈判过程中有针对性地与合同另一方进行商谈，维护己方应有的合法权益。事实证明，合同条款评审还可以有效避免合同签订后在履行过程中双方因合同内容的错误、遗漏、歧义、不公平等原因而产生的不必要的合同争议，为合同的顺利完成创造一个良好的履行环境。

国际工程合同因其具有体系的复杂性、内容的广泛性、履行的长期性和风险性等特征，在签订之前和重大变更时必须进行合同评审。国际工程合同条款评审是一项非常重要的工作，能否通过评审发现合同中潜在的风险或通过合同谈判将己方风险减至最低，均需要合同评审人员的智慧。一份好的评审意见将会给未来的合同谈判提供最有利的谈判基础，为己方公司争取利益最大化。

一、合同条款评审工作的分工与组织

国际工程合同条款内容涉及诸多部门，从合同条款分类的角度来看，不同部门因管理职责不同，关注的重点条款是不一样的，如市场开发部门重点关注商务条款，专业职能部门重点关注管理程序条款，一个人“吃透”所有的合同条款是十分困难的，但让一个人熟练掌握三五个条款并不是件难事，在合同审核过程中我们推荐实行矩阵化管理，跨部门分工合作的工作机制。如财务部门负责审查合同中有关价格、支付、货币、税收、保函等有关条款，采购部门负责审查与采购、运输、清关等有关的条款，法律部门重点关注法律风险条款，尽可能做到合同风险合理公平分配，通过分工合作可以大大提高合同条款审核的工作质量和效率。

笔者在实践中形成了以下工作模板，适用于初审和终审，其中评审栏目和专业部门可以根据实际情况进行调整。

表 2-2　合同条款评审表（适用于初审和终审）

<table>
<tr><td>合同名称</td><td colspan="5"></td></tr>
<tr><td>评审方式</td><td colspan="2">□会议　　□书面</td><td colspan="2">评审日期</td><td></td></tr>
<tr><td>评审部门
主要评审栏目</td><td>市场
开发部门</td><td>项目
管理部门</td><td>财务部门</td><td>法律部门</td><td>其他
专业部门</td></tr>
<tr><td>1. 工作范围及内容</td><td></td><td></td><td></td><td></td><td></td></tr>
<tr><td>2. 设计与采购</td><td></td><td></td><td></td><td></td><td></td></tr>
<tr><td>3. 进度及控制</td><td></td><td></td><td></td><td></td><td></td></tr>
<tr><td>4. 现场施工</td><td></td><td></td><td></td><td></td><td></td></tr>
<tr><td>5. 暂停与终止</td><td></td><td></td><td></td><td></td><td></td></tr>
<tr><td>6. 质量保证与检验</td><td></td><td></td><td></td><td></td><td></td></tr>
<tr><td>7. 竣工与接收</td><td></td><td></td><td></td><td></td><td></td></tr>
<tr><td>8. 缺陷责任</td><td></td><td></td><td></td><td></td><td></td></tr>
</table>

9. HSE 控制						
10. 商务条款	10.1 合同价格与支付					
	10.2 双方权利义务					
	10.3 变更及索赔					
	10.4 缺陷责任					
	10.5 税务及审计					
	10.6 保函或担保					
11. 法律条款	11.1 风险与责任					
	11.2 所有权和保密					
	11.3 违约责任及赔偿					
	11.4 不可抗力					
	11.5 争议解决					
	11.6 法律适用					
	11.7 转让/分包					
负责人签名						
公司主管领导评审结论						
评审说明：评审者在相应评审栏目中打“×”或“√”或“△”，并签名。“×”表示不能接受或不同意；“√”表示接受或同意；“△”表示有条件接受或同意。凡打“×”或“△”的栏目，请在会签表中详细说明原因或提出修改意见。						

在合同条款终审前，要对初审的意见在谈判与澄清中如何得到整改和落实的情

况做一个书面说明，便于终审时能充分了解前面的工作成果和遗留的问题。

表 2-3　合同条款终审说明表

合同名称	
终审说明： （初审意见处理情况） 主办部门负责人： 日期：	

二、国际工程合同法律审核应遵循的原则

国际工程合同篇幅巨大、关系复杂，商务、技术、法律内容交织在一起，明示条款和默示条款并存。在商务审核和专业技术审核的基础上，法律审核作为国际工程合同签约前的一道防线，在实践中往往也是收尾的防线，任务艰巨、责任重大，应在实际工作中引起足够的重视。要做好合同法律审核工作，及时提供针对性的、防患于未然的法律意见。抓好法律审核工作要把握和遵循以下原则：

（一）要坚持英美合同法三要素原则

英美合同法区别国内合同法的显著特征是“无约因即无合同”，“要约、承诺、约因”是缺一不可的三要素。通俗地讲，如果要约人从交易中获益，那么这种获益就是其做出承诺的充分约因；如果承诺人因立约而受损，那么这种损失也是其做出承诺的充分约因。国内工程合同则由“要约、承诺”两要素组成，双方产生的纠纷可以依据现有的法律，对纠纷予以裁定。但对国际工程项目来说，合同就是判决和执行的标准，必须把“在什么样的情形下，业主该怎么办，承包商该怎么办”的相关内容写入合同条款。因此我们一定要克服原有的惯性思维，遵循三要素原则来做好法律审核工作。

（二）要坚持关联性原则

不同的条款组合在一起构成了一个完整的合同，只有把不同的条款放在整体的架构下才能准确理解合同的本意。法律审核要注意把互相关联的内容集中起来，梳理双方的权利和义务，建立相应的责任矩阵，做到完整全面，没有遗漏。

（三）要坚持兼顾默示条款的原则

在国际工程合同中有关承包商义务的默示条款较多，如果疏忽、考虑不周，承包商将承担不必要的风险。对于合同条款的不同理解，要以严谨审慎的态度加以事先澄清。另外，不同的国别和适用法律，对不同的条款有不同的解释。法律审核时

要充分考虑实践惯例、法律法规、项目所在国认可的客观事实等因素而形成的默示条款带给合同的影响。

三、国际工程合同法律审核应注意的主要问题

作为一个独立的承包商，原则上应独立承担国际工程合同项下的风险。有的国际工程合同通过设立母公司担保，使承包商的母公司承担合同项下的连带责任。在实践中，为确保把合同的所有风险锁定在承包商自身范围内，涉及担保时应优先采用银行保函而尽量避免使用母公司担保。

从风险防范角度来看，最坏条件下承担的最大法律风险是法律审核的关键；从合同条款的构成来看，与法律风险相关的主要有风险责任限制条款中的责任限制、意外偶然条款中的不可抗力、主线条款中的缺陷责任期、索赔条款中的索赔程序和争议解决等。下面就对责任限制、不可抗力、缺陷责任期、索赔程序、争议解决等五个问题进行分析。

（一）责任限制

对承揽国际工程的中国承包商来说，在承包商违反其义务的情况下，承包商就雇主的索赔应承担的责任做出限制是非常重要的。

有一个已执行合同对责任限制作了如下描述："承包商因本合同应向业主承担的责任赔偿，不论源于本合同、侵权行为（包括过失）、严格责任行为或者其他，不得超出合同总价。不包括：承包商承担的已经判定的损害赔偿、诉讼费用、判给的费用以及与诉讼有关的利息。上述责任赔偿限制不应适用于因承包商团体严重过失、明知故犯、欺诈、刑事犯罪行为……"有的合同还对损害赔偿和累计全部责任分别作了限额规定，从正常范围来看，损害赔偿通常限制在合同价格的5%—20%，如果能限制在8%—10%对承包商是比较有利的，而全部责任则限制在合同价格的25%—100%，最好是限制在40%以内。还有的业主会想方设法扩大例外的范围，把与责任限制有关的内容分散化处理，甚至以较为隐蔽的方式混合在其他条款中，增加承包商识别的难度。

法律审核需要关注：一是有没有责任限制；二是责任限制的具体范围；三是责任限制的例外情况。对于没有责任限制、责任限制超出正常范围、责任限制例外过多的合同条款应及时提出合同偏差，在合同关闭前务必谨慎处理。按照国际工程公司的惯例，如果要签订没有责任限制的工程承包合同，必须提交最高决策机构批准才能签订。对于责任限制内容分散的合同，在审核时要将这些内容汇总到责任矩阵中去，确保承包商在何种情况下承担何种责任的统计没有遗漏和疏忽。

（二）不可抗力

不可抗力条款是规定在合同订立后发生当事人在订立合同时不能预见、不能避

免、不可控制的意外事故，以致不能履行合同或不能如期履行合同时，遭受不可抗力的一方可以免除履行合同的责任的条款。构成不可抗力的意外事故应具备的条件：意外事故是在签订合同以后发生的；意外事故是当事人所不能预见、不能避免和不可控制的；意外事故的引起没有当事人疏忽或过失等主观因素。不可抗力的事故主要包括两种情况，一种是由于自然力量引起的，如水灾、风灾、旱灾、地震等；另一种是社会原因引起的，如战争、封锁、政府禁令等。

有一个已执行的合同中对不可抗力作了如下描述："① 如果由于不可抗力及其影响范围的原因造成任何一个成员方在履行工作中的延误或错失，这些延误和错失均不应构成合同项下的违约或引起任何损害赔偿。除非这些不可抗力本质上破坏了合同的实施，否则不可抗力不应被作为不实施的借口，而只是延迟实施。② 不可抗力是指控制范围外的事件，并且受影响的成员方没有过错或疏忽，该成员方也不能运用适当的努力防止或预防，包括但不限于：天灾或公害；设施的征用或没收；适用法律的更改……③ 下列内容被明确排除在不可抗力外：由于制造商或其他生产地的生产紧张，市场供不应求，或其他类似的事件引起的设备或材料的延迟交货……"

法律审核需要关注：一是合同对不可抗力的定义和适用范围；二是不可抗力的举例说明；三是不可抗力的例外情况。另外，由于各国法律有关不可抗力的具体规定不同，我们在法律审核时，还要把合同的约定与合同适用法律关于不可抗力的具体规定结合起来，一旦双方对明示条款的理解产生分歧，适用法律的解释将是有力的依据。通常来说，对于不可抗力的举例说明越详细越有利于消除双方理解的差异。

（三）缺陷责任期

缺陷责任期规定承包商有义务自费修复在工程竣工或接收后出现并由业主通知的缺陷。缺陷责任期一般为工程竣工后的 12 至 14 个月。缺陷责任期本身的定义并不复杂，关键是大多数情况下，业主都会提出缺陷责任期延长的问题，如因为某项缺陷或损害达到使整个工程、分项工程或某项主要生产设备不能按原定目的使用的程度，业主有权对整个工程或分项工程的缺陷责任期提出一个延长期，通常的做法是延长期最长为 2 年。

有一个招标文件对合同的缺陷责任期做了如下描述："承包商对设备、材料、供货商、设计、工程和工艺的保证从合同生效之日开始一直延续到缺陷责任期结束。如果承包商未能履行其保修职责，或者有业主和承包商共同承认的修改内容，缺陷责任期应相应地延长。如果遇到不可抗力因素，缺陷责任期应该延长不可抗力因素影响的相应时间。……如果在缺陷责任期内对部分工程进行修改或替换，则此部分的保修期应从该部分达到合格运行之日起重新计算 12 个月，不再按原缺陷责任期来计算剩余时间……"

合同中往往还规定，只有在缺陷责任期届满的情况下，承包商的保留金才会释放，质保金保函才能到期。如果缺陷责任期未满，承包商无法拿回自己的款项或保函。如果按照上述招标文件的规定，业主可以基于持续存在缺陷而声称承包商的缺陷责任期未满，通过这种方式为拒绝发放保留金、质保金保函提供理由。实际过程中随着工程竣工或接收时间的推移，越到后面越难确定业主声称的缺陷是真正的缺陷还是由于正常磨损或业主使用不当造成的。由于没有缺陷责任期最长延长时间的限制，承包商很可能被迫负责修复业主在竣工或接收后很长时间后通知的缺陷，并同时面临无法及时收回保留金、质保金保函的风险。

法律审核需要关注：一是缺陷责任期的时间跨度；二是缺陷责任期延长有无限制；三是缺陷责任期延长在何种情况下适用。另外，由于缺陷责任期对保留金、质保金保函的释放和到期有密切关系，在审核过程中还要和保留金、质保金保函的释放条款放在一起进行审核。

（四）索赔程序

每一个国际工程项目执行过程中都会存在对工期和费用的索赔行为。索赔是在合同框架下，自认为权利遭到损害的一方，向另一方提出的承担损害责任的要求，其主要特征包括：不主张不赔偿；事后及时提出（一般是索赔事件发生之日起 28 天内）；依法解决争端。业主为了增加承包商索赔的难度，一般都会在合同中规定严格的索赔程序。在合同签约前关注索赔程序是十分必要的。

有一个已执行的合同对索赔程序做了如下描述："索赔反应：（1）在了解到索赔事由后及时向赔偿方提供通知；（2）如果赔偿方合理要求，在收到上文所提及的通知后三十（30）天内，或索赔方向赔偿方所通知的适用法律所要求的更短期限内，开始此类抗辩……（3）对于任何由赔偿方或索赔方所做出的任何赔偿索赔抗辩，另一方应按照执行赔偿索赔抗辩一方的要求，提供所有协助……"

上述合同条款对双方在索赔程序项下的权利和义务做了清晰的界定，无论是对业主还是对承包商而言，在具体的索赔或反索赔过程中可以做到"有法可依"。索赔通知是先决条件，未能及时发出通知将导致被拒或被视为已经放弃索赔权。除了索赔通知的要求外，几乎所有的合同都会要求承包商在一定期限内提交支持性文件和证据，在承包商未能按期提交证明前，业主将有正当理由拒绝此索赔。

法律审核需要关注：一是索赔通知如何发出；二是提交支持性文件的期限。实践经验告诉我们，承包商很难说服业主改变合同中严格的索赔程序，唯有严格遵守。在执行过程中，承包商要有一个专门的工作团队监督项目的进度并在索赔事件发生时负责准备和签发索赔通知和报告。另外，在审核时要与合同中的变更条款结合起来，"变更"与"索赔"两者之间在一定程度上存在着相互转化的关系，通过与业主良好的沟通，一项索赔要求被接受后，如果仍在项目实施期间，业主可以通过发出“工程变更令”，使得该索赔以另一种形式进入合同的执行范围内。

(五) 争议解决

由于绝大多数合同中的纠纷都能通过沟通、协商和谈判加以解决，争议解决条款往往没有被引起足够重视。一个合理有效的争议解决条款是承包商最终实现合同权利的有力保证。按照《承认及执行外国仲裁裁决公约》(《纽约公约》)，仲裁裁决在世界上大多数国家都能得到承认和执行，而一个国家的法院判决很难在其他国家得到执行。因此，国际工程合同一般都选择仲裁作为争议解决的方案。

有一个咨询协议对仲裁条款做了如下描述：“该协议遵从英格兰和威尔士法律，由现有合同和相关事宜引发的纠纷最终提请仲裁进行解决。仲裁地点为瑞典斯德哥尔摩，仲裁语言为英语，由三名仲裁员按照斯德哥尔摩商会仲裁院的仲裁程序进行仲裁。”

结合上述内容，一个有效的仲裁条款涉及下列具体问题：

1. 选择合适的仲裁地

顾名思义，仲裁地就是仲裁进行的地方，仲裁地提供了一个法律环境，仲裁庭在其支持下根据仲裁机构自己的仲裁规则进行审理。仲裁的选择很重要，尽可能选择对己有利的地点，同时它还应具备以下条件：《承认及执行外国仲裁裁决公约》的成员国；国内有现代仲裁立法；没有该国法院的强制干涉；在出现错误时可以依靠国内法院进行协助；出入境便利等。

2. 明晰管辖法律

从一个国际仲裁涉及的相关法律来看，它至少涉及以下三个方面的法律，一是管辖当事方签订协议能力的法律，它采用属人法原则，在签订时需要写明签约自然人的国别或法人注册登记国；二是管辖仲裁程序的法律，选择了仲裁地就选择了仲裁地法；三是管辖主合同的法律，也就是争议实质事项适用的法律。实践经验证明，如果管辖法律隶属于普通法系，那么仲裁地也要选择普通法系国家，这样就会减少不同法系思维方式差异带来的冲突，这种冲突有时对仲裁结果是非常致命的。

3. 选择合适的仲裁机构

承包商在合同的签订过程中往往是被动的，因此从承包商角度考虑，要选择一家相对公平独立、费用合理、效率较高的仲裁机构。

4. 确定仲裁庭的人数

国际仲裁庭的人数通常是一人或三人。国际工程合同一般金额较大、权利和义务复杂多样，所以国际工程合同的仲裁庭一般由三名仲裁员组成，争议双方各自从仲裁机构的仲裁员名单中选择一名，首席仲裁员由双方共同商定或由仲裁机构指定。

上述四个方面也就是法律审核的关注点。

综上所述，责任限制对应的是合同的最高风险责任，不可抗力对应的是不能预见、不能避免、不可控制的意外风险，缺陷责任期对应的是正常可控范围内的风险，索赔程序对应的是执行过程中的内部救济手段，争议解决对应的是事后的外部救济手段。按照本节分析的要点，妥善处理责任限制、不可抗力、缺陷责任期、索赔程序、争议解决这五个方面的问题，就是抓住了合同法律风险的主要矛盾，就能保障法律风险得到有效防控。当然，上述内容主要解决的是国际工程合同法律审核的要点和方法，要把法律风险防控落到实处，在具体的工作中还要建立相应的工作机制，从组织和人员上落实管理责任。

第七节 国际工程合同相关各方的合同管理职责

一、国际工程合同实施各方的相关责任和义务

（一）业主的主要责任和义务

业主通过合同委托项目任务，行使对项目实施控制的权力，以保证项目总目标的实现。

1. 聘请项目管理（咨询）公司进行具体的工程合同管理工作（并不是所有的业主都聘请项目管理公司）。

2. 为合同的实施提供必要的条件，对项目进行宏观控制，如在项目实施过程中对重大问题的决策，重大的技术和实施方案的选择和批准，设计和计划的重大修改的批准。

3. 按照合同规定及时向承包商、供应商等支付工程款。

4. 在项目管理公司的组织下，验收并接收合格的已完工程等。

5. 业主的现场代表，会同项目管理公司，组织项目的试运行和投产运营。

（二）项目管理公司的主要责任和义务

项目管理公司（包括咨询公司等）受业主委托，代表业主行使项目管理的权力和承担项目管理的义务。

1. 协调项目执行的进度、质量、安全等，控制项目实施的成本。

2. 协调业主、承包商和供应商之间的合同关系、工作界面等事项。

3. 具体地承担工程相关的合同管理工作，主要是合同管理的事务性工作，如对承包商实际工程进度的确认，发票的审查和批准等。

4. 解释合同执行内容，负责对承包商关于合同执行疑问问题的答复，变更和索赔事件以及费用的初步确认等。

5. 协调和解决业主与承包商之间的合同争执，有利于项目的正常执行。

（三）承包商的主要责任和义务

承包商应当按照合同签订的工程量范围内容和项目执行的规范、标准，进行计划、组织、协调和控制，完成合同所规定的义务。

1. 建立项目管理组织，编制项目执行计划，并按照计划组织实施和运行。

2. 加强项目的计划、组织、协调和控制，完成规定的设计、采购和施工任务，按期实现项目的竣工和交付。

3. 协调与业主、项目管理公司之间的关系，及时提交、反馈和解决项目实施过程中的技术和方案问题。

4. 按照相关程序，办理工程进度款发票的编制和报批，项目实施过程中变更和索赔事件的提交和费用编制、报批和确认工作，以及工程费用的最终结算工作。

5. 严格对项目分包商、供应商等的管理和控制，既要为他们履行合同创造必要的条件，提供必要的保障，又要采取有效的管理和控制措施，确保分包工作和材料供应工作处于受控状态。

6. 配合业主或项目管理公司，做好工程完工的竣工验收工作。

7. 认真履行工程保修期间承包商的质量保修义务。

二、业主的合同管理职责

国际工程合同管理是工程项目管理的核心。业主的合同管理又是整个工程合同管理的核心，对整个项目的合同管理甚至整个项目的成败都起着至关重要的作用。

（一）业主要从项目的整体利益出发，以合同管理为核心，从项目的策划、谈判、签约、履行到竣工结算，根据项目的规模、性质等实际情况以及对质量、安全、工期等要求配备一定的管理、技术人员及合同管理人员。

（二）业主要从项目的整体利益出发，依据总包合同的要求将合同目标具体分解到各个部门，工程技术、物资供应、质量管理、财务等部门之间建立健全有效的合同信息传导和协调机制，使合同及其变更能够得到及时有效的执行和记录。

（三）合同形成阶段是工程项目合同管理的开始阶段，合同策划是业主进行合同管理的第一步，主要是确定根本性和方向性的，对整个工程项目及合同的顺利实施有重大影响的问题。

1. 在进行招投标前，业主应组织水平较高的专业工程技术人员对图纸进行详细审核，力求明了设计方的设计意图，同时还应对招投标文件及招标前答疑文件的有关条款进行认真的拟定，尽可能减少和消除施工作业过程中对业主不利的索赔因素。

2. 在合同谈判之前，业主需要进行审查分析，准备资料，并获取谈判目标的基本动态。业主还应组织相关人员对工程项目的主要内容、招标文件要求以及有关合同条款进行研究和磋商，组织专业技术人员对图纸、工程量清单及原始资料等进行认真分析，提前起草和整理与此项目实施有关的合同与法律文件，并由合同主管人员与外部律师一起研究制订合同谈判方案并认真做好合同谈判备忘录。一旦合同签订后，涉及此项目的专业技术资料、合同策划书、招标文件及合同谈判备忘录等合同资料要交由合同管理人员存档。

3. 合同履行分析是业主监督承包商分享合同权益、落实合同责任的重要措施。业主通过对合同分类归档，专项细分，并将每一个细分合同对照项目的整体要求详细解释说明，使原始合同文本成为执行合同文件，让合同执行人员明确合同责任，有利于实施全员合同控制。

（1）在工程项目进行的过程中，合同实施的过程管理也非常必要。通过控制质量、安全、进度和成本费用等目标，以保证项目的顺利实施。由于实际情况复杂多变，导致合同实施与预定目标容易发生偏离。因此，业主需要对合同实施进行跟踪控制，不断寻找偏差，并采取相应措施及时调整。

（2）合同内容的频繁变更是工程项目合同的特点之一，这是由工程项目建设的多变性和不确定性造成的。合同变更是合同双方利益的焦点，常常伴随着合同价格的调整。因此，合同变更管理十分重要，不仅可以减少不必要的矛盾和纠纷，促进合同的顺利实施，而且还有利于业主对项目的总体控制。

（四）合同收尾阶段主要指从通过竣工验收业主接受工程到合同结束为止，包括合同后评估和合同终止两个过程。

1. 合同后评估主要是总结合同的执行情况，总结合同管理过程中出色和不足的地方，为下一次工程项目的合同管理工作提供借鉴。对过时、不符合现行习惯的法律法规，以及不严谨、对业主不利的、容易被对方索赔的文本条款要加以改正。对不可预见的不确定因素应作为可追溯事件先加以标识，然后通过合同后评估加以判断，并在以后的工程项目合同中明示或制定相应的防范措施。

2. 工程项目竣工验收后，与工程项目有关的合同资料应及时收集整理，收集整理力求全面细致。归档的资料主要有合同资料、合同分析及控制资料、工程项目实施过程中双方的签证、信函、施工日记、会议纪要、报表、报告、图片及变更记录等。

三、项目管理公司的合同管理职责

项目管理公司代表业主管理工程，行使国际工程合同中规定的或必然隐含的权力，履行合同规定的职责。一般在项目管理公司内部，会配备合同经理、合同管理工程师和其他合同管理人员，对业主委托的项目合同实施具体的合同管理工作。其主要合同管理职责体现在：

（一）对构成合同的文件之间所出现的含糊、矛盾和不一致性做出解释和校正，并应就此向承包商发出指令。

（二）行使和履行合同中规定的权利义务。包括作出决定，表示意见或认可，作出批准，决定价格，调解争执等。并应按照合同规定及时批准承包商提交的图纸，发布指令或批准合同执行文件、付款证书，如预付款支付证书、期中支付证书、保留金支付证书、最终支付证书等。

（三）无权修改合同，无权解除业主或承包商任何一方根据合同规定的权利、义务和责任，如不能超越合同权力范围给承包商免责等。确有必要修改合同条款的，需经过业主的批准程序予以确认。

（四）批准承包商拟选定的分包商。如果没有其批准，承包商不得将工程的任何部分分包出去，但劳务分包、采购符合合同规定的材料和合同中已指定的工程分包商除外。

（五）按照合同规定行使工程进度、质量和安全控制的权利。如下达开工令、审查承包商提交的详细进度计划、指令停工或加速进度等；对材料、设备、工艺和工程进行检查、认可以及在不符合合同规定情况下的处置；安全监督和控制。

（六）对工程变更，下达变更指令，并确定变更所涉及的合同价格的调整和工期的顺延。

（七）负责按照合同规定，验收已基本竣工部分工程或全部工程，颁发工程移交证书。在工程保修期结束后，按合同规定向承包商发放工程最终接受证书。

（八）负责处理业主和承包商之间的索赔和反索赔事务。

四、承包商的合同管理职责

承包商是项目合同的执行者和实施者，合同管理是其项目管理的核心管理工作，应通过实施具体的合同管理工作，促进项目合同的履约，保障项目合同目标的全面实现。在合同管理工作中，项目经理和合同管理工程师是最为关键的角色。具体体现在：

（一）项目经理的合同管理职责

项目经理是企业在工程项目上的委托代理人、一次性授权管理者和责任主体。项目经理是项目管理的核心人物，是项目管理目标的承担者和实现者。项目经理对项目的实施进行控制，既要按照项目管理的成果性目标向业主负责，又要按照项目管理的效益性目标向企业负责。由此决定了项目经理在合同管理中的角色、责任和内容：

1. 项目经理在合同管理中的角色和责任

（1）合同履约的负责人

项目合同是规定合同双方责、权、利，具有法律约束力的契约文件，是处理双方关系的主要依据，也是规范双方的行为准则。项目经理是企业在项目上的全权委托代理人，代表企业处理合同履行过程中的一切重大事宜，包括合同的实施、变更调整、违约处罚等，对合同履行负主要责任。

（2）项目计划的制定和执行监督人

为了达到预定的合同目标，项目经理要预先组织人员制定周全而且符合项目实际情况的计划，包括工作的目标、原则、程序和方法。便于项目部全体成员围绕共同的目标，执行统一的原则，遵循规范的程序，按照科学的方法协调一致地工作，取得最好的效果。

（3）项目组织的指挥员

项目合同管理涉及众多的部门、专业、人员和环节，是一项系统工程。为了提高项目合同管理的效率和节省项目的管理费用，要进行良好的组织和分工。项目经理要确定项目组织的原则和形式，为项目部人员提出明确的合同目标和要求，充分发挥每个成员的作用。

（4）项目协调工作的纽带

项目实施的成功，不仅依靠项目部的工作，还需要业主、项目管理公司、分包单位的协作配合等。项目经理应该充分考虑各方面的合理和潜在的利益，建立良好的关系，协调好各方面的关系。同时项目经理要充分利用所在企业的各种资源，定期向企业提供合同履行情况的详细报告，主动寻求企业相关管理部门的支持和帮助，及时处理合同履行中的疑难问题，确保合同顺利履行。

（5）项目控制的中心

对项目合同工期、质量、安全和成本的控制是项目效益的重要因素，也是项目合同考核的主要指标。项目经理是项目控制的中心，要运用先进的项目管理技术对项目的工期、质量、安全和成本进行综合有效的控制。制定执行效果测量标准，对工作进展情况进行分析，采取纠正偏差的措施，保证项目的正常运行。

2. 项目经理在合同管理中的工作内容

（1）健全合同管理机构，确保人员到位、职责清晰。

（2）组织制定合同管理制度，并根据合同规定的变更和索赔程序开展具体的变更和索赔工作。

（3）组织项目管理人员确定项目工期、质量、安全和成本等合同管理工作目标，并将合同目标分解至具体的部门、人员和项目活动，做出合同风险预测报告。

（4）组织项目部领导班子和全体管理人员学习合同文件，进行合同风险交底。

（5）组织相关部门建立起系统、科学的合同管理归档制度，收集、整理和保存有关合同事件和活动的一切资料、信息，并有效利用这些文件。

组织相关部门对合同履行情况进行定期或不定期的检查和分析，发现偏差和问题，并采取有力的措施解决相应的问题，确保合同的顺利执行。

（二）合同管理工程师的合同管理职责

合同管理工程师是项目合同管理工作的策划者、组织者和实施者，其作用的充分发挥将对项目合同的执行产生一定的影响。其主要合同管理职责体现在：

1. 在合同谈判和签订阶段，认真组织研究合同文件和内容，提出合同偏差意见，并与业主认真进行合同条款的澄清和谈判，努力在正式合同签订前为承包商营造一个公平和合理的合同条件，便于项目合同的顺利执行。

2. 组织编制项目合同管理工作计划。包括合同管理的工作目标、工作任务、目标分解和落实合同管理的责任，按照项目分类分级合同管理体系，制定项目合同管理办法和程序，并组织实施。

3. 认真组织做好合同的交底工作。编制合同交底计划和方案，组织项目部全体成员认真学习合同内容，包括合同协议书、合同通用条款和特殊条件，工作量范围、图纸和规范以及合同附件内容，便于项目管理人员在实际工作中按照合同规定规范自己的活动和行为。

4. 负责项目部各类合同文件的起草，参与各类合同的评审、签订、变更和终止等管理工作，并负责已签订合同文件的分发、保管和归档工作。

5. 重点跟踪项目主合同和分包合同履行情况的监督和检查，发现问题及时向项目管理层汇报，并提出解决问题的建议，督促采取有效的措施解决影响合同执行的问题，保障各类合同的正常履行。

6. 结合项目合同的实际执行情况，做好工程变更、索赔策划和实施工作。组织项目部管理人员及时对合同中出现的变更和索赔事件，进行分析和研究，并注重有关与业主、分包商来往信函、资料的搜集和整理，为工程变更和索赔以及分包商的反索赔提供有效的依据，同时注重事件的时效性，按照合同规定的变更和索赔程序向业主提交相应的变更和索赔事件，并组织与业主进行有关工期和费用问题的谈判、确定。

7. 认真做好合同的关闭工作。对合同关闭工作中涉及的业主对承包商完工证书的发放、已完工程的移交、与业主和分包商工程款项的结算和尾款的支付，最终责任释放证书的取得等，做好统筹规划和落实工作。

8. 按照合同规定积极处理承包商与业主和分包商之间发生的违约事件，争议的友好和合理解决。

第三章

保函与担保管理

第一节　保　　函

一、保函

根据索偿条件和转让条件的不同，保函（Guarantee）一般分为有条件保函（Conditional Guarantee）和无条件保函（Unconditional Guarantee）。有条件保函是指业主根据保函向银行提出索赔是有条件的，要么承包商同意，要么提交仲裁机构的裁决书，否则银行不予受理；无条件保函又可以称为“见索即付保函”（Demand Guarantee），是指业主或保函受益人提出要求，陈述索赔理由并无须得到承包商认可，银行即可受理保函索赔。国际工程项目下的保函大多数属于无条件保函。

目前，国际 EPC/EPCC 工程项目合同中涉及的保函类型主要有投标保函（Tender Security）、履约保函（Performance Guarantee）、预付款保函（Advance Payment Guarantee）、保留金保函（Retention Money Guarantee）、支付保函（Payment Guarantee）等。在审核保函条款时，注意对保函金额、有效期、保函开具的银行国别和级别、开具的时间、保函的份额、释放的条件、保函延期、违约责任及相关要求、保函是否可撤销及无条件支付等细节进行审核，也要注意是否有强制要求采用母公司担保的情形。

二、保函格式

保函格式条款是除合同价格与支付条款之外与承包商资金支付密切相关的条款，一旦承包商合同履约不当，保函项下的费用将面临被业主没收的风险。保函本身也是承包商实实在在放在业主手里的随时可以变现的“钱”，一旦被业主没收变现，承包商的声誉也会相应受到一定程度的影响。因此，保函特别是履约保函被业主没收变现的风险是承包商 EPC/EPCC 项目执行中较大的风险，实践中需要高度重视。

（一）投标保函

投标保函（Tender Security）是投标人在投标时随其投标文件一起提交给业主的保函。由于投标保函是在合同签订前的，EPC/EPCC 合同中一般没有单独的投标保函条款，2017 版 FIDIC 系列合同条件在其通用条款中也并无涉及，但在附录中提供了投标保函的格式。投标保函的用途是保证投标人：1）在投标有效期内不撤标，不修改标价，并接受对其标书中错误的更正；2）在接到中标通知后在招标文件规定的时间内，与业主签订合同并提供符合招标文件要求的履约保函。如投标人违背前述任何一项，业主可以没收其保函。投标保函的有效期一般为投标有效期再加上

28天（FIDIC提供的保函格式中为投标函有效期再加35天），其额度一般约为投标总额的1%—3%。目前，在很多项目中会使用一个固定的金额数作为投标保函金额，以避免泄露投标人的报价。

（二）履约保函

履约保函（Performance Guarantee）是承包商向业主提交的用以保证其正当履行合同的保函。履约保函条款中会说明履约保函的提交时间、格式要求、保函有效期、保函的退还时间及条件、保函索赔的情形等内容。

承包商应在收到中标通知书28天内向业主提交履约保函（2017版FIDIC银皮书为签订合同协议书28天内）。履约保函应当由承包商向业主认可的金融实体申请，以业主为受益人，并采用业主认可的保函格式或合同附件中提供的保函格式。履约保函的有效期应当自生效之日起直到承包商完成工程的设计、采购、施工、竣工、试车（试运行）等合同约定义务及修补任何缺陷，还要说明如果履约保函到期届满但承包商还未能获得履约证书，则履约保函的有效期应当延续到工程竣工和修补缺陷时为止。业主应当在承包商获得履约证书后一定时间内（如5天内）将履约保函原件退还给承包商，还应规定如果合同根据因业主便利终止、由业主违约导致承包商终止、根据法律或不可抗力提前终止，业主应立即将履约保函退还给承包商。

履约保函的额度一般为合同价的10%。合同双方也可根据情况约定，当接收证书签发后，可适当减少保函额度（如减少50%）。承包商可以参考2017版FIDIC系列合同条件中的相关约定。FIDIC将履约保函额度与合同价格变更/调整进行了关联，第4.2.1款“承包商的义务”中规定当变更或调整导致合同价格累计增加/减少超过中标合同金额（2017版FIDIC银皮书中为合同价格）的20%时，如业主要求/同意，承包商应/可相应上调/减少履约保函额度；第11.5款“场外修补有缺陷的工程”规定，如果承包商需要将有缺陷的设备移出现场时，承包商也需相应提高履约保函的额度（增加额度为该缺陷设备的重置费用）。实践中承包商也可就该缺陷设备单独提供保函。

虽然履约保函是见索即付的保函，但是对业主索赔保函的情形应限定说明，业主应保障承包商免受因业主超出其索赔权限对履约保函提出索赔而引起的所有损害赔偿费、损失和开支（包括法律费用和开支）的影响。

业主按照合同规定有权就履约保函提出索赔的情形包括：

1. 承包商未能按规定延长履约保函的有效期，此时业主可以索赔履约保函的全部金额（如果有先前扣减，则业主可以索赔保函全部剩余金额）；

2. 承包商未在达成的商定、决定或者仲裁裁决（视情况而定）做出后42天内支付应付款项；

3. 承包商未在根据改正通知的规定发出通知后的42天内或者通知规定的其他时间内纠正违约行为；

4. 其他根据因承包商违约规定业主有权终止合同的情形，无须业主发出终止通知；

5. 根据场外修补有缺陷的工程规定，承包商将有缺陷的或者有损坏的设备移出现场，但未能在承包商通知中规定的相关期限（或者业主同意的其他期限）届满前修好该设备、将其送回现场并重新安装和重新调试。

业主在向担保人提出保函索赔时，需说明承包商违反了合同规定的义务以及违反了哪些方面的义务。担保人无须对违约情况进行核实，只要业主提出的索赔满足保函的形式要件即无条件地支付给业主，但承包商可以基于合同向业主进行追诉。

（三）预付款保函

业主应提前预支一笔无息借款作为预付款用于承包商开展启动和设计工作，但业主支付预付款的前提条件是承包商提交了预付款保函（Advance Payment Guarantee）和履约保函。预付款保函是承包商向业主同意的银行提出申请，由银行向业主开具一份保函，保证承包商不按合同归还预付款的情况下，银行向业主支付相关款项。预付款保函的目的是防止承包商携款潜逃或宣布破产。

预付款保函条款的主要内容包括保函的提交时间、保函的格式要求、金融机构的要求、保函的有效期、额度及调整规则等。承包商应当在提交预付款发票时提交预付款保函，预付款保函的格式一般由专用条件或合同附录提供，主要包括委托人（承包商）；受益人（业主）；开具保函的事由；保函的额度及调整规则；业主索赔保函的条件；预付款保函生效的时间；预付款保函的有效期等。预付款保函的有效期应当覆盖预付款扣回整个周期，预付款保函的金额也应按项目进度扣减，扣减至与承包商未偿还的预付款的数额相同，具体做法是承包商向银行递交归还预付款的证明文件，银行按照该证明文件向业主发出对保函金额进行更改的通知。

（四）保留金保函

保留金保函（Retention Money Guarantee）是针对保留金而做出的担保。为确保承包商能够如期保质地完成工程以及在缺陷通知期内履行修补义务，业主会在每次的期中付款中扣留一定比例的款额作为保留金，直到其累计额达到合同数据表中规定的限额（一般为合同总价的5%—10%）为止。上述替代方案在不增加业主风险的前提下缓解了承包商的现金流，因而被业界广泛采用。

保留金保函条款的主要内容与预付款保函类似，但在索赔方面有特殊性。合同中应说明业主在向担保人提出保函索赔时，需说明承包商未能修复根据合同应由其负责修复的缺陷，并列明这些缺陷，还要说明此类缺陷的修复责任大小，并据此确定索赔数额。

国际工程实践中，也存在与保留金保函性质相同的其他保函，如质量保证担保（Warranty Bond）和维修担保（Maintenance Bond）。需要注意的是，FIDIC 提供的保留金保函格式默认保函开具即立即生效，实际操作中承包商可以参照预付款保函的保函条件，注明保函在收到保留金后生效。

（五）支付保函

支付保函（Payment Guarantee）是指业主通过银行向承包商开具一份保函，用以保证业主将按照合同约定向承包商支付工程价款，保证业主不按合同支付承包商的情况下，承包商可以根据保函要求银行予以支付。这是一种保障承包商利益的保函，是银行在业主申请下以承包商为受益人的保函，一般也是见索即付保函。承包商根据支付保函向银行索赔时，只需要证明业主没有支付到期款项，并提供金额证明文件，银行即支付相关金额。支付保函条款的主要内容包括保函的提交时间、保函的格式要求、金融机构的要求、保函的有效期、额度及调整规则等。支付保函的格式可以参考 2017 版 FIDIC 银皮书中支付保函的格式。

承包商在向担保人提出支付保函索赔时，需说明业主按照合同应付合同款但业主在合同规定付款期限过后 14 天内仍未能全额支付以及未支付的金额。在设备采购量较大的工程项目中，也常常引入信用证作为业主的支付手段和工具。这与支付保函的作用有类似之处，都是引用第三方信用为业主的支付义务作保。但不同的是，信用证是第一付款手段，而支付保函作为担保，只有当业主未能履行其支付义务时，承包商才能索赔保函，从保函中获得相应支付。

三、保函注意事项

（一）注意保函总额度、保函转换和释放的条件。保函的费用非常高，一般情况下预付款保函、履约保函及保留金保函三者累计占合同额的 20%—30%，建议争取业主理解，控制总额度不超过 30%。不同保函也存在转换的问题，可以利用保函转换减少保函费用。关于释放条件，一般保函释放到临时接收证书（PCA）结束，也有的合同最晚到最终接收证书（FAC）时释放。甚至有的项目因为材料占比过大（占合同额的 60%—70%），保函释放得非常晚。实践中要特别对保函释放加以关注，及时释放，避免损失。

（二）在涉及保函索付的规定中，应对承包商的补救行为设定一个合理的宽限期，此期间不宜过短，防止承包商未补救完就被索取保函，特别是关于支付索赔款、违约补救行为等具有一定难度的行为。

（三）预付款保函作为预付款支付的前提条件，承包商要尽快办理提交以便尽早获得预付款。在实践中，预付款保函一般与履约保函一并办理并提交，但在预付款保函中会约定保函在承包商收到预付款后立即生效，承包商应保持其在所有预付款偿还完毕之前一直有效。预付款保函的初始额度为业主支付的预付款额，一般为合同总价的10%—15%，特殊情况（如工程设备采购量巨大）时达到20%，甚至更高。由于预付款是分期分批返还的，预付款保函的额度也因此随预付款的返还相应递减。业主在向担保人提出保函索赔时，需说明承包商未能按合同条件返还预付款以及相应的额度。

（四）按业主要求提交履约保函并保持其有效是承包商的重要义务之一，如承包商未能按要求提供履约保函，则视为承包商重大违约，业主有权终止合同。此外，根据预付款规定，提交履约保函也是业主支付预付款的前提条件。履约保函的额度一般为合同价的10%。合同双方也可根据情况约定，当项目完工接收证书签发后，也可适当减少保函额度（如减少50%）。

（五）保留金实质上是一种现金担保。根据2017版FIDIC银皮书，当扣留的保留金达到保留金上限的60%时，承包商可以提交保留金保函以提前获得业主支付的保留金现金。该保留金保函的额度为保留金上限的一半，业主在收到该保函时，应退还同等额度的保留金给承包商，同时在接收证书签发后，退还另一半给承包商。保留金保函的有效期与履约保函有效期一致，承包商应确保保留金保函在履约证书签发并且承包商完成现场清理规定的清理义务之前一直有效。

（六）如果是承包商的融资项目，承包商作为融资主体应关注反担保的问题，关注业主保函是否有支付保函、业主反担保、联合体的反担保，如限中国融资涉外联合体反担保的情况。合同中要约定好卖方信贷和买方信贷的责任和操作过程。需要注意，对受管制国家地区的项目，中信保不接受业主的反担保。

（七）注意对EPC/EPCC合同保函办理的银行级别要求，一般有一级银行（The First Class Bank）的说法，需要提前对工程项目所在国银行评级进行确认，以免保函无效。建议在合同中明确办理担保的金融机构正式名称，开具保函的银行一般会有限定，如所在国银行、当地银行、信用等级符合条件的银行以及短名单内的银行。考虑到保函兑现的风险，特别是见索即付保函的兑付风险，实践中，应尽最大可能争取由中国的银行开具保函，一方面可以降低保函费用，另一方面也可以减小保函索付的风险。因为中国的银行适用中国的法律，一旦发生保函索付，可以通过中国的法律优先保护好国内企业的权益，以避免保函失控。

（八）应注明保函到期的确切日期，确保保函到期后自动关闭，避免保函有效期敞口。鉴于一些保函到期很难返回保函原件，建议在保函格式中明确加上保函到期即作废的规定，此外，还要注意审核履约保函和质保金保函的期限，避免两个保函的有效期交叉。考虑到FIDIC条款规定在质保期内履约保函、质保金保函同时有效，这对承包商非常不利，因此，在实践中要加以注意，争取最好的结果，即保函的有效期尽量短。履约保函的保证期限常规应截止到FAC下发，建议可通过协商谈判，争取到PAC下发，或收到MC证书，后期通过质保金保函覆盖。如果最终接收时间或临时接收时间或MC时间延长，则履约保函的保证期也要相应延长。

（九）“保函就是钱”，这个理念要始终贯穿于项目主要领导和项目执行团队中。承包商在开具保函之前，应做好保函规划，就保函的额度、期限等提前与银行沟通和商谈，争取做好“一揽子”解决方案，使保函额度尽量少，保函期限尽量短，将财务费用和兑付风险降到最低。

（十）建议在保函格式上单独加入URDG 758或UCP 600规则的相关要求，因为保函虽与工程合同相关联，但又具有很大程度的独立性。URDG 758和UCP 600规则可使保函的索付具有一定的限制，在业主或其他方无理索取或日后发生保函争端处理时，承包商有一定的依据。

第二节 担 保

一、履约担保的法律含义

合同的履约担保是保证合同履行的一项法律制度，其目的在于促使当事人履行合同，在更大程度上使权利人的利益得以实现。合同履行的担保是通过签订担保合同或担保条款的方式来实现的。这种合同担保和主合同紧密相关，但又具有自己的特征：第一，合同担保从属于主合同，具有从属性；第二，合同担保一般是由当事人自愿设立的，具有自愿性，当事人可以自行约定担保的方式、担保的范围等。

二、合同的担保方式

（一）保证

保证（Security）是指合同当事人以外的第三人做保证人，由保证人和债权人（被保证人）约定当债务人（被保证人）不履行或者不能履行合同时，由保证人按照约定履行债务或者承担责任。保证具有以下法律特征：

第一，保证属于人的担保范围，它不是用具体的财产提供担保，而是以保证人的信用和其不特定的财产为他人的债务提供担保。

第二，保证人必须是主合同以外的第三人。保证必须是债权人和债务人以外的第三人为他人债务提供担保，债务人不得为自己的债务提供保证。

第三，保证人应当具有清偿债务的能力。保证是保证人以其信用和不特定的财产来担保债务履行的，因此设定担保关系时，保证人必须具有足以承担保证责任的财产，具有代为清偿的能力。

第四，保证人和债权人可以在保证合同中约定保证方式，享有法律规定的权利，承担法律规定的义务。

保证关系是一种合同关系，保证合同一般由保证人与主合同的债权人订立。保证合同是主合同的从合同，应当具备以下内容：

1. 被保证的主债权种类、数额；
2. 债务人履行债务的期限；
3. 保证方式；
4. 保证担保的范围；
5. 保证期限；
6. 双方约定的其他事项。

保证人是从债务人，当他代被保证人履行合同或者承担赔偿损失的责任后，根据代位权的原则，就成为被保证人的债权人，有权向被保证人追偿。

大陆法把保证分为普通保证和连带保证。连带保证是保证人与主债务人对所保证的债务共同承担连带责任，当债务人不履行债务时，债权人可以不向债权人主张权利而直接向保证人提出履行债务的要求。

英美法把保证分为担保和保证。这里的保证与大陆法的普通保证含义相同，担保则类似于大陆法的连带保证。

我国担保法把保证区分为一般保证和连带责任保证，对保证人、保证合同和保证方式、保证责任等均作出了明确规定。

（二）抵押

抵押（Mortagage）是指债务人或者第三人向债权人提供一定的财产作为抵押物，用以担保债务的履行，债务人不履行债务时，债权人有权依照法律的规定将抵押物折价或者从变卖抵押物的价款中优先受偿。抵押法律关系的当事人为抵押人和抵押权人，客体为抵押物，因抵押法律关系所产生的权利为抵押权。抵押权的基本特征是：

第一，抵押权是一种他物权；

第二，抵押权是一种从物权；

第三，抵押权是一种对抵押物的优先受偿权；

第四，抵押权具有追及力。

采用抵押担保时，抵押人和抵押权人应当以书面形式订立抵押合同，抵押合同应包括以下内容：

1. 被担保主债权的种类和数额；
2. 债务人履行债务的期限；
3. 抵押物的名称、数量、质量、状况、所在地和所有权权属；
4. 担保的范围；

5. 其他事项。

有些国家把抵押担保分为抵押权和质权两种，抵押权的标的仅限于不动产，并不转移抵押物的占有，质权的标的是动产并转移占有。我国担保法中规定的抵押是抵押人不转移对抵押物的占有，抵押物也不限于不动产。

（三）定金

定金（Earnest）是双方当事人订立合同时规定由一方预先付给对方一定数额的金钱或其他有价代替物。定金的担保作用是通过定金罚则来实现的：根据大多数国家的规定，交付定金后，交付方不履行合同时，即丧失定金；接受定金方不履行合同时，应加倍返还定金。但也有些国家（英国、法国等）规定在退还定金时，无须加倍。定金作为担保的一种方式，具有以下特点：

第一，定金合同的成立不仅需要双方当事人的意思表示一致，而且还必须有交付定金的行为；

第二，定金担保的主合同，一般是支付金钱债务的合同。

定金与预付款有所区别，主要表现在以下两个方面：首先，预付款的交付属于履行债务的行为，没有担保的作用；其次，当事人违约时，定金起着制裁违约方并补偿受损害方的作用，而预付款则不具有此作用。

定金也不同于违约金，定金是合同的一种担保方式，而违约金是对违约的一种制裁手段，违约金并不事先给付。

定金是经济活动中较常用的一种担保方式，我国担保法对定金的内容作了全面的规定。

（四）留置

留置（Lien）是指合同的当事人，依照合同的约定，一方占有对方的财产，对方不按合同给付应付款项并超过约定期限的，占有人有权留置该财产，并依法律的规定，从留置财产的折价或变卖的价款中优先受偿。留置这种担保方式，常用于仓储保管合同、加工承揽合同以及货物运输合同。留置权具有以下特征：

第一，留置权是一种从权利，它以担保债权实现为目的，为担保债务人履行其合同而设定；

第二，留置权属于他物权，留置权人有从留置的债务人财产的价值中优先受偿的权利；

第三，留置权是一种法定担保方式，它依法律的规定而发生，非依当事人之间的协议而成立。

（五）母公司担保

EPC/EPCC 项目合同中要求在本合同签署之前，承包商应提交一份由承包商最终控股公司（Ultimate Holding Company）正式签署的母公司担保（Parent Company

Guarantee)，母公司担保有时是作为承包商获得任何付款的先决条件，其有效期一般覆盖到承包商在合同项下的所有义务和责任完全履行为止。母公司担保条款内容一般包括母公司担保的格式要求、提交时间、有效期、担保人的特殊情况等内容。

1. 开具母公司担保应注意：如果业主要求承包商提供母公司担保，原则上应视情况约定，承包商应尽量与业主协商不开具母公司担保。如果按照业主要求承包商必须提供母公司担保时，担保内容应简洁实用，避免担保条款过于复杂化和担保责任过于宽泛化。

2. 一般在如下投标条件下，母公司才可能同意出具母公司担保：① 项目报价/合同价格毛利率原则上不低于5%—10%；② 项目报价/合同价格中风险储备率能够满足风险管理规定；③ 项目合同风险总体可控；④ 母公司担保条款风险可控。

3. 开具母公司担保办理程序如下：

（1）申请单位履行内部审批程序后，向母公司提交担保申请及完备资料，主要包括：① 办理母公司担保事项申请报告；② 项目经济效益分析报告，主要需明确说明项目盈利预测水平和预计毛利率；③ 风险分析报告，须专设章节进行母公司担保条款风险分析如境外项目发包方（业主或总承包商等）在招标阶段未提出，但在中标后要求承包商提供母公司担保的，项目执行主体应结合投标阶段项目风险分析，针对母公司担保条款做进一步风险审查，提出审查意见；④ 招标文件（或合同、授标函等）；⑤ 母公司担保格式文本和法律意见等。

（2）母公司相关部门对上报的相关材料进行组织评审，并出具评审意见。申请单位要根据评审意见修改完善或进一步做出书面澄清。对未能通过评审或评审认为项目预计盈利水平未达到要求的，不允许出具母公司担保。

（3）评审通过后，履行母公司相关部门的会签程序。

（4）按照母公司内控管理程序，由相关部门牵头向母公司主要领导汇报，并在此基础上提交母公司党委会或领导班子会汇报和审议，出具决策意见。

（5）审议通过后，以母公司名义出具的母公司担保，由公司法人代表或被授权人签发母公司担保。

第三节　保函与担保管理

一、保函管理

在项目执行期间，承包商要加强保函的管理和控制，一是防止自身银行保函被兑现的风险；二是对其分包商开具的保函进行管理，即分包商开具保函的银行应同样为信誉良好的银行，且保函的内容经审核符合合同要求；三是如果银行要求保函到期后应归还原件，则注意在保函释放后将保函原件回收并交给开具银行，避免因保函约定时间到期而保函原件没有归还开具行（一些国家法律约定只要保函原件没有归还，不管保函约定时间是否到期仍视为有效）的风险；四是合同价格调整时，履约保函的保额也要随之调整；五是对保函开具银行的相关信息应进行管理，注意及时更新信息；六是如遇保函失效，必须及时处置。

二、担保管理

在合同履行期间，担保总体上是以保障债权人利益为导向的一种法律制度。因此，从债务人的角度出发，或者说从工程承包商的观点出发，为避免担保的结果行为付诸实施，就需要加强担保的控制和管理。对于工程承包商来说，一是要提高对担保本身法律性质的理解和认识，意识到合同履约出现重大问题时可能面临的担保或保证风险；二是在办理担保之前，必须认真审查担保条款中的关键条款，识别其中的风险，并制订相应的风险防控措施；三是注重合同履约意识，在项目执行过程中加强合同履约的管控和保证；四是做好担保或保证一旦实施前的应急处理方案，防患于未然，提前谋划和统筹好各项工作；五是关注项目合同执行过程中的索赔与反索赔工作，在重大合同履约问题上，坚持与业主有理有据、敢于博弈，尽最大努力去争取和维护承包商的合法权益。

第四章
承包商合同履行过程管理

合同履行过程管理指参与项目的各方均应在合同实施过程中自觉地、认真严格地遵守所签订合同的各项规定和要求，按照各自的职责，行使各自的权利、履行各自的义务、维护各方的权利，发扬团队精神，处理好“伙伴关系”，做好各项工作，使项目目标得到完整的体现。它既包括业主的合同管理，又包括承包商的合同管理，同时也涉及项目实施过程中合同各方关系的处理等内容。本章将从承包商角度出发，详述有关合同准备、合同管理程序和合同管理工作。

第一节 开工前的合同准备

国际工程合同，尤其是 EPC 总承包合同，其规模性和复杂性日益突出，加上项目投资多元化特点，合同实施的难度越来越大。这就要求在合同实施前，要做好相应的合同准备工作，包括合同的交底、合同管理工作计划的制订和合同实施保证体系的建立。

一、合同交底

一般来说，企业内部的专业化职能划分中，项目市场开发部门和项目执行部门往往是分离的。项目市场开发部门负责项目的市场开发工作，包括项目立项（含投标决策）、投标报价组织、合同谈判以及合同签订工作；而项目的实施和合同的履行工作则由项目执行部门组织或协调内部承包单位作为项目执行主体来具体实现。尽管在现阶段的项目投标安排上，也注意到了这个问题，将初步拟定的项目经理或关键项目管理人员也列入项目投标团队中，参与全过程的项目投标和合同谈判签订，但因所拟定的项目经理或关键项目管理人员不可能完全掌握合同文件内容的全部细节，所以仍然不可避免地会造成合同签订与执行之间的脱节或非连贯性，也容易导致在合同实施过程中对合同文件或内容的执行偏差，偏离项目的目标。因此，合同交底是有效避免因专业化管理出现盲区而导致合同签订与执行“脱节”的关键环节，以实现合同签订与项目执行两阶段的顺利过渡。

合同交底，就是在企业内部由市场开发部门派出的项目报价经理牵头，组织投标报价团队人员将项目的报价策略、合同条件、业主要求、投标澄清文件或记录、中标文件以及合同执行的外部环境等信息解释和传递给项目经理和项目执行相关人员，让他们充分了解到合同责任、工作范围、图纸和规范要求、工程进度以及各种行为的责任或法律后果等内容，避免在项目执行中因业主和承包商信息不对称而产生纠纷或争议，保证项目按约执行。

（一）合同交底的必要性

为了保障项目合同信息流的畅通，进行合同交底非常必要。在实际项目实施过程中，项目部一些管理人员不去阅读和研究合同文本，只是凭经验或感觉做事，而把合同文本束之高阁，出现问题了才去查找合同文件内容，这样的情况不少见。另外，也存在着项目部各管理人员，只去了解和熟悉本岗位所涉及的合同文本内容，而忽略或缺乏对合同整体内容其连贯性的熟悉和掌握，对项目的正常运行非常不利。合同交底工作的必要性表现在以下几个方面：

1. 合同交底是项目执行人员了解合同和完整理解合同的需要。

合同是承包商履行义务和保护自身合法权益的依据。因此，项目执行人员必须熟悉合同的全部内容，并对合同条款等全部合同文件有一个完整的理解和认识，以避免不了解或对合同理解不一致带来工作的失误或偏差。由于项目执行人员知识结构和水平的差异，加之合同文件繁多、条款复杂，合同语言难以理解，因此很难保证每个人员都能“吃透”合同内容和合同条款之间的关系，这样势必影响其在实际遇到问题时处理办法或方式的正确性或有效性，影响合同的全面实施。因此，在合同签订后，合同管理人员组织对项目执行的全体成员进行合同交底非常必要，特别是合同工作范围、合同条款的理解和执行难点。

2. 合同交底是规范项目全体执行人员工作的需要。

界定合同双方当事人（业主与管理商、业主与承包商、管理商与承包商）的权利义务界限，规范各项工程活动行为，提醒项目全体执行人员注意执行各项工程活动的依据和法律后果，以使在项目实施中进行有效的控制，是合同交底的基本内容之一，也是规范项目工作的必经程序。尽管由于不同的承包商对其所属的项目部成员的职责分工要求不尽一致，工作习惯和组织管理方法也不尽相同，但面对特定或具体的项目，其工作都必须符合合同的基本要求和合同的特殊要求，必须用合同规范自己的工作。通过交底，可以让项目执行人员进一步了解自己权利的界限和义务的范围、工作的程序和法律后果，确立自己在合同中的角色，有效防止由于权利义务的界限不清引起的内部职责争议和外部合同责任争议的发生，提高合同管理的效率。

3. 合同交底不仅有利于发现合同问题，也有利于合同风险的事前控制。

合同交底就是合同管理人员向项目执行人员介绍合同意图、合同关系、合同基本内容、业务工作的合同约定和要求等内容，包括合同分析、合同交底、交底的对象提出问题、再分析、再交底的过程。因此，它有利于项目部成员领会意图，集思广益，思考并发现合同中的问题，如合同中可能隐藏着的各类风险、合同中的矛盾条款、用词含糊及界限不清条款等。合同交底可以避免因在工作过程中才发现问题带来的措手不及和失控，同时也有利于调动全体项目执行人员识别风险，进行风险评估和完善合同风险防范措施，提高他们的合同风险防范意识。

4. 合同交底可以提高项目全体执行人员的合同意识，使合同管理的程序、制度及保证体系落到实处。

合同管理工作包括建立合同管理组织、保证体系、管理工作程序、工作制度等内容，其中比较重要的是建立诸如合同管理办法、合同跟踪管理、合同变更管理、合同争议处理等工作制度，其执行过程是一个随实施情况变化的动态过程，也是全体项目成员有序参与实施的过程。每个人的工作都关系着合同能否按计划合同管理的程序和制度施行，并采取积极的措施防止和减少工作失误和偏差。为实现这一目标，在合同实施前进行详细的合同交底是必要的。

（二）合同交底的程序

合同交底是企业合同管理人员向项目管理职能部门和项目部成员陈述合同意图、合同要点、合同执行计划的过程，通常可以分层次按一定程序进行。合同交底层次一般可分为三级：第一，企业合同管理人员向企业项目管理职能部门和项目经理交底；第二，项目经理向项目部专业负责人交底；第三，项目部专业负责人向其下属执行人员交底。这三个层次的交底内容和重点可根据被交底人的职责有所不同，各有侧重，合同交底程序如下：

1. 合同管理人员向项目经理和企业相关项目管理职能部门进行合同交底

目前，工程承包企业大多实行项目经理负责制和矩阵式管理模式。项目经理是项目执行的代表，负责整个项目的执行工作，充分获得合同项目的各种信息是项目顺利执行的根本保证；企业相关项目管理职能部门，是协调和监督项目实施的责任者，只有充分了解合同内容和要求后，才能为项目的执行提供有效的协调和管理服务职能。

对于一些简单的小型项目，合同交底工作可以采用书面的方式进行。由合同管理人员编写合同交底内容，然后由项目经理签发，印发至项目执行的全体人员熟悉和了解，便于在实际工程活动中遵照执行。

对于相对复杂的项目，可以采用会议的方式进行合同交底工作。在合同交底会上，合同管理人员应全面陈述合同背景、合同工作范围、合同目标、合同执行要点及特殊情况处理，解答项目经理和相关项目管理部门提出的问题，最后形成书面合同交底记录。

2. 项目经理向项目部专业负责人进行合同交底

此层面的合同交底工作通常通过合同工作分解来实现。进行合同工作分解是落实合同履行管理责任制的前提。项目经理根据合同内容的要求，确定合同目标，并将合同目标按照工作分解结构进行合同工作分解，将合同工作目标逐一落实到项目部每一个工作岗位。

在实际工作中，合同工作分解结构（CWBS）应与工程项目的工作分解结构（WBS）相对应，因为合同工作分解结构是出于管理考虑的，通过合同工作分解结构的方式可以建立一种管理项目任务的渠道，使得项目工作范围被完整地管理起来，并使合同目标逐级分解细化落实到项目运行的具体工作岗位。对于 EPC 总承包合同，应从设计、采购和施工三个方面按照总承包合同定义的工作范围进行总承包合同的工作分解，进而依此来确定合同工作分解结构。

在进行合同工作分解时，应从尽量减少合同履约风险和便于进行合同履行管理的角度出发，按照项目的工作分解结构对合同工作进行逐级分解。在分解的过程中，为加强合同的费用控制目标，还可根据合同履行管理控制需要在不同的分解层次或不同的工作项上加载费用管理内容，以利于全方位、全过程地进行合同履行管理。

3. 项目部专业负责人向其下属执行人员进行合同交底

此层面的合同交底工作通过合同任务的分派来实现，是完成合同任务的保证。合同任务要兼有定性和定量指标，即既要有具体的工作任务范围描述，又要有具体完成合同的安全、质量、时间进度和费用控制要求，与其责权利相挂钩，并通过建立合同任务考核机制，来约束和激励项目执行人员更好地完成其所承担的合同任务。

4. 信息反馈

项目经理和相关项目管理职能部门将交底情况反馈给项目合同管理人员，由其对合同执行计划、合同管理程序、合同管理措施及风险防范措施进行进一步修改完善，最后形成合同管理文件，下发各执行人员，指导其活动。

合同交底是合同过程管理的一个关键环节，也是开工前合同准备的一项重要内容，需要各级管理和技术人员在合同交底前，认真阅读合同，进行合同分析，发现合同问题，提出合理建议，避免“走形式”，以使合同管理有一个良好的开端。

（三）合同交底的内容

合同交底是以合同分析为基础、以合同内容为核心的交底工作，因此涉及合同的全部内容，特别是关系到合同能否顺利实施的核心条款。合同交底的目的是将合同目标和责任具体落实到各级人员的工程活动中，并指导管理和技术人员以合同作为行为准则。合同交底一般包括以下主要内容：

1. 工程概况及合同工作范围；
2. 合同关系及合同涉及各方之间的权利、义务与责任；
3. 合同工期控制总目标及阶段控制目标，目标控制的关键线路说明；
4. 合同质量控制目标及合同规定执行的规范、标准和验收程序；
5. 合同对本工程的材料、设备采购及验收的规定；
6. 投资及成本控制目标，特别是合同价款的支付及调整的条件、方式和程序；
7. 合同双方争议问题的处理方式、程序和要求；

8. 合同双方的违约责任；
9. 索赔的机会和处理策略；
10. 合同风险的内容及防范措施；
11. 合同文档管理的要求等。

二、合同管理工作计划

合同管理工作计划是以项目合同文件为依据，通过合同分析、制定合同风险控制策略和相关的专项工作计划的保障，旨在实现项目工期进度、质量、安全和成本目标的一项活动。

（一）合同分析

通常情况下，合同分析主要包括以下几个方面的工作：

1. 合同文件的组成及相互之间的关系

一个完整的项目合同文件，包括签字的合同或协议文本，合同通用条款、特殊条款，工作量范围描述、计量规则、图纸和规范、项目管理指南、专业管理要求、保函格式、机械完工证书格式、临时接收证书格式、最终接收证书格式等一系列配套的附件内容。另外，在投标阶段所形成的招标文件、投标文件及澄清补遗文件等也可能会成为合同执行过程中变更或索赔的依据。

因此，在实际合同分析中，首先，要重视合同文件的完整性；其次，对合同文件中条款之间、文本之间的相互依存关系，要进行充分和贯穿的理解；最后，通过分析，要找出合同文件中遗漏的内容或文本之间互相矛盾的地方，提前做好记录或备案，避免在项目执行过程中己方责任和义务的增加而带来的工期或成本影响。

2. 合同实质性内容和要求

合同分析的根本任务，就是要熟悉和了解合同的实质性内容和要求。合同的实质性内容和要求是合同的核心条款和要求，与合同交底的内容是相一致的。

（二）合同风险识别和防范

国际工程承包是一项充满风险的事业。在国际工程承包市场上，承包商以投标的形式争取中标，拿到项目的过程竞争激烈。承包商如果拿不到项目，就无利润可谈，如果仅仅拿到项目，但由于投标报价较低，或合同文件中有许多对承包商执行项目不利的条款以及项目执行的一切妨碍因素，将会对承包商较好地履行合同，获得预期的目标利润造成一定的影响。有人称国际工程承包市场为“风险库”，并不过分。但国际工程市场对各国承包商仍然有着极大的吸引力，因为在国际工程承包中，风险和利润是并存的，没有脱离风险的纯利润，也不可能有无利润的纯风险。关键在于承包商能不能在项目执行的过程中，善于识别、管理和控制风险。

1. 合同风险识别

国际工程和国内工程相比，风险要大得多。由于国外承包工程涉及工程所在国的政治和经济形势，有关进口、出口、资金和劳务的政策和法律法规以及外汇管制办法等，而且还可能遇到不熟悉的地理和气候条件、不同的技术要求和规范以及与当地政府部门的关系等问题，这就使国际工程承包商处于复杂且变化多端的环境中，可能产生风险的因素也极为广泛。

（1）政治风险

政治风险是指工程承包市场所处的国家和地区的政治环境，政局不稳定可能会给承包商带来项目执行中的影响。

如战争或内乱，建设项目可能被终止或毁约，施工现场会直接、间接地遭受战争的破坏或不得不中止施工，工期被迫拖延，项目成本增大。承包商为保护其人员生命财产而撤退回国或转移他处，或者为保护现场施工设备而采取保护措施等，都会被迫支付额外开支等。在这些情况下，业主和承包商可能都会遭到巨大损失，承包商有时只得到极少的赔偿，甚至大部分情况下根本得不到任何补偿。

在当今的中东或非洲国际工程市场，项目所在国时常会受到来自某些国际组织、西方大国的制裁与禁运，造成项目施工所需要的设备或施工材料无法从所在国外运输到施工现场，直接导致现场施工的暂停或间歇式停工。

另外，项目所在国家政府管理、社会风气等方面的影响，如当地政府办事效率高低，政府官员廉洁与否等，都会直接或间接影响到工程的正常进行。

（2）经济风险

经济风险主要指承包市场所处的经济形势和项目所在国国家或企业的经济实力及解决经济问题的能力。

①通货膨胀。这是一个全球性问题，在某些发展中国家更为严重。如果合同中没有调价条款或调价条款不全面，漏掉了某些涨价风险的补偿机制，必然会给承包商带来损失。

②外汇风险。工程承包中经常遇到的外汇问题有：工程所在国外汇管制严格，限制承包商汇出外币；外汇浮动，当地币贬值；有的业主对外币延期付款，而利率很低，但承包商向银行贷款利率较高，因而出现倒贴利率差；订合同时所订的外汇比例太低，不够使用；订合同时选定的外币贬值等。

③国家保护主义。有些国家，特别是发展中国家，在项目合同条款中专门制定了保护其本国利益的规定，如沙特的沙化指标要求和哈萨克斯坦的哈化指标要求等。如规定承包商的人工使用中必须包含对当地人员的雇佣（即使当地人员工作效率低），且必须达到一定的比例，否则将遭到相应的罚款或处罚；规定项目施工必须使用当地生产的材料，即使价格再贵，也要达到一定的比例水平。所有这些，不

同程度地限制了承包商的权利，影响了工程的进展，也额外增加了项目的人工或材料成本。

④业主支付能力差，拖延付款。在合同条款中一般规定，业主在收到承包商提交的合格发票后一定期限内进行付款，这里所说的合格实际上就是个定性问题，难以界定。如果业主资金不足，支付能力差，可能会以发票不合格为理由要求承包商多次修改以拖延款项支付时间。

除以上列举外，承包商可能还会遇到如分包、没收保函和税收歧视等其他经济风险。

（3）技术风险

技术风险指合同中可能存在的地质条件或水文气候不清、技术规范不明以及业主供应材料或设备不及时等所导致的合同执行中的风险。

①地质地基条件。一般业主会提供一定数量的地质和地基条件资料，但不负责解释和分析，因而这方面的风险较大。可能会造成 EPC 承包商进行勘察设计工作量的加大，比如，施工承包商在施工过程中发现现场地质条件与设计出入很大，施工中遇到大量岩石层造成开挖难度加大和工期拖延。

②水文气候条件。由于对工程所在国的自然气候条件估计不足所产生的问题，或者在施工过程中出现异常气候造成财产损失或工期拖延，虽然财产损失可以通过保险理赔得到适当的补偿，但工期补偿则需要与业主尽力协商后才能够争取到顺延。

③技术规范。技术规范要求不合理或过于苛刻，工程量表中说明不明确，都无疑会增加施工的难度，有时还可能导致施工工程量和成本的增加。此外，对施工承包商来说，还可能存在着如施工设计图纸提供不及时、工程变更等其他技术方面的风险。

④业主负责供应的设备或材料的问题。如果质量不合格或者供应不及时，可能会导致返工，或影响到下一道施工工序的执行，有时甚至引起连锁反应。虽然可以通过索赔得到工期或成本的补偿，但同样会对项目的执行带来不利的影响。

（4）公共关系等方面的风险

公共关系是指承包商与业主之间、与项目管理商之间，或者联合体内部各方的关系等。

①与业主的关系。如业主工作效率低下，延误办理承包商的各种材料、设备、人员的进关手续，延误支付，拖延签发各种证书等。

②与项目管理商的关系。如已完工的工程得不到及时的确认或验收，项目管理商不及时确认进场材料等。

③联合体内部各方的关系。联合体各方之间虽然以联合体协议为纽带，将相互

的责任和权利联系在一起，但实际由于联合体各方是临时性伙伴，短时间合作也彼此不了解，很容易因为责任或利益冲突而产生企业之间或人员之间的矛盾，也会影响合作。

（5）管理方面的风险

管理方面的风险，也是直接影响项目执行的一个关键因素。

①项目经理的个人能力和素质满足不了实际需要，项目班子成员的配备不齐全、知识结构和能力水平不匹配，不能形成有效团结的合力和一致对外的能力。

②项目管理部机构不健全，缺少关键岗位人员等。项目部一些管理人员缺乏对业主或对外沟通和交流的能力，不利于问题的处理和解决。

另外，可能还存在着对当地雇员、租赁设备，当地分包商或供应商管理的风险，缺乏这方面的管理经验和能力，极可能造成使用过程中失控，势必影响项目的正常执行。

2. 合同风险评估

合同风险评估，就是在合同风险识别的基础上，由项目部组织专业人员对项目执行中可能存在的各种风险因素，进行分析、讨论、分类、排序，对每个风险发生的可能性和影响程度进行合理打分，最后加权计算，得出风险类别很大、比较大、中等、不大等排列顺序，进而制定相应的合同风险管理和防范的措施。

3. 合同风险的管理和防范措施

合同风险的防范，可以从风险的回避、分散和转移、自留和控制等几个方面着手：

（1）风险的回避

在项目开始执行之前，要充分研究合同条款，分析可能回避的合同风险因素，并通过在合同履行过程中修改、补充合同中有关规定或条例以及采用其他方式来解决。如承包商资金的垫付，如果数额过大，则可能从项目伊始就背负着沉重的财务负担，不利于项目资金流的有效循环，为了避免这个问题，一方面要争取业主的预付款及时到位，另一方面可以充分利用企业本身其他项目剩余的设备材料，还可以通过采用在当地租赁、指令分包商自带设备或一部分施工材料来减少自身资金的垫付。

（2）风险的分散和转移

国际工程承包商常用的转移风险方式是向分包商转移风险。在分包合同中，通常要求分包商接受主合同文件中的各项合同条款，作为分包合同的附件，实现“背对背”支撑效应，使分包商分担一部分风险。也有的承包商直接把风险比较大的工程部分分包出去，将业主规定的误期损害赔偿费如数订入分包合同，将这项风险转移给分包商。

（3）风险自留和控制风险损失

对于那些无法回避或分散和转移的风险，只能采取自留和控制风险损失的方式来处理。一方面，要合理利用投标报价中所预留的风险管理费（或不可预见费），编排使用计划，建立专项费用使用的决策和管理程序；另一方面，做好合同索赔工作也是减少风险损失的重要措施之一。

（三）相关的专项工作计划

合同管理工作计划，从管理的辐射范围出发，还应涉及相关的专项工作计划。

1. 工期进度控制计划，包括工期总目标、里程碑计划、关键工期线路分析、进度控制措施等。

2. 质量管理工作计划，包括质量管理目标、管理方法、管理程序和管理工作措施等。

3. HSE 管理工作计划，包括管理目标、管理方法、管理程序和管理工作措施等。

4. 成本管理工作计划，包括成本目标、费用分解计划、管理方法、管理程序和管理工作措施等。其中涉及保函和保险的管理方法和程序等内容。

5. 人员动迁计划，包括人工时计划、人员分阶段动迁计划安排、动迁的组织和实施等。其中涉及雇佣当地人员计划等内容。

6. 设备机具动迁计划，包括设备机具需求清单、动迁的计划安排、组织和实施等。其中涉及设备机具租赁计划等内容。

7. 工程分包工作计划，包括工程拟定分包的范围、分包方式、分包商选择名单、分包管理方法等内容。

三、合同实施保证体系

为了促进合同管理工作有秩序、有计划地进行，必须建立工程承包合同实施的保证体系。

1. 落实合同责任，实行目标管理

在合同交底和合同管理工作计划的基础上，建立健全项目部合同管理分级分类管理体系，落实合同责任，实行目标管理。

（1）建立健全项目部合同管理分级分类管理体系。一是在项目班子成员中，除项目经理外，设一名项目副经理，专门负责项目合同管理与控制全方面的工作；二是在项目部职能机构中，专设合同控制部，配备相应的法律顾问人员，负责项目所在国法律、法规和政策的指导，保证承包商执行项目行为的合法性，同时配备有丰富经验的合同管理工程师，分别负责主合同管理、分包合同管理、综合合同管理工作；三是在项目部各职能部门中，设置兼职合同管理员，分别负责各自部门职责范围内所涉及的合同技术业务处理和管理事宜。

（2）将各种合同事件的责任分解落实到各工程小组或分包商，使他们对合同事件表（任务单、分包合同）、施工图纸、设备安装图纸、详细的施工说明等，有十分详细的了解。并向他们对工程实施的技术和法律问题进行解释和说明，如工程的质量、技术要求和实施中的注意点、工期要求、消耗标准、相关事件之间的搭接关系、各工程小组（分包商）责任界限的划分、未完成责任的影响和法律后果等。

（3）在合同实施前与其他相关的各方面，如业主和管理工程师沟通，召开协调会议，落实各种安排。

（4）在合同实施过程中还必须进行经常性的检查、监督，对合同作解释。

（5）合同责任的完成必须通过其他经济手段来保证。对分包商，主要通过分包合同确定双方的责权利关系，保证分包商能及时地按质按量地完成合同责任。如果出现分包商违约行为，可对他进行合同处罚和索赔。对承包商的工程小组可通过内部的经济责任制来保证。在落实工期、质量、消耗等目标后，应将这些目标与工程小组的经济利益挂钩，建立一整套经济奖罚制度，以保证目标的实现。

2. 建立合同管理工作制度和程序

在工程实施过程中，合同管理的日常事务性工作很多。为了协调好各方面的工作，使合同管理工作程序化、规范化，应订立如下几个方面的工作程序：

（1）定期和不定期的协调会制度

在项目执行过程中，业主、管理工程师和各承包商之间，承包商和分包商之间以及承包商的项目管理职能人员和各工程小组负责人之间都应有定期的协调会。通过协调会可以解决以下问题：

①检查合同实施进度和各种计划落实情况；

②协调各方面的工作，对后期工作做安排；

③讨论和解决目前已经发生的和以后可能发生的各种问题，并做出相应的决议；

④讨论合同变更问题，做出合同变更决议，落实变更措施，决定合同变更的工期和费用补偿数量等。

承包商与业主，总包和分包之间会谈中的重大议题和决议，应用会谈纪要的形式确定下来。各方签署的会谈纪要，作为有约束力的合同变更，是合同的一部分。合同管理人员负责会议资料的准备，提出会议的议题，起草各种文件，提出对问题解决的意见或建议，组织会议，会后起草会谈纪要（有时，会谈纪要由业主的工程师起草），对会谈纪要进行合同法律方面的检查。

对工程中出现的特殊问题可不定期地召开特别会议讨论解决方法，以保证合同实施一直得到很好的协调和控制。

（2）建立合同管理的工作程序

对于一些经常性工作应订立工作程序，如各级别文件的审批、签字制度，使大家有章可循，合同管理人员也不必进行经常性的解释和指导。

合同管理的工作程序具体包括：

①合同及协议书签署程序；

②合同及委托书评审程序；

③合同文档管理规定；

④合同关闭及客户回访程序；

⑤图纸批准程序；

⑥工程变更程序；

⑦分包商的发票审查程序；

⑧分包商的索赔处理程序；

⑨材料、设备、隐蔽工程、已完工程的检查验收程序；

⑩工程进度付款发票的审查批准程序等。

3. 建立实施过程的动态控制系统

工程实施过程中，合同管理人员要进行跟踪、检查监督，收集合同实施的各种信息和资料，并进行整理分析，将实际情况与合同管理工作计划资料进行对比分析。在出现偏差时，分析产生偏差的原因，提出纠偏建议。分析结果应及时呈报项目经理审阅和决策。

（1）建立文档管理系统

合同管理人员负责合同资料和工程资料的收集、整理和保存工作。这项工作非常烦琐和复杂，要花费大量的时间和精力。工程的原始资料在合同实施过程中产生，应明确责任，要求各职能人员、工程小组负责人、分包商提供：

① 数据、资料的标准化，如各种文件、报表、单据等应有规定的格式和规定的数据结构要求。

② 将原始资料收集整理的责任落实到人，由他对资料负责。资料的收集工作必须落实到工程现场，并对工程小组负责人和分包商提出具体的要求。

③ 尤其是要注重合同执行过程中通信文件的管理和归档。在合同执行过程中，承包商与业主或分包商之间，会经常就一些技术问题（如规范、图纸、执行标准、运行计划）和商务问题（如价格、计量方式、付款问题等）进行电子邮件的通信和往来，这些通信文件和资料可能会对将来的变更、索赔和项目执行等产生一定的影响，也会间接成为认定事实、发生过程和最终达成一定谈判结果的依据。

④ 各种资料的提供时间。

⑤ 准确性要求。

⑥ 建立工程资料的文档系统等。

(2) 工程过程中的检查验收制度

合同管理人员应主动地抓好工程和工作质量，协助做好全面质量管理工作，建立一整套严格的质量检查和验收制度，例如，每道工序结束应有严格的检查和验收；工序之间、工程小组之间应有交接制度；材料进场和使用应有一定的检验措施等。防止由于承包商的工程质量问题造成被工程师检查验收不合格，试生产失败而承担违约责任。因为在工程中，由此引起的返工、窝工损失，工期的拖延应由承包商负责，得不到赔偿。

(3) 建立报告和行文制度

承包商和业主、管理工程师、分包商之间的沟通都应以书面形式进行，或以书面形式作为最终依据，应养成书面文字交往的习惯，相信“一字千金”，切不可相信“一诺千金”。这是合同的要求，也是工程管理的需要，但在实际工作中这项工作特别容易被忽略。报告和行文制度包括如下几方面内容：

① 定期的工程实施情况报告，如日报、周报、旬报、月报等。应规定报告内容、格式、报告方式、时间以及负责人。

② 承包商要和业主、工程师保持经常联系，出现问题应经常向工程师请示，汇报。工程过程中发生的特殊情况及其处理的书面文件，如特殊的气候条件、工程环境的变化等，应有书面记录，并由监理工程师签署。

③ 工程过程中所有涉及双方的工程活动，如材料、设备、各种工程的检查验收，场地、图纸的交接，各种文件（如会议纪要、索赔和反索赔报告、账单）的交接，都应有相应的手续，应有签收证据。

第二节　承包商的合同管理程序

在合同实施阶段，承包商的中心任务就是按照合同的要求，认真负责地、保证质量地按规定的工期完成工程并负责保修。合同管理程序，就是围绕已经签订的主合同目标，在承包商内部建立起来的一整套从子（分）合同立项、谈判、签订，到履行、控制和关闭的管理程序，旨在从合同管理的各个环节上按照程序执行，从整体上保证合同防控体系的有效运作。

一、合同立项程序

合同立项，是指在项目开始执行之初或在项目执行过程中，根据项目运作的需要，为了保证充分的项目资源，由合同承办部门提出合同立项意见，经分管项目领导审核，最后由项目经理签署批准的一项管理执行程序。

（一）合同承办部门

在项目部的组织架构体系内，各个职能部门均为合同承办部门，负责合同立项意见的提出。

1. 设计工程分包、设计咨询服务协议等，包括分包的工作任务内容、范围、验收质量标准，进度计划要求等，由项目设计管理部门提议；

2. 工程分包合同、施工所需设备租赁合同等，包括工程分包的内容、范围、验收质量标准，进度计划要求等，施工所需租赁的设备名称、型号，数量、质量要求，租赁期限等，由项目施工管理部门提议；

3. 第三方检验合同、计量仪器校验合同、工程或施工材料试验合同等，包括第三方无损检验服务的内容、任务数量、服务期限和标准，计量仪器所需校验的名称、型号、数量、时间要求，工程或施工材料试验的名称、标准和时间要求等，由项目质量管理部门提议；

4. 工程材料采购合同、施工机具或设备购买合同等，包括工程材料采购的名称、型号、数量、到货时间、质量验收标准等，购买的施工机具或设备名称、型号、数量、到货时间、质量验收标准等，由项目采办部门提议；

5. 施工所需 HSE 设施、劳保用品租赁或购置合同，HSE 培训服务协议等，包括施工所需 HSE 设施的名称、型号、数量、租赁或购置质量要求、时间要求，HSE 培训服务的内容、范围、期限等，由项目安全管理部门提议；

6. 项目融资合同或项目贷款合同等，包括项目资金的融资方式、资金数额、分期还贷时间、利息等，由项目财务部门提议；

7. 生活服务与后勤供应合同、人员聘用合同、办公或通勤车辆的租赁或购置合同等，包括生活服务与后勤供应的内容、范围、服务方式、验收标准和期限，人员聘用的类别、数量、岗位要求、期限，办公或通勤车辆的租赁或购置意向、名称、型号、数量、质量验收标准、时间要求等，由项目行政管理部门提议。

（二）合同立项程序

在合同承办部门提出合同立项意见后，一般可以通过合同立项会签表和合同立项评审会议两种方式来确定是否立项。

1. 合同立项会签表

由合同承办部门填写合同立项表，包括立项的合同事项内容、立项的依据和达到的目标；并由相关项目职能部门签署会签意见；项目业务分管领导审核；最终由项目经理签字批准或不批准。

2. 合同立项评审会议

对于内容比较复杂、综合性的合同立项，如工程分包合同，一般应采取合同立项评审会议的方式，由合同承办部门召集会议，相关职能部门和项目领导参加，会议由合同承办部门阐述合同立项事项内容、立项的依据和达到的目标，参会代表进行会议讨论，最后形成合同立项评审会议纪要，作为后续合同立项会签表的附件和依据。

二、合同谈判程序

合同谈判，是在合同立项后充分询价的基础上，有针对性对分包商、供应商或服务商等进行资信调查，履约能力评价和价格比较评审，进而通过谈判取得双方责任和义务内容的对等性和意见一致性，为合同签订做好基础性的工作。

（一）合同谈判前准备

1. 由项目法律顾问或合同管理工程师对对方主体资格审查，包括营业执照、授权委托书、产品质量证明、特种产品经营许可证、资质等级证书、安全生产许可证、特殊工种及关键岗位人员资格证书，经审查后留存复印件备案。

2. 由合同承办部门经理、合同管理工程师、专业工程师就对方当事人的履约能力调查，包括资金能力、资产（财产）能力、施工生产能力、专长特点、施工设备、各工种人员数量及在手工程量等，以及企业社会信誉和相关业绩证明材料。

3. 经审查合格的，可列入合格分包商、供应商或服务商名单备用。

4. 采用招标方式签订合同的，应对投标人进行资格预审，资格预审合格的方可授予标书投标竞标。投标人中标后方可与其进行合同谈判。

5. 合同承办部门应有针对性地进行市场调查，认真搜集有关商务价格信息资料，草拟合同文本。

6. 建立相对稳定的“谈判班子”，由专业技术、合同、商务、财务和法律等专业人员组成，并在合同谈判前确定主谈人员、谈判方案和必须坚持的基本原则、条件以及谈判策略。

7. 在认真分析各种相关因素的基础上，确立最优期望目标、实际需求目标或可接受目标。最优期望目标是谈判方最有利的理想目标；实际需求目标是分析研究后的预算目标，是要努力达到的目标；可接受目标，即可交易目标，是经过综合权衡、满足谈判方部分需求的目标，对谈判双方都有较强的驱动力。

一般来说，对分包商和供应商合同谈判目标的确定，要以主合同相关工程量或采购内容、执行标准、价格水平等为依据，以项目所确定的总体和专项控制目标为原则，既不能突破主合同底线，也不能突破项目控制底线。

（二）合同谈判过程

合同谈判过程，是从谈判开始，提出谈判要点，双方磋商与让步，最终达成协议的一个过程。

1. “开好局”

开局是谈判双方面对面接触，谈判开始的阶段。主办谈判会议方，应首先营造适当的谈判气氛，可以先讨论双方共同感兴趣的话题，暂时避开有分歧的问题。之后双方可开始概括、扼要地陈述己方的意愿与目标、原则与立场、对谈判议题的理解、对对方建议的回答。

2. 提出谈判要点

合同谈判的要点涉及各个方面，其内容包括：标的、质量、数量、价格、履行期限、地点、方式、违约责任、争议解决的方式等，其中价格是核心。双方在逐步求同存异进行谈判的基础上，理出分歧点，作为谈判的重点和要点。

3. 磋商与让步

谈判是双方明里磋商和暗中较量，充分展现双方谈判能力和创造性地寻求解决方案的过程。在实际的谈判过程中，谈判双方都需要做出让步，可以说让步是谈判双方达成协议所必须承担的义务。但有经验的谈判人员不是过早地亮出自己的底牌，往往以很小的让步换取对方较大的让步，并且还会使对方感到心满意足，愉快接受，也就是说，让步也讲究“艺术”。让步一般可采取以下几种策略：

①让对方感到另一方做出的是一项重大让步。

②以同等价值的替代换取对方立场松动。由于各方自身的优势不同，对问题的侧重不同，同一个问题对各方可能会有不同程度的影响，谈判者要知己知彼，看准对方的“命脉”，才能做到“双赢”。

③在实际的谈判中，一般是以让步换取让步，理想状态是双方等速同幅的让步。

上述双方的磋商与让步，不一定是在一次谈判会议上就可以实现的。针对双方分歧意见比较大的议题，谈判各方代表应表明自己的看法或观点，然后让各自的代表回去评审分歧，寻找解决办法。可能第二次或第三次会议上通过双方的努力就可以解决所有的分歧，也可能仍然无法解决主要分歧点，或者可能剩下比较少的分歧，之后双方都不肯让步，并且分歧的原因与焦点非常明确。但只要双方的高层将解决分歧的原则确定下来，解决分歧的方案就确定了，这时可以由双方的高层来协商确定分歧的原则。

（三）达成协议

双方经过磋商达成一致，消除了达成协议的主要障碍和分歧。谈判基本成功，合同进入签约阶段。

三、合同签订程序

合同是双方执行的依据，合同双方的权利、责任和义务均由合同来规定或约束。为保证项目工程顺利、有序地按照预定的合同目标实现，承包商应当做好各类合同签订前的评审工作，对合同条款的完整性、严密性、准确性、合理性、合法性等要进行认真和细致的研究，并通过最终合同谈判来最大限度地保障自身的利益。

（一）合同评审工作

在合同谈判之后，由承包商或分包商、供应商或服务商根据谈判所形成的一致性意见起草、修改和确定合同文本。为了保证合同文本的准确性和完整性，就需要在项目部内部按照合同签订前的合同评审程序进行合同的评审，包括对合同文本内容的完整性、定义的准确性、描述的明确性、责任和义务的规定等，即技术条款、商务条款和法务条款等，进行内部合同评审，从细节上找出合同文本中不完善或遗漏的条款，为合同签订前的最终谈判提供具体依据和意见。

（二）合同签订前的谈判

在此阶段，合同双方已经建立了合作关系，双方谈判的地位会趋于平等。承包商要利用这一机会，在谈判的“收官”阶段，争取改善合同条款，利用合同条款来争取利益，降低风险，其主要工作是争取修改不合理条款，澄清模糊的条款，增加保护自身利益的条款。

（三）合同签订

合同的签订，要由双方的法定代表人或授权委托代表人进行签订，以保证合同的法律性和有效性。同时要注重合同文本的签订，如每页小签（包括附件），正文签字处签署全名，需要加盖公章的地方在双方盖章后生效。

四、合同履行

合同的履行，就是在合同签订之后，项目合同控制部门或合同承办部门，按照合同规定履行相应的责任和义务，并督促合同相对方也能够及时进行合同履约，从而确保合同目标实现的行为和过程。

（一）合同交底

合同签订后，项目合同控制部门应组织相关部门、项目执行人员进行合同交底，提醒合同承办部门在合同实施过程中应注意的事项，重点阐明、分析合同中执行的要点，有利与不利条件，可索赔事项与防反索赔事项及索赔事件出现后的处理、对反索赔事件的控制措施，为以后的索赔与反索赔提供依据，并形成纪要发给合同承办部门。

（二）合同履行

1. 合同承办部门，根据所签订的合同规定，一方面，要组织好自身合同责任和义务的履行，如现场条件、款项支付等；另一方面，要通过管理和监督，督促合同相对方按照合同规定的标的、工期或交货时间、质量要求等按时保质履约。

2. 合同控制部门，要及时提醒合同承办部门按照合同规定履行好自己的责任和义务，同时要密切关注合同相对方合同履行情况，协调解决合同履行中出现的重大问题，保证合同目标的实现。

3. 合同承办部门，要定期搜集、整理、保存并报告与合同执行有关的变更或索赔事件情况，在事件发生后一定时间内报项目合同控制部门审查并记录备案，由项目控制部门组织统一对外处理，项目承办部门给予配合。索赔与反索赔事件发生后应采取必要的措施，防止损失的进一步扩大。

五、合同控制

合同控制工作的重点是通过合同条款执行审查、对变更的评估控制及付款的审核等多种渠道，时时监控合同履行情况，及时发现合同履行中出现的问题，从合同控制的角度分析问题，提出建议，努力进行合同履行过程中的事前、事中控制，减少事后控制，积极有效地进行合同履行过程中的风险控制。

（一）合同变更控制

合同履行过程中，由于合同签订时主客观条件的变化，可能会导致一些合同内容的变更。加强合同变更控制，就必须对合同履行过程中所发生的变更进行评估，了解变更的原因和结果，严格对照合同条款的约定认真审核，识别其是否发生了合同范围的变化，界定变化的原因，评估变更对合同工期或交货时间、合同费用等方面的影响。

（二）合同款项支付控制

合同款项支付，主要是按照合同的付款约定和条件，有计划地按照合同履行进度适时办理付款的过程。在合同执行过程中，合同付款控制的好坏可能会影响合同的正常和按期履行，对整体项目的执行也会产生一定的影响。因此，认真做好项目资金收支计划，坚持执行资金预算制度，对于资金的使用和有效利用能够起到积极的作用。同时要定期分析合同款项支付动态情况，及时发现问题，并采取措施加以解决。

（三）合同文档控制

加强合同文档控制，建立健全合同台账和合同文档管理系统是合同控制的重要基础工作。

1. 合同文档作为一类特殊的项目文档，涉及的内容较为复杂，不仅包括合同文本，还包括合同谈判和签订过程中的往来传真、澄清文件、会议纪要、授权委托书和与合同有关的往来函件、文件发送记录等。这就要求合同控制工程师在日常的工作中注意认真收集、识别、整理与合同有关的文档，并按照合同控制管理要求加以识别，确保所有与合同有关的文档都已收集归档。

2. 合同文档的管理应严格执行项目有关的文档管理规定，对所有的合同文档都要进行细致的分类和编码；在文件的发送与接收过程中，严格执行文件控制要求，对外发送的文件须有项目经理或其授权委托人的书面签发，需要对方确认或回复的还要跟踪对方的回复函件，然后分类分序存档；一般接收的文档也要经过己方项目经理或其授权委托人的批示，进行存档或交项目有关部门办理具体事项。

3. 合同文档宜采用纸介质和电子版同时归档。按照不同的合同分别建档，建立合同文件、收发传真、会议纪要、款项支付、往来信函等纸介质文件，并对重要的合同文件进行电子归档，在项目管理平台上与相关人员进行合同信息共享，作为项目执行的参照文件。

六、合同关闭

合同关闭，是合同履行完成的最后一道程序，也是进行合同履约情况确认，办理合同结算，释放合同责任和义务的阶段。因此，严格按照相应的程序关闭合同，是确保合同完整收尾的前提。

（一）合同责任和义务履约情况的审核

由项目合同控制部门牵头，合同承办部门协办，对合同履行的全过程进行审核和评价，包括合同标的执行情况、交货时间或供货时间、产品或服务质量、合同规定的其他义务和责任履行情况等，将作为办理合同结算的依据。

（二）办理合同结算

主要是依据合同履行完成情况和合同价格，并参照合同履行过程中的费用变更情况，办理合同最终结算。同时根据已经付款金额，办理最终付款释放手续。

（三）质量保修期的确认

对一些关键工程设备或材料，在交付之后还存在质量保修期问题。因此，在合同进入质保期之前，要预留合同总价的一定金额作为滞留金，或者扣压一定金额的质保金保函，作为合同相对方在保修期内履行保修义务的保证条件。

第三节　承包商的合同管理工作

承包商的合同管理工作，不仅从项目开始就要建立起一整套的合同管理工作计划，制定相应的合同管理工作程序，并在项目执行过程中加以贯彻实施；同时对关键的重点合同也要做好认真和有效的系统管理工作，才能确保项目的顺利进行。

一、主合同管理及其主要工作范围

主合同管理，就是对与业主签订的 EPC 合同或与承包商签订的施工承包合同，进行合同管理的活动，要围绕主合同的成本和进度目标，对主合同的工作范围进行科学有效的管理。因此，主合同管理不仅是合同文本自身的管理，更主要的是合同项下的专业和工作范围的有效管理。为了更好地理解主合同管理，下面对设计、采购和施工管理分别作简要的介绍。

（一）设计管理

对于国际 EPC 合同，在项目开始前期，承包商应集中力量进行设计管理。承包商应首先根据业主方提供的基础数据和资料，按工程的具体各类标准和要求确定设计的基本管理思想，使设计工作保持连续性，进行合理的交叉，并将采购工作纳入总体设计程序。其具体工作包括设计组织、计划、控制和设计输出管理。

1. 设计组织

EPC 承包商项目设计部是完成项目设计工作的临时性组织，其组建有两种情况：若 EPC 承包商本身为以设计为主的工程公司，则项目的设计经理可以从己方内部派出，专业设计人员可从相应的专业职能部室派出；若 EPC 承包商己方没有设计能力，需要雇佣设计分包商，则应以 EPC 合同的要求为依据，签订完善的设计分包合同，并对设计分包商提供的项目设计团队的组建和人员提出具体的要求。

项目设计组织的一个核心工作就是选择恰当的设计经理，并赋予其相应的管理权与职责。选择设计经理的标准不但需考虑技术方面，也应该考虑其设计管理能力、内外的协调能力与语言表达能力。

由于设计部门的特定职能，它与其他项目部门关系密切，尤其是采购部，在项目组织中，界定清楚各部门的接口工作十分重要。设计部与采购部的接口一般界定如下：

（1）凡涉及采购工作的内容，由设计部负责向采购部提出材料设备请购单，给出采购方面的技术要求，由采购部编制商务部分，并统一汇总后形成询价文件发给潜在的供货商和厂家。

（2）对于复杂的长周期非标设备，由采购部负责向厂家催要 ACF 图纸以及 CF 图纸，转交给设计部进行审查，设计部应及时审查并返回采购部，作为厂家的制造依据。

（3）在与厂家或供货商的前期洽谈、设备制造以及验收过程中，设计部负责派员协助采购部处理有关技术问题。

2. 设计计划

设计计划由设计部根据 EPC 项目总体实施计划来编制，是对项目实施计划在设计方面的深化和补充。该计划由设计项目经理组织设计部编写，经项目经理批准后作为项目设计工作的依据。设计计划的内容主要包括：

（1）研究和消化 EPC 合同的设计要求，确定设计工作的范围。

（2）确定设计原则，主要涉及安全原则、经济原则、质量保证原则、设计进度与总工期匹配原则。

（3）根据项目总工期确定总体的设计进度计划。

（4）确定设计阶段的人工时与设施、设备投入量。

（5）设计实施的场所。对于国际工程，为了方便设计工作，提高效率，一般前期的设计工作在EPC承包商本部实施，后期的设计工作在国外的施工现场进行。在做此计划时，应与业主的设计管理人员做好接口方面的管理。

（6）根据业主对设计的要求来确定工程设计采用的规范和标准，如国际标准、本国标准、行业标准、企业标准。若希望采用的标准与EPC合同的要求不一致，在采用之前必须征得业主的同意。

（7）法律法规在环境保护等方面对设计的要求以及应对措施。

（8）设计工作分工，确定要对外分包的设计工作，界定各接口部门的分工与责任。

3. 设计管理程序文件与作业指导文件

在完成设计组织和计划后，EPC承包商应根据EPC合同的要求以及内部的工作需要，形成一系列的管理程序文件和具体的作业指导文件，以保证参与人员有序地进行工作。有的文件按EPC合同的规定可能需提交给业主方。承包商应当编制的此类文件主要包括：

（1）项目设计管理组织机构图；

（2）设计管理总体工作程序；

（3）设计经理的职责和任务；

（4）设计人员的配备计划；

（5）各设计专业负责人、设计人、制图人、审核人、校核人的职责划分；

（6）设计部与采购部、施工部、试运行部等部门的接口管理规定；

（7）设计标准、规范、基础资料的管理和控制规定；

（8）设计变更管理程序；

（9）设计各专业技术接口管理规定；

（10）设计各专业工作流程图；

（11）设计文件编码、标识管理规定。

4. 设计控制

设计控制是在设计执行过程中依据各类设计管理程序文件和设计作业指导文件对设计工作进行监控，并对偏离设计计划的工作予以纠正，主要涉及设计进度和质量两个方面。对于EPC合同而言，还应控制因设计超标而影响费用的问题。

（1）设计进度控制是EPC合同进度管理的重要内容，尤其是在项目前期。其控制的基础是项目总体控制进度计划。其控制的主体是设计经理、各设计专业负责人、项目经理、控制部经理。其控制的依据是设计进度计划。其控制的技术为网络技术、甘特图技术和赢得值技术（EVT）。其控制方法分为事前预控、事中监控、事后纠偏。

（2）设计质量控制的基础是EPC合同提供的设计基础资料与要求；控制主体为设计经理、各设计专业负责人、项目经理、质量部经理；控制的过程为设计策划、设计输入、设计评审、设计校审、设计会签、设计输出；控制的保证是完善的质量保证体系和设计质量保证程序。

5. 设计成果文件

设计输出的成果文件主要包括图纸、计算书、数据表、技术说明书、计算机软件、作业指导书、手册等。这些文件用来指导承包商的采购、施工、竣工检验、试运行等，因此被FIDIC称为施工文件（Construction Documents）、承包商的文件（Contractor's Documents）。

关于设计成果文件，应当注意，在国际工程中，各类图纸和文件采用“版次”设计或编制的方法，版次能清楚地表达每次修改的过程和内容，并设有明显标识，可以避免因多次修改造成现场施工混乱的情况。

6. 承包商设计管理中的几个具体问题

（1）承包商设计工作的里程碑

从具体的操作程序来看，EPC合同的设计管理过程可以分为若干个关键控制点来进行。其中，对于项目开工后的里程碑，承包商内部的设计管理与业主对设计的审查和批准相互交错。对于较复杂的工程项目，可以按照项目开工、设计开始实施，基础工程设计审核会，详细工程设计阶段、项目现场技术指导和质量服务阶段等几个里程碑作为设计管理的控制点。

（2）设计工作与采购工作的交叉问题

工程设计是一个逐步深入和连续的过程，基础设计的核心是工艺管道仪表流程图以及设备采购，详细设计的核心是各专业的施工图。设备和材料采购是设计环节中不可分割的一部分。为了满足订货要求，尽早开始询价，设计部应与采购部密切配合，通过加强设计进度计划与控制，尽快向采购部提交所需技术文件，尤其是长周期设备订货清单、订货图等。

与采购相关的设计成果文件中一个重要组成部分是项目请购文件（Requisition Documents），有时也称为请购单，由相关专业设计人员编制，经设计经理和项目经理批准后发给采购部。对于重要的设备和材料，在发给采购部采购前可能还需报业主批准。设备请购文件的内容包括：数据表（Data Sheet），技术规格说明书（Specifications），费用估算（Cost Estimate），供货商/厂家需提供的数据、图纸的份数，进度要求等。材料请购文件的内容与设备请购文件类似，包括材料汇总表(BOM)、采购说明书和技术规格说明书、采购通知单。

(3) 设计变更与优化问题

虽然从理论上讲，EPC合同的设计由承包商负责，但在实践中，有的项目中业主在招标前完成的设计较深，有时甚至达到初步设计或基础设计的深度，此时业主会将其设计成果纳入招标文件中，对设计工作的范围、执行标准、设备选型等内容可能作出了详细的规定，并作为合同的一部分纳入业主的要求中。但随着项目的实施，业主可能发现原来的设计方案存在某些问题，如无法满足规范规定、原计算书中有问题等。在此类情况下，业主可以主动下达设计变更指令，对原来的一些技术要求提出更改，在收到此类指令时，承包商应做好记录，并要求业主承担变更的后果。若承包商在业主原来的设计方案的基础上进行设计深化时，发现原设计方案可以进一步优化，以达到节约成本和缩短工期的目的，则可以向业主提出自己的优化方案。若业主接受，则双方可以分享由此带来的各类利益。实际上，此类合同承包商所要完成的可能仅仅是施工图的设计工作。对于由承包商负责全部设计的EPC合同，设计变更与优化问题则属于一个EPC承包商的内部问题，业主不会为此类变更的后果负责，除非相关变更内容涉及业主负责的内容。

(二) 采购管理

对于国际工程项目而言，采购是项目实施期间的一个核心环节，是实现工程设计的意图、顺利实施项目的基本保障。采购既是整个工程进度的支撑，也是工程质量的重要保障。采购包括采购计划、采买、催交、检查、运输等工作环节，采购管理也是一个综合管理工作。

1. 采购组织

在项目组织机构中，一般会设置专门的物资采购部，负责完成整个项目的采购工作。采购部经理可以由项目经理推荐，公司任命；也可以由项目经理直接任命，并对项目经理负责。对于复杂的工程项目，根据整个采购工作的性质，采购部可以设置的职位包括采办工程师、催交工程师、检验工程师、运输工程师、综合协调工程师等。项目采购部的总体职责和主要任务包括：

(1) 在采购部经理的组织下完成项目的采购任务；

(2) 按照项目实施要求编制项目采购总体计划；

(3) 根据项目总体进度编制项目采购进度计划；

(4) 根据项目采购部分工编制采购工作手册、采购程序等各类工作文件；

(5) 协调好与设计部、施工部、质量部等相关部门的工作接口；

(6) 按照采购计划，组织落实与跟踪采办、催交、检查、运输等各个工作环节。

2. 采购计划

采购计划可分为总体计划与采购进度计划。项目采购总体计划是依据项目实施计划对整个项目的采购工作提出各项要求的指导性文件，是项目实施计划的一个分计划，是在采购方面的具体化。

总体采购计划一般包括下列方面的内容：

（1）确定项目采购范围，明确采购部与项目各相关部门的接口关系；

（2）制定与业主方相关部门的沟通和业主采购文件审查规则；

（3）制定与厂家/供货商的协调程序；

（4）明确项目采购的进度与费用的控制目标，并保证此目标符合项目总体目标的要求；

（5）制定总体采购原则，包括符合合同原则、进度保证原则、质量保证原则、价格经济原则、安全保证原则等，以及在不能满足全部上述原则下各原则的优先顺序和处理方法；

（6）制定采购工作应遵守的工作程序，包括采购招标、议标、直接定货等方式的选择和各方式下的工作流程；

（7）对各类采购文件进行标准化编码以及存档工作；

（8）对于关键材料和设备，制定相应的特别采购程序和措施。

采购进度计划是在采购总体计划的框架下完成主设备、主材、辅材、各类消耗性备件等物资采购的进度控制目标，是由采购部经理组织其人员编制的计划性文件。编制的依据是 EPC 合同、项目主计划、设计部下达的请购单、施工部的材料使用计划、控制部的采购预算等。但由于项目总体计划在实施过程中可能有所调整，而且大型复杂的长周期设备的供货周期受很多外部条件的约束，容易发生改变，特别是运输环节，因此在编制采购进度计划时最好考虑预留一定的余地。同时还应注意采购进度计划与设计进度计划、施工进度计划的衔接，在采购进度计划中应充分考虑设计部向采购部提交请购文件的时间、厂家返回图纸资料和审查的时间、施工部要求材料设备交付项目现场的时间，各进度计划之间必须协调一致。

3. 采购管理程序文件

项目采购工作需要制定一些基本的管理文件，通常形成的采购管理程序文件包括：

（1）采购部的职能和任务书；

（2）采购部各职位的职责和任务；

（3）项目采购计划；

（4）采购部与项目相关部门的接口管理规定；

（5）采购部与业主方的沟通管理规定；

(6) 采购基本工作程序和管理规定;
(7) 采购询价文件编制和管理规定;
(8) 供货商报价文件评审管理规定;
(9) 采购费用支付管理规定;
(10) 采购文件分发与归档管理规定。

在编制此类采购管理程序文件时，应注意是否需按合同要求提交业主。

4. 物资采买

采买通常指的是从询价到下订单的过程，这一过程也被称为订单周期。对于采买的具体物资，可以分为两大类：一类是必须从业主确定的供货商名单购买的物资，这类物资主要是工程设备；另一类是 EPC 承包商可以自行决定从市场采购的其他设备和材料。对于第一类物资，在下订单之前，一般须经过业主的批准，但一般只是程序的审核，即采购的供货商/厂家是否符合合同的约定。对于后一类物资，可以根据 EPC 承包商内部的采购程序执行。

在国际工程中，物资的采买方式包括公开招标、邀请招标、议标/单一来源采购。但由于项目实施条件的限制，对大宗材料和设备，大多数都采用邀请招标或直接议标采购。承包商潜在的供货来源包括业主的供货商名单、投标阶段向其询过价的厂家、施工所在国当地的供货商、周边邻国的供货商等。

在下订单之前，可能需要与供货商进行多次的技术澄清会，这些会议应由采购部牵头，并由设计部派员参加，必要时也可要求其他部门，如控制部、质量部参加。最终形成的供货合同一般包括：

(1) 供货协议书;
(2) 合同条件;
(3) 供货报价一览表;
(4) 交货时间计划一览表;
(5) 支持性服务完成时间计划表;
(6) 检验和运输要求 ;
(7) 各类技术附件;
(8) 各类关键会议纪要;
(9) 双方同意作为合同组成部分的文件。

5. 物资催交

采买的物资是否能准时运至现场直接关系到现场施工的顺利进行。但由于采购的物资需要准备、加工制造和装运，需要较长的时间，加上供货商有时面临很多订单，即使在供货合同中明确约定了交货期，仍可能出现供货商不能按时交付的情况，对于长周期设备的采购尤其如此。因此，在下达订单之后，催交作为订单下达后的监控手段，就成为采购工作下一个主要环节。

如果项目的采购量大，采购过程不易控制，则可以在采购部设置专门的催交工程师，负责催交工作。反之，催交工作可以由采买工程师或其他采购人员兼任。

催交的主要任务是与供货商保持联络。对于设备供货而言，其具体工作内容如下：

（1）熟悉供货合同的规定，弄清楚承包商与厂家在设备制造过程中的各自职责，制定催交的关键控制点，确定厂家联络人。

（2）在设计阶段，应按供货时间计划要求厂家尽快提交设备制造的先期确认图和最终确认图以及其他资料，同时督促设计部尽快予以审查和确认，并及时返回厂家。

（3）应跟踪制造进程，如发现影响设备制造的外部因素，包括原材料采购进展等，发现问题后及时通知相关方，并制定解决方法。

（4）在设备制造后期，要注意设备检验日期的安排是否合理，是否对设备交货的进度有不利影响，并与检验工程师保持紧密联系和恰当协调。

（5）应关注运输准备工作，若是国外进口设备，应注意进口手续是否及时办理，包括各类文件、进口许可以及报关手续等，保证设备及时清关。

材料采购的催交过程比设备简单些，但在每次启运前，必须向供货商确认所运材料是否属于本次按计划应运的材料，防止运至现场的材料与计划所需不一致。

6. 物资检验

检验是采购过程中的质量保证环节。此类检验主要是指对设备和一些重要材料的检验，由采购部派遣专业设备检验工程师进行。根据承包商项目机构人员配备的具体情况，此类人员可以是采购部的专业工程师，也可以是该专业的设计工程师，甚至可以外聘有信誉的第三方专家。检验的任务是保证相关设备和材料通过检验，并可以对厂家的设备制造和材料生产的质量保证体系进行检查。

检验的类别可以分为现场接收检验、启运前检验、工序节点检验、驻厂检验。根据设备和材料的重要性和复杂性，加上交货期方面的考虑，可以进行这四类检验中的任何一类或几类同时应用。对于简单设备和信誉良好的供货商的设备，可以只进行现场接收检验；但对于复杂的设备，则可能采用驻厂检验。检验过程也可能十分详细，包括技术准备、用材检验、焊接检验、外观和几何尺寸检查、耐压检验、热处理检验、无损检测（NDT）。

7. 物资运输

物资运输是国际物资采购过程受外部环境影响最大的一个环节。采购部应通过选择不同的交货方式，以经济的方式保证物资顺利到达现场。运输方案，尤其是重大设备的运输方案，必须在项目初期由采购运输工程师负责制定，包括运输方式和运输路线。

（三）施工管理

承包商施工管理，是指按照合同中关于施工的规定，对工程的进度、质量、HSE 等各个方面进行细致的计划、组织、控制，从现场开工到工程主体实质性完工或机械竣工的过程。在这里，重点简要陈述施工管理过程中工程进度计划的编制，跟踪、监控和预测，以及工程进度状态报告系统等。

1. 工程进度计划编制

工程进度计划的编制一般包括下列步骤：

（1）根据合同的规定确定工作范围。

（2）对确定的工作范围进行 WBS 分解，即为便于项目计划、控制和其他管理工作而将整个工程项目内的工作分解成不同层次可管理的单元，以便使每项工作落实到具体的责任人。

（3）确定项目的主要控制里程碑进度目标。项目工作内容主要包括设计、采购、施工和试运行。各领域的工作又可划分为各主要专业的设计、长供货周期设备和材料的采购、主要专业的施工及项目各系统的试运转等。主要的里程碑包括合同签订日、主要设计技术文件批准日、关键设备材料订单发出日、现场施工开工日和机械完工日等。

（4）确定项目各工作间的顺序关系。项目工作间的顺序关系通常包括技术顺序、程序顺序、强制顺序。技术顺序是由项目的技术要求所决定的，比如要进行设备安装就得先完成基础施工。程序顺序是由项目的有关程序及方针所决定的，具有主观性。强制顺序则是由资源限制、环境限制等所决定的，比如由于人力不够而将某项工作安排在另一项工作之后。

（5）确定各工作周期。工作周期通常根据积累的类似项目的历史数据，各方面专业人员的经验以及项目本身的具体要求和工作量来确定。

（6）最后一步是校核计算。校核计算的目的是确定所制订的进度计划能否满足项目工期要求，通常采取的是网络分析的方法。目前国际工程中网络计划技术使用非常广泛，其中具有代表性的专业软件 P6（Primavera Project Planner）使用越来越频繁。

2. 工程进度计划的跟踪、监控、预测

工程进度计划编制完成后，就要建立项目进度测量的标准和系统。进度测量系统以合同要求为基础，按照投入的工作量或达到的实际形象进度来确定工程进展情况，并据此检查进度计划实际执行情况。对进度可以进行下列方面的预测：

（1）对于已经开始但还没有完成的工作，预测其完成日期。

（2）对于还没有开始的工作，预测其开工日期。

（3）对于未按计划执行的工作，预测其延误对项目进度计划造成的影响。

（4）预测整个项目的完成日期。

3. 工程进度状态报告

无论是根据合同规定向业主报告，还是用于承包商内部的项目决策和施工管理，承包商都需要建立项目进度状态报告系统，一般分月进度报告、周进度报告以及日进度报告。报告的内容涉及项目总体进展情况、设计进展、采购进度、施工进展。月进度报告一般包括本月完成工作、下月计划目标、存在问题、补救措施以及所附的进度曲线和人力资源图。

施工进度报告由施工部负责编制，并上报控制部，由控制部汇总其他方面的进度作为项目管理层掌控项目进度的信息，并按照合同规定向业主方报告。承包商施工进度方面形成的主要管理文件包括：

（1）项目总体施工管理计划编制规定。

（2）项目总体施工进度控制规定。

（3）项目滚动计划编制规定。

（4）施工进度测量规定。

（5）施工进度执行情况报告编制规定。

（6）现场施工调度会议管理规定。

4. 分包合同管理

一个工程承包商再强，也不可能具备实施工程总承包项目要求的一切工作的能力。因此，采取可行的分包策略，选择有履约能力的分包商，签订合适的分包合同，并以分包合同为依据对分包商进行有效的管理和控制，是确保工程整体顺利进行的关键活动。

承包商对分包工作的管理可以从三个方面进行：一是组织关系的理顺；二是对分包商执行分包工作的过程监控；三是努力建立良好的伙伴关系。

（1）组织关系的理顺

从组织关系来看，分包商不能直接从业主方接受指令。因为分包商是与承包商签订的分包合同，若分包商私自接受了业主方的某些指令，承包商可以不承认分包商的这部分工作。但在实践中，为了方便现场管理，有时业主、承包商、分包商之间以会议纪要的形式约定，在特殊情况下，业主可以直接给分包商下达指令，但同时应抄送给承包商，在承包商向分包商确认后可作为承包商向分包商发出的指令。此类特殊情况可能包括安全、环保、财产保护等方面的原因。但对于日常的管理，分包商应被看作是承包商的内部机构，无权与业主就分包工作进行某些承诺。

（2）分包工作的过程监控

对分包工作的监控，主要体现在要实时了解分包工作的执行情况，比如分包工作的执行是否符合原计划，在偏离计划时如何要求分包商进行赶工，当分包商发生质量、安全方面的违约行为时如何按分包合同处置等。承包商应建立对分包商履约情况的评价机制，并根据评价结果来指导分包商履约合同的行为。在监控分包商时，承包商也应规范自己的管理行为，同时注重自身责任和义务的按时履约，避免因自己违反分包合同要求而招致分包商的索赔。

（3）建立良好的伙伴关系

良好的团队关系会极大地促进分包工作的顺利完成。承包商应将分包商看作整个项目团队的一员，平等善待分包商，并按分包合同的要求为分包商提供必要的协助，应努力与分包商建立良好的伙伴关系，为分包工作的实施提供良好的条件和环境。

5. 其他合同管理

一个工程项目，除了要认真做好主合同管理、加强分包合同管理之外，对其他合同如人员雇佣合同、设备租赁合同和第三方服务合同等的管理，也是至关重要的。因为这些合同的管理，也直接或间接影响到项目的执行和运行。

（1）人员雇佣合同

国际工程合同必须依靠充分的人力资源提供保障。在项目执行过程中，按照合同规定或业主管理的要求，承包商的管理资源有限，往往需要从当地的人力资源供应商中聘用一部分有认证的工程师，配置到项目部的各职能部门中去，以满足实际工作的需要。同时根据工程计划的执行情况，为了赶工或加快施工进度，有时也需要补充一定数量的有各项专业技能的人力，加强施工的力量，满足进度的需要。对人员雇佣合同的管理需要注意以下五个方面：

① 人员雇佣计划

在项目之初，就需要承包商根据工期计划、自身所配备的人力资源情况，按照合同规定或业主管理的要求，认真编制人员雇佣计划。同时结合项目执行不同阶段的需求和动态变化，实施或调整该计划。

② 人员证书的管理

鉴于不满足条件雇佣后又要辞退带来不必要的麻烦，在寻求管理人员或人力资源中，必须对人员应当满足的各项认证证书或专业技能证书进行把关或审核，避免滥竽充数。

③ 严格按照雇佣合同条款来执行

人员雇佣合同，包括雇佣人员数量、专业、证书要求，工作时间，雇佣价格以及所包含的其他交通、医疗、保险等各项费用，应当是非常清楚和易于执行的，同时要符合当地劳工法的规定，以避免在合同执行过程中因劳工纠纷而影响项目的正常进行。

④ 加强对雇佣人员的管理

承包商对雇佣的人员应加强入场教育和企业文化理念的认知培养，同时要鼓励他们融入项目团队中去，不可歧视或不平等对待。还可以通过内部考核和一些激励机制，鼓励他们工作的积极性。

⑤ 注意保密观念

承包商雇佣的管理工程师等人员日常所从事的工作往往会涉及承包商的内部重要资料，所以在与人力资源供应商签订雇佣合同时应明确保密条款，并在平时加强与雇佣的管理工程师之间的沟通和了解，培养他们的保密观念。

（2）设备租赁合同

承包商在项目执行的过程中，定期或不定期地从当地设备供应商处租赁现场施工、办公通勤或后勤服务等所需的设备，也是满足项目的需要，补充自身设备资源不足或降低项目成本的一项保障措施。对设备租赁合同的管理，需要注意以下三个方面：

① 设备租赁计划

承包商应当根据项目运行计划的需要，认真编制详细的设备租赁计划，并随着项目执行情况而进行动态的调整和完善。

② 设备租赁合同的内容

包括租赁设备名称、规格和数量，租赁期限，租赁方式，租赁价格和计价方式，进场与出场规定等，合同条款要力求详细到位。执行中严格按照合同规定运作，以避免不必要的合同纠纷。

③ 注意设备进出场手续的办理

一般来说，设备的进出施工现场手续是比较烦琐的。尤其是对改造项目现场而言，手续可能会更麻烦。这就要求在考虑设备进出场时要有一定的准备时间，同时设备的证件和资料要保证完整准确。

（3）第三方服务合同或协议

按照主合同约定，承包商需要从当地有服务资质或认证的服务商中选择一家或多家，提供如无损检测、第三方认证或仪表设备校验等服务工作。对第三方服务合同的管理，需要注意以下几个方面：

① 第三方服务商的选择

按照工程主合同的约定，选择和确定第三方服务商，首先要审核其是否具备合同要求的资质；其次要将其资料报业主进行批准；最后根据项目任务的需要选择一家或多家服务商，提供相应的服务工作。

② 第三方服务合同或协议

合同或协议主要内容应包括：服务的工作范围，服务期限，承包商所需要提供的条件，服务商出具的相关证书或资料，服务价格和计价方式，其他条款等。

③ 承包商自身应当提供的条件的符合性

按照第三方服务合同规定，承包商应当及时配合服务商，提供相应的认证或检测所需要的条件，包括现场认证设施或办公条件等，否则可能会导致服务商无法开展认证工作而影响承包商项目的有序执行，同时还可能引起服务商对承包商的待工索赔等问题。

第五章

合同变更管理

变更是工程合同中的一个重要组成部分。由于人们信息的不完全性，所以在合同签订时不可能预见到合同实施中会出现的事件，并且在合同文件中存在缺陷和错误的可能性也是不可避免的，为了避免在合同实施过程中频繁地修改合同，工程合同中通常都会引入合同变更的条款，允许业主在一定范围内以变更的形式增加、减少或者修改工作内容。一般的变更是需要业主方面和承包商方面达成一致意见的，但是在不能达成一致意见时，业主是可以单方面根据类似的工作内容来给予承包商工期和价格，从而下发变更的，但是业主要本着公平和合理的态度来进行。如果工作内容的变化较大，已经超出了变更的范围或者是要对合同的根本内容进行修改，则要引入修订（Amendment）的程序，最后要经过双方的同意形成补充协议。

第一节 合同变更管理应注意的主要问题

一、变更的基本要求

变更是有决策权的一方根据需要，向接受方提出的改变合同项下某项工作的要求。其基本要素是：(1) 接受方必须无条件执行；(2) 事前发出；(3) 按工作程序办理。

根据工程惯例，除非业主明显超越合同赋予其的权限，承包商应该无条件地执行工程变更的指示。即业主依据合同约定发布的工程变更书面指令，不论承包商是否有异议或变更工程价款是否确定，或对业主答应给予的付款金额是否满意，承包商都必须无条件地执行。即使工程变更价款没有确定，或者承包商对业主答应给予付款的金额不满意，承包商也必须一边进行变更工作，一边根据合同约定寻求索赔或仲裁解决。在争议处理期间，承包商有义务继续进行正常的工程施工和有争议的变更工程施工，否则可能会构成承包商违约。

在工程实施中，承包商不能擅自进行工程变更。项目实施过程中，承包商发现图纸错误或其他问题，需进行变更，首先应通知业主，经业主同意或通过变更程序再进行变更。否则，承包商可能不仅得不到应有的补偿，而且还会带来麻烦。为了避免耽误工程，业主和承包商就变更价格达成一致意见之前，有必要先行发布变更指示，承包商先执行工程变更工作，然后，在对变更价款进行协商后，业主再发布确定变更价款的指示。

工程变更指示的发出有两种形式，即书面形式和口头形式。一般情况下要求用书面形式发布变更指示。当业主书面通知承包商工程变更时，承包商才执行变更指示。如果由于情况紧急而来不及发出书面指示，承包商应该根据合同规定要求业主书面认可。

二、如何正确处置变更

在上述特征下，作为承包商，首先要关注业主的权限问题，一般合同中对业主都有专门的条款来界定其权限问题，对于超出业主权限的变更令，一定要谨慎处置；其次要对合同责任进行再审查，工程变更不能免去承包商的合同责任，对已收到的变更指令，特别对重大的变更指令或在图纸上做出的修改意见，应予以认真细致核实，不能草率处置，对涉及双方责权利关系的重大变更，必须有双方签署的变更协议；最后要积极主动去开展变更工作。

承包商可以在下列情况下主动提出工程变更的申请：(1) 业主对项目提出的新要求，如业主有新的意图、业主修改项目计划、削减项目预算等；(2) 因工程环境的变化、预定的工程条件不准确，要求实施方案或实施计划变更；(3) 由于产生新技术和知识，有必要改变原设计、原实施方案或实施计划，或由于业主指令及业主责任的原因造成承包商执行方案的改变；(4) 政府部门对工程项目有新的要求，如国家法律法规调整、环境保护要求、城市规划变动等；(5) 由于合同实施出现问题，必须调整合同目标或修改合同条款。

尽管从程序来看，变更和索赔对时效的要求是不一样的，变更要事先提出，索赔是在事后提出，但在具体实践中，变更和索赔往往是可以相互转换的。一方面，对业主来说，变更的主导权更多的是掌握在他的手上，而索赔往往由承包商提出，如果最终支付的成本是相同的，业主更容易接受主动的方式；另一方面，只要双方协商一致，如果采取变更，对业主来说审批程序相对简单。

第二节　FIDIC 合同条件下的工程变更管理

一、工程变更的概念及产生原因

(一) 工程变更的概念

所谓工程变更包括设计变更、进度计划变更以及原招标文件和工程量清单中未包括的“新增工程”。按照 FIDIC 合同条件有关规定，承包商按照工程师发出的变更通知及有关要求，需要进行下列变更：

1. 更改工程有关部分的标高、基线、位置和尺寸；
2. 增减合同中约定的工程量；
3. 改变有关工程的施工时间和顺序；
4. 其他有关工程变更需要的附加工作。

(二) 工程变更的产生原因

在工程项目的实施过程中，经常碰到来自业主方对项目要求的修改，设计方由于业主要求的变化或现场施工环境、施工技术的要求而产生的设计变更等。由于多方面的变更，经常出现工程量变化、施工进度变化、业主与承包商在执行合同中的争执等问题。这些问题的产生，一方面是由于主观原因，不得不改变施工项目或增减工程量；另一方面是由于客观原因，致使工程变更不可避免。

二、FIDIC 合同条件下工程变更的控制程序与要求

(一) 提出变更要求

工程变更可能由承包商提出，也可能由业主或工程师提出。

(二) 工程师审查变更

无论是哪一方提出的工程变更，均需由工程师审查批准。

(三) 编制工程变更文件

工程变更文件包括：

1. 工程变更令。

主要说明变更的理由和工程变更的概况，工程变更估价及对合同价的估价。

2. 工程量清单。

工程变更的工程量清单与合同中的工程量清单相同，并需附工程量的计算记录及有关确定单价的资料。

3. 设计图纸（包括技术规范）。

4. 其他有关文件等。

(四) 发出变更指示

工程师的变更指示应以书面形式发出。如果工程师认为有必要以口头形式发出指示，指示发出后应尽快加以书面形式确认。

三、工程变更价款的估价步骤

工程变更一般要影响费用的增减，所以工程师应把全部情况告知雇主。对变更费用的批准，一般遵循以下步骤：

（一）工程师准备一份授权申请提出对规范和合同工程量所要进行的变更以及费用估算和变更的依据和理由。

（二）在雇主批准了授权的申请后，工程师要同承包商协商，确定变更的价格。如果价格等于或少于雇主批准的总额，则工程师有权向承包商发布必要的变更指示；如果价格超过批准的总额，工程师应请求雇主进一步给予授权。

（三）尽管已有上述程序，但为了避免耽误工作，工程师在和承包商就变更价格达成一致意见之前，有必要发布变更指示。此时，应发布一个包括两部分的变更指示。第一部分是在没有规定价格和费率时，指示承包商继续工作。在通过进一步

的协商之后，发布第二部分，确定适用的费率和价格。

此程序中所述任何步骤均不应影响工程师决定任何费率或价格的权力（在工程师和承包商之间对费率和价格不能达成一致意见时）。

在紧急情况下，不应限制工程师向承包商发布他认为必要的此类指示。如果在紧急情况下采取行动，他应就此情况尽快通知雇主。

四、工程变更估价方法

（一）如工程师认为适当，应以合同中规定的费率及价格进行估价。如合同中未包括适用于该变更工作的费率和价格，则应在合理的范围内使用合同中的费率和价格作为估价的基础。费率或价格确定得合适与否是导致承包商费用索赔的关键。

（二）如果工程师在颁发整个工程的移交证书时，发现由于工程变更和工程量表上实际工程量的增加或减少（不包括暂定金额、计日工和价格调整），使合同价格的增加或减少合计超过有效合同价（指不包括暂定金额和计日工补贴的合同价格）的15%，在工程师与业主和承包商协商后，应在合同价格中加上或减去承包商和工程师议定的一笔款额，若双方未能取得一致意见，则由工程师在考虑了承包商的现场费用和上级公司管理费后确定此款额。该款额仅以超过或等于“有效合同价”15%的那一部分为基础。

（三）也可按计日工方法估价。工程师如认为必要和可取，可以签发指示，规定按日计工方法进行工程估价变更。对这类工程变更，应按合同中包括的按日计工表中所定的项目和承包商在投标书中对此所确定的费率或价格向承包商付款。

第三节　EPC合同条件下的工程变更管理

一、术语

（一）变更（Change）。指合同变更条款允许范围内对合同工作、时间、实施方式等做出的调整。一般情况下，在变更实施前，合同的业主和承包商应该就费用事宜达成协议，但是有时候可能不能达成一致意见，这时业主方面可以要求承包商先进行实施，这时称为指示变更（Directed Change）。

（二）变更通知（Change Notice）。指下发给承包商要求对合同工作内容进行改变的通知，一般的变更通知主要包括以下内容：将新的或者是调整过的图纸、数据或者其他的指令提供给承包商；要求承包商提供费用及时间影响分析；要求承包商确认费用或者是时间影响（如果是业主方已经提供），或者是提供费用及时间影响。在需要的情况下指示变更，包括增加、减少或者是修改工作内容。

（三）变更令（Change Order）。变更令是用来描述变更的范围、价格、时间影响以及变更工作的支付方式的文件。通常是经过合同双方都同意的，但是业主也可能根据合同条款的相关规定单方面提出变更令，这时他对于变更的费用和工期补偿必须持公平和合理的态度。原始合同文件加上所有的变更通知、变更令和补充协议就构成了竣工时的合同。

（四）变更的申报（Change Proposal）。承包商依据变更通知，就变更事件编制、测算相应的费用和工期影响，形成一整套向业主提交的完整变更文件。变更的申报应该符合合同中对于合同价格和工期调整的条款。

（五）变更通知请求（Change Notice Request）。由于现场条件发生变化、默示变更等原因，承包商认为业主应该下发变更通知时向业主提出的书面请求。

（六）指示实施（Directive to Proceed）。指当合同内容发生变更时，为避免耽误进度，在对于变更的费用和时间影响没有达成协议时，业主要求承包商先进行实施的指令。一般当承包商认为某一工作属于变更、业主方面认为是在合同范围之内不需要发变更通知时，业主通常会在下发指示实施时，要求承包商将所有的与这部分工作相关的费用分离出来。

（七）额外工作（Extra Work）。当业主要求承包商实施的工作超出了合同条件规定的范围时（变更条款不能处理），称为额外工作。对于额外工作，业主不能通过简单地下发变更通知来处理，而要和承包商进行协商并达成协议，包括工作范围、费用、工期等，所达成的协议就构成对于原合同的修订（Amendment）。

（八）合同修订。指合同双方正式签署的对原合同内容修改的协议，其内容必须经过合同双方共同同意。合同修订可以用于由于变更引起的合同价格和工期的修改，但是通常用于超出合同变更范围的工作内容修改。

（九）变更令/合同修改文件

变更令/合同补充文件通常由以下的资料构成：

1. 变更令/合同修改文件
2. 变更内容概述
3. 技术文件（图纸、技术说明等）
4. 变更通知
5. 承包商提供的方案
6. 费用分析
7. 时间分析
8. 相关信函
9. 谈判记录
10. 支持文件

二、变更的类别

从广义上来讲，变更就是对合同内容的修改或变化。根据其来源性质不同，可以分为合同变更（一般由业主提出）、承包商提出的变更和额外工作。

（一）合同变更

如上所述，一般的合同都会允许业主方在合同实施过程中以变更的形式对合同内容进行更改，这种改变一般会有范围的限制，限制程度会在变更条款中规定。

通常大家理解的变更往往局限于对于图纸、规范等技术方面的修改，但是变更实际是个范畴非常广的概念，其涉及改变的内容可能有图纸、设计、规范、施工方法、施工程序、设备、材料、要求加速施工、减少部分合同工作、修改施工计划、修改施工里程碑节点时间等。如果从更广义来看，因为意外事件对于合同实施造成的影响也可以算作变更的一种。可以这样理解，所谓变更，就是无论任何原因对于原合同内容造成的改变。不过，通常而言，我们所说的变更是指业主主动提出的对于合同变更的要求。

在合同变更中，最容易发生的事情就是由于种种原因导致最终业主和承包商的纠纷，如口头的变更、变更内容不够清晰。为避免纠纷，通常我们应该注意以下三个方面。

1. 合同变更必须经过正式的合同程序进行，这些程序应该在开工前确定。

在合同实施过程中，经常会有这样一种情况，业主现场工程师或业主代表和承包商之间口头讨论，然后提出一些设计、图纸方面的变更要求，这些要求可能会形成默示的变更。虽然承包商为了工期的需要可能先实施这些变更，但之后承包商需要按照合同规定的变更程序及时补办相应的手续，否则可能承包商完成了变更的任务而无法得到任何费用或工期补偿。而承包商不得不通过索赔等途径，来寻求相应的费用和工期补偿。但索赔通常是比较困难的，因此应当避免这种情况。

2. 合同变更的内容需要尽可能地清晰。

由于合同变更下发的过程可能涉及技术部门、现场实施部门、合同管理员、计划工程师等各个角色，所以很容易导致变更的内容模糊、不够清晰，特别是在进行费用和工期的计算时，依据不充分、工作量不确定、变更所导致的结果统计不准确等容易引起计算的结果不能够反映变更的情况。为了确保变更内容的清晰和一致，合同管理部门或者是合同管理员必须协调好相关部门进行变更的有关分析和确认工作，充分理解变更的内容。

3. 变更的确认。

任何一个变更的批准都要经过业主发放变更通知，承包商提交包含有费用和工期影响分析的变更方案申报，之后通过业主的批准并以变更令的方式下发给承包商。也就是说，变更的下发应该通过变更通知的形式通知承包商，之后都要以变更令或合同修改的形式成为合同的一部分。

(二) 承包商提出的变更

在工程实施过程中，根据工程实际情况的变化，经常会出现承包商提出的对于图纸、规范等的改变，如业主提供的概念图纸存在错误、提供的规范不合理等情况，均构成变更。

1. 承包商变更请求

在这种情况下，承包商应及时分析工程实施的现状，并在此基础上向业主提交变更通知请求，说明可能要变更的图纸或规范问题和不采取变更可能带来的后果，分析对工程工期或费用所带来的初步影响，请求业主及时确认并下发变更通知。

2. 业主变更通知

由承包商提出的变更请求，在提交给业主后，可能会出现两种情况：一种是业主经过分析和确认，批准了承包商的变更请求，并以变更通知的形式下发给承包商，按照合同变更的程序办理；另一种是业主不认为是变更，或者确认仍然是承包商的合同工作范围、责任或义务，不同意给予工期延期和费用补偿。

3. 可能的索赔事件处理

在业主不批准承包商提交的变更请求情况出现时，按照合同规定承包商仍然需要继续履行自己的义务和责任，承担和实施这项变更事件。但同时承包商通常会以索赔的形式就此事件提出工期延期或费用补偿的请求，寻求与业主通过友好协商以解决这个问题，而且很多时候会由于双方不能达成一致意见导致纠纷，这时就要付诸纠纷解决措施来解决。

因此，从承包商角度来说，如果在工程实施过程中不得不主动提出变更，则最好在变更前书面通知业主，要求正式下发变更通知，可以避免以后转变为索赔事件而引起不必要的纠纷。

(三) 额外工作

一般来说，国际工程合同都允许通过变更的形式对一定范围内的工作进行调整，但是这种改变要求是在原合同范围内，并且对于合同价格的改变要有一定的限度。但有一种情况是，业主要求承包商实施合同范围以外的工作，这种情况称为额外工作。额外工作是原合同工程量清单不包含的工作，而且也不是完成原合同工程所必须要做的工作。如果是额外工作，则一般业主不能简单地通过变更通知的形式要求承包商改变，而应该对此进行谈判形成新的补充协议。

当业主要求承包商增加额外工作时，承包商要特别注意是否需要对原合同的保函、保险以及合同通用和特殊条款等进行相应的调整。

在增加额外工作的过程中，所有的谈判过程都应该有书面的记录，最终形成书面的补充协议。

三、变更程序

国际工程合同，一般在合同的通用条款或其附件中都会有相应的变更程序规定，在工程实施过程中业主和承包商双方均需要严格按照此程序办理。

（一）业主向承包商下发变更通知。

正式的变更程序的第一步是业主向承包商下发变更通知，变更通知中应该包含在下发变更通知时已经具备的相关图纸、规范、数据等信息。业主相关的变更下发应该经过内部的授权和批准。

每一个发给承包商的变更通知都应该按照顺序编号，并进行登记。对于每一个变更通知，承包商都应该进行回复，无论是承包商同意按照变更通知实施、提出意见、不同意或者是提出其他的方案，业主方面都应该进行登记。对于变更通知登记表，应该定期进行更新，并跟踪未关闭的变更通知的状态。

（二）承包商向业主提交变更方案。

承包商对于业主发放的变更通知，应及时组织人员按照业主规定的提交时间编制和提交变更方案。变更方案的内容包括：变更事件涵盖的工作内容，变更对时间的影响分析，变更的费用计算原则，工期或费用测算结果，施工组织措施或方案等。

（三）业主批准承包商提交的变更方案，并以变更令/合同修改文件的形式发给承包商指令其开始实施此项变更。

对于经过业主、承包商双方协商和同意的变更通知，业主应该以变更令/合同修改的形式进行确认。变更令/合同修改也应该按照顺序编号，并进行登记。需要注意的是，变更通知和变更令之间应该要能够互相索引。

当业主和承包商之间暂时不能就变更达成一致意见，但是业主需要承包商先实施变更项目，这时业主可以发出指令要求承包商先行实施。在这种情况下，业主和承包商对要实施的工程必须保持完整的资料和记录，以便以后分析费用和时间。在将来双方达成一致意见后，业主应该以变更令的形式再进行确认。

四、变更对费用和时间影响分析

通常情况下，变更对承包商执行项目会存在时间和费用的影响。

（一）变更对时间影响的分析

大多数的变更都会有时间影响，除非是单纯的价格调整。但是并非对所有的变更，业主都需要给予承包商时间延长，通常在工程合同中，只有对合同的结束时间造成影响，也就是关键路径造成影响时，承包商才能够得到时间延长。因此，对于大部分的变更，虽然会消耗时间，但是并不会对关键路径造成影响，所以不能得到工期延长。

另外一种影响工期延长的情况是同期延误。在这种情况下，虽然变更确实会对项目完成时间造成影响，但是同时承包商自身的原因也造成了项目完成时间的延误，这时承包商通常能够得到工期的延长，但是不能得到相应时间延长导致的费用补偿。

(二) 变更的费用计算

工程合同中，变更对费用影响的分析主要分为三种情况：总价合同、单价合同和成本加酬金合同。最合适的变更费用计算方法是按照原合同的价格形式，但是合同条款一般也允许对于变更采用与原合同不同的方式计算价格，比如在总价合同的情况下采用单价法进行变更费用的计算。

1. 总价合同基础上的变更费用计算

对于总价合同，最合适的方法是采用总价法进行变更的费用计算。

如果是在变更实施前计算费用，则应该是以估计的成本再加上一个合适的利润。如果是在变更完成以后计算费用，则变更实际发生的成本可以作为变更费用计算的一个基础，但是一般不能仅依赖于实际发生的成本。承包商实际发生的费用只能作为估计成本的一个基础，但是不能作为绝对的依据。

变更的价格包括直接费用和间接费用两部分，直接费用主要是劳动力、材料和机械等，间接费用主要是现场管理费、总部管理费、利润等，一般直接费用可以参考实际的成本，需要协商的主要是间接费用。如果在合同中已经确定好这些间接费用的比例，则在变更时就可以直接采用。

2. 单价合同基础上的变更费用计算

如果变更的项目在原合同中已经存在，只是工程量发生变更，则可以采用原合同中的同类或类似项目费用单价。一般在单价合同附件中有专门用于变更费用计算的各类人工单价和施工机械、设备台班单价。在计算变更费用时，只需要先估算出变更所需要的各类人工时和施工机械、设备耗用台班数，再乘以变更单价表中的对应单价，就可以得到变更费用总额。

3. 成本加酬金合同基础上的变更费用计算

对于成本加酬金合同，其变更相比总价合同计算要相对简单。一般变更的费用至少应该包括消耗的成本和现场的管理费用。

4. 成本加固定费用基础上的变更费用计算

对于成本加固定费用的情况，一般在变更中不会采用合同中的费用，而是要根据变更的实际影响来计算费用。如果是采取成本加固定费率的形式，则通常变更费用也采用相同费率来计算。

5. 其他合同形式基础上的变更费用计算

此外，也有一种合同形式是时间和材料合同，在这种合同下采取单价计算劳动力价格，对于材料则采取成本再加一定比例取费，设备则按照固定费用或者设备价格的一定比例支付，通常劳动力的费用会包含管理人员、工具、现场管理费、利润费用等，在材料取费中则通常包括采购、验收、储存以及利润等。这样的合同最终价格通常是比较高的，所以一般用于比较小的合同。

第四节　施工承包合同条件下的工程变更管理

施工承包合同的工程变更，作为合同变更的一种，有其特殊性，即双方在合同中已经约定总包商或总包商代表进行工程变更的权力，从合同生效之日起直至施工承包商完成合同工作为止，变更只能是在原合同规定的工程范围内的变动。总包商应注意不能使工程变更引起工程性质方面有很大的变化，否则应重新订立合同。

一、合同变更产生的原因

合同内容频繁变更是施工合同的特点之一。一个工程，合同变更的次数、范围和影响的大小与该工程招标文件（特别是合同文件）的完备性、设计文件的正确性，以及实施方案和实施计划的科学性密切相关。合同变更一般主要有以下五个方面的原因：

（一）施工图设计不足

由于勘查粗糙，工程设计人员没有充分考虑到可能发生的不利条件的变化（如地质条件发生变化等），仍按照常规设计，致使施工过程中遇到较大困难，会增加施工承包商大量额外的工作，从而导致工程变更。此外，由于规划调整等原因，原设计图纸中部分工程的标高、基线、位置、尺寸和性质已不再符合要求，也会发生工程变更。

（二）工程量计算有误

工程量是由工程预算编制人员计算出来的，由于每个人对施工图纸的理解和工程量计算规则水平的不同，不可避免地存在计算偏差。加之部分工程施工图纸本身存在较多不确定因素，致使总包商在施工招标阶段提供的工程量清单与工程实际不符，从而造成以后的工程变更。

（三）设备标准的市场变化

在施工过程中，往往会出现当前市场供应的设备材料的规格标准不符合设计要求，或者与业主期望效果相差较大，业主要求变更有关工程设备材料的规格标准，造成工程变更。

（四）施工现场的未知情况

由于不利自然条件（如连降暴雨等），或不可抗拒因素造成施工中断和效率降低，也会发生工程变更。

（五）业主、总包商与施工承包商缺乏协调配合

由于业主、总包商与施工承包商之间缺乏协调配合，所供应的设备和材料到货时间推迟，造成工程现场停工、窝工，从而引起施工中断，打乱施工进度，使得施工时间和施工顺序需要重新调整，造成工程变更。

二、工程变更的分类

工程变更的范围很广，但由于各种原因的变更最终往往表现为设计变更，且考虑到设计变更在施工工程变更中的重要性，通常将工程变更分为设计变更和其他变更两大类。

设计变更主要包括：增加或减少合同中约定的工程量；更改工程有关部分的基线、标高、位置或尺寸；改变有关工程的施工时间或施工顺序；其他有关工程变更需要的附加工作。这些变更均涉及设计图纸或技术规范的改变、修改或补充。

基于以上变更的类别，依据变更的具体内容及重要程度，设计变更又可分为三大类：

（一）重大设计变更

指涉及大型工程项目的工程规模、特性、标准、场地总体布置、关键设备选择、已经批准的合同总工期的改变等内容的设计变更。

（二）重要设计变更

指涉及工程调整、建筑物结构形式的改变等内容的设计变更。

（三）一般设计变更

指涉及工程细部结构及局部布置的改变、施工详图的局部修改以及施工中一般设计问题处理引起的改变等内容的设计变更。

除上述设计变更外，其他导致合同内容发生实质性变化的变更均属于其他变更，如业主或总包商对工程质量要求的变化（高于原合同中规定标准等）、对工期要求的变化、施工条件和环境的变化导致施工人员、机械和材料的变化等。

三、工程变更程序

工程变更涉及双方的利益，尤其是对施工承包商来说，工程变更是其实现收入的重要来源。工程变更应有一整套完整的申请、审查和批准手续。

（一）提出工程变更

一般来说，工程变更是由总包商或其现场代表提出的，要求施工承包商执行变

更的工作。但根据实际施工的情况变化，为了解决现场出现的问题而使工程顺利进行下去，施工承包商也有权提出工程变更申请。

1. 总包商提出工程变更

总包商一般通过其现场代表提出工程变更要求。在总包商提出合同变更的情况下，即使合同双方未能就工作进度、工作完成方法、价格变更及其他相关事项达成一致意见，施工承包商仍应按总包商提出的合同变更要求进行工作，但在合同约定的一定时间内双方仍然不能达成一致意见的，施工承包商有权停止变更部分的工作。在此之前，施工承包商应继续进行工作，以保证项目工作进度。

如果总包商提出的工程变更内容超出合同限定的范围，则属于新增工程，只能另签合同处理，除非施工承包商同意作为变更。

2. 总包商现场代表提出工程变更

在施工过程中，由于设计中的不足或错误或施工时环境、条件发生变化，总包商现场代表以加快工程进度、保证工程质量或节约工程成本为原则，也可提出工程变更。

3. 施工承包商提出工程变更申请

原则上说，施工承包商无权提出工程变更，只能以变更申请的形式向总包商或其现场代表提出变更建议。施工承包商根据工作需要或事实情况提出变更申请，应向总包商或其现场代表发出书面通知并提交工期影响分析和费用报价书以及相应的详细支持文件。未经总包商或其现场代表书面认可，施工承包商不得按其提议变更的工作内容进行工作。

（二）批准工程变更

由施工承包商提出的工程变更申请，应交予总包商或其现场代表审查并批准；由总包商提出的工程变更，为了便于工程的统一管理，一般由其现场代表代为发出。

一般在工程合同中，对总包商现场代表发出工程变更通知的权利有明确约定，当然该权利也可约定为总包商所有。如果工程合同中对总包商现场代表提出工程变更的权利作了具体限制，则其对超出其权限范围的工程变更发出指令时，应附上总包商的书面批准文件，否则施工承包商可拒绝执行。

但在紧急情况下，不应限制总包商现场代表向施工承包商发布其认为必要的此类变更指示，也就是说，在这种情况下，尽管没有总包商的批准，施工承包商也应立即执行总包商现场代表的此类变更指示。但总包商现场代表应给合同价格确定一个与该指示相适应的增加额，并通知施工承包商。

（三）发出工程变更指令

为避免影响工期，总包商在和施工承包商就变更价格达成一致意见之前，有必要先行发布变更指示，即分两个阶段发出工程变更指示；第一阶段是在没有规定价格和费率的情况下直接指示施工承包商工作；第二阶段是在通过进一步的协商之后，发出确定变更工程费率和价格的指示。

四、工程变更的管理

工程变更管理是施工过程合同管理的重要内容。首先，工程变更常伴随着合同价格的调整，是合同双方利益的焦点，一旦处理不好常会引起纠纷，损害总包商和施工承包商的利益。为了适应国际工程竞争激烈的市场，施工承包商通常在投标或谈判时让步，而在工程实施过程中通过工程量的变化、索赔获取补偿。其次，工程变更容易引起停工、返工现象，对工程进度不利。最后，频繁的变更还会增加现场的协调工作量，对合同管理和质量控制也会相应增加一定的管理工作。

因此，合理确定并及时处理好工程变更，既可以减少不必要的纠纷，保证合同的顺利实施，又有利于总包商对工程价款的控制。

（一）对总包商或其现场代表的口头变更指令，施工承包商也必须遵照执行，但应在规定的时间内书面向总包商现场代表索取书面确认。而如果总包商现场代表在规定的时间内未予书面否决，则施工承包商的书面要求信可作为总包商对该工程变更的书面指令。书面变更指令是支付变更工程款的先决条件之一。

（二）工程变更原则上不能超过合同规定的工程范围。如果超过这个范围，施工承包商有权不执行变更或坚持先商定有关时间影响或费用价格后再进行变更。

（三）注意变更程序上的矛盾性。合同通常都规定，施工承包商必须无条件执行变更指令（即使是口头变更指令），所以应特别注意工程变更的实施、工期影响或价格谈判和总包商批准三者之间在时间上的矛盾性。

在工程中常有这种情况，工程变更已经开始实施或完成，而价格谈判仍然达不成协议，或总包商对施工承包商的补偿要求不批准，这样施工承包商就处于被动的地位。为避免此种情况发生，或因工程变更而导致索赔事件的形成，施工承包商可采取如下措施：

1. 控制（即拖延）施工进度，等待变更谈判结果。这样不仅损失较小，而且谈判回旋余地较大。

2. 争取以点工或按施工承包商的实际费用支出计算费用补偿，如采取成本加酬金方法，这样可以避免价格谈判中的争执。

3. 应有完整的变更实施的记录和照片，请总包商或其代表及时签字确认，为将来变更谈判不成而进行索赔做好准备工作。

4. 在合同实施中，对合同内容的任何变更事件，施工承包商应坚持由其合同管理和控制人员进行先行把关，包括对与总包商或其现场代表之间的有关变更合同内容的任何书面信件、报告、指令等进行技术和法律方面的审查。这样才能保证任何变更都在施工承包商的控制中，不会出现大的纰漏。

5. 在商讨变更，签订变更协议过程中，施工承包商必须提出变更补偿（即索赔）问题。在变更执行前就应明确补偿范围、补偿方法、费用索赔的计算方法、补偿款的支付时间等，双方应该就这些事宜达成一致的意见或约定。这是对索赔权的保留，以防日后为此争执。

6. 在工程变更中，特别应注意因变更造成返工、停工、窝工、修改计划等引起的损失，要注重这方面证据的收集，为以后变更谈判或索赔做好铺垫方面的准备工作。

第五节　国际工程项目变更示例

国际工程项目，一般会在合同通用条款中包含合同变更方面的条款内容。同时在其相应的合同附件中，列举出不同合同形式下的有关变更补偿的原则、计价方式和有关变更程序。在项目执行过程中，为了满足工程变更的需要，业主或总包商与承包商之间也会相应编制一些有关变更的表格，并依据执行。

某国际工程项目合同变更条款示例：

1.0 Changes

1.1 Company's right to propose or direct Changes

Company may propose or direct Contractor from time to time during the performance of the Contract to make a change within the general scope of the Contract ("Change") such as, but not limited to, modifications, alterations, additions or omissions from the Facilities or the Work or changes in the sequence or manner of performance of the Work.

1.2 Value Engineering

1.2.1 Contractor shall, at no extra cost or expense to Company:

(a) review all drawings, specifications, standards and designs referenced in the Contract to identify proposals which (in Contractor's opinion) will, if adopted:

(i) accelerate completion;

(ii) reduce the cost to Company of executing, maintaining or operating the Facilities;

(iii) improve the schedule, quality, efficiency, value or safety (to Company) of the Facilities; or

(iv) otherwise be of benefit to Company; and

(b) where a Change Order would be required in order to realize such benefit, prepare a proposal to Company in respect of the proposed Change (a "Value Engineering Proposal").

1. 2. 2 Each Value Engineering Proposal shall contain at least a description of the applicable existing and proposed Contract requirements and an assessment of the consequences of implementing the Value Engineering Proposal, including an estimate of the Value Engineering Proposal cost or saving, and a method statement for its execution.

1. 2. 3 Company may, in its sole discretion, issue a Change Order to have the Value Engineering Proposal implemented by Contractor.

1. 2. 4 Contractor shall not put forward Value Engineering Proposals that involve the substitution of Company Supplied Materials for materials, tools or equipment supplied by or on behalf of Contractor.

1. 3 Company Change Procedure

1. 3. 1 If Company proposes a Change (a "Change Order Request") or Contractor claims that Company has directed a Change otherwise than by way of a Change Order, Contractor shall, at its cost and expense, submit to Company, within fourteen (14) days of receipt of the Change Order Request (or such other time as Company may specify in the Change Order Request) or claimed Company direction of a Change (as the case may be):

(a) a description of the impact of the proposed or claimed directed Change on the carrying out of the Work, including details of any additional or varied work necessary in order to implement it, and a method statement for such implementation;

(b) a costing of the adjustment, if any, to the Contract Value which Contractor considers would arise if the proposed or claimed directed Change was implemented;

(c) details of the timing which Contractor considers would apply to the payment of any such adjustment to the Contract Value;

(d) a program for the implementation of the Change, details of any effect which Contractor considers the same would have on the CMPS and the attainment of the Critical Milestone Dates and the Scheduled Mechanical Completion Dates, and a statement of any extension of time which Contractor considers should be granted to the Critical Milestone Dates and the Scheduled Mechanical Completion Dates as a result of the implementation of the proposed or claimed directed Change; and

(e) if Contractor considers that the implementation of the proposed or claimed directed Change would adversely affect the operation or functionality of the Facilities, a detailed explanation of this as well as recommendations to mitigate such adverse effects, and all information in support of the above which is reasonably required in order for Company to assess Contractor's submission in detail.

i. In respect of paragraph 1. 3. 1 (b) or shall provide Company with a detailed breakdown of its proposed costing adjustment along with detailed quantity estimates and copies of all related Vendor and Subcontractor quotations for the materials and equipment added and any amount of discount or rebate Contractor would receive from Vendor (s) and Subcontractor (s), directly or indirectly, for such materials and equipment, and the cost to be ultimately incurred by

Contractor, directly or indirectly, after all direct and indirect discounts and rebates to Contractor, and Contractor shall make available all related records and documents for Company review.

ii. Within fourteen (14) days of receipt of Contractor's submission and supporting information, Company shall notify Contractor whether it wishes Contractor to carry out the proposed or claimed directed Change, or, in the case of a claimed directed Change, Company may deny the existence of a Change. If Company wishes Contractor to carry out the Change, Company and Contractor shall each take reasonable steps to agree the details of Contractor's submission.

iii. Company may at any time issue a Change Order, whether or not Company has issued a Change Order Request.

iv. If the Parties agree to the details of Contractor's submission, Company shall issue a Change Order documenting all such matters and Company shall, in particular, grant any agreed extension of time to the applicable Critical Milestone Dates and/or Scheduled Mechanical Completion Dates (as may be applicable) and make any agreed adjustments to the Contract Value and to any other provisions of the Contract.

v. If:

(a) the Parties cannot reach agreement on the details of Contractor's submission, Company may, without prejudice to either Party's position in respect of the matter, nevertheless issue a Change Order to Contractor to carry out the Change notwithstanding that agreement on all matters has not been reached; or

(b) Company issues a Change Order without a Change Order Request, Contractor shall carry out the Change in accordance with the Change Order and Company shall (pending agreement or final determination of the relevant adjustments, and without prejudice to either Party's position in respect of the matter) make a fair and reasonable provisional:

(c) extension of time to the applicable Critical Milestone Dates and/or Scheduled Mechanical Completion Dates (as applicable);

(d) adjustment to the Contract Value; and/or

(e) adjustment to any other provisions of the Contract.

If agreement on the details of any Change Order is not reached between Company and Contractor within sixty (60) days after the date Company issues the Change Order, the matter shall be settled in accordance with Schedule E.

1.4 Adjustments to the Contract Value for Changes and Payment for Changes

1.4.1 The value of any increase or decrease to the Contract Value for a Change shall be determined in accordance with Schedule C.

1.4.2 On or prior to the Effective Date, Contractor shall provide to Company:

(a) a detailed price and cost breakdown together with supporting information (both to the level of detail that satisfies Company) so as to permit Company to gain a detailed understanding of prices and costs in relation to the Work and for Company to undertake a detailed analysis of such prices and costs; and

(b) a statement (to the level of detail that satisfies Company) of Contractor's estimating process including any judgmental factors applied, the allocation of profit and the amount of any contingencies included in prices and costs.

1.4.3 Notwithstanding anything to the contrary, Company may, but need not, refer to or use such breakdown, supporting information and/or statement in fixing any adjustment to the Contract Value in respect of a Change.

1.4.4 Notwithstanding anything to the contrary:

(a) if the increase to the Contract Value for a Change is less than US $5000, Contractor shall not be entitled to receive any compensation whatsoever for implementing the Change. For the purposes, multiple unrelated Changes shall not be aggregated. Company may from time to time require any such Changes to be recorded in a single zero value Change Order;

(b) where a net cost reduction is actually realized as a result of Company issuing a Change Order in respect of a Value Engineering Proposal, the actual realized amount of such net cost reduction shall be shared 25%/75% between Contractor and Company, respectively; and

(c) if a Change Order results in an increase to the Contract Value that triggers an increase to the bond amount of the Performance Bond, Contractor shall not be entitled to any payment for such Change Order unless and until it has complied in full with the requirements.

1.4.5 Payment for Changes shall be made in accordance with Schedule C.

1.5 Extensions of Time for Changes

1.5.1 Company shall grant to Contractor such extension of time to the Critical Milestone Dates and/or Scheduled Mechanical Completion Dates as shall be fair and reasonable in all the circumstances to reflect the actual and necessary delay in completing the Critical Milestones by the applicable Critical Milestone Date and/or achieving Mechanical Completion of the Systems or Facilities by the applicable Scheduled Mechanical Completion Date which results directly and naturally from the occurrence of the Change.

1.5.2 The provisions (modified as appropriate to apply to Changes) apply in respect of Changes.

1.6 Implementation

1.6.1 On receipt of a Change Order, Contractor shall forthwith proceed to carry out the Change and be bound to the terms and conditions of the Contract in doing so as if the works to be performed as a result of the Change were originally required under the Contract.

1.6.2 Notwithstanding anything to the contrary, if Contractor commences or carries out any work relating to a Change prior to Company issuing a Change Order in respect of the Change, or if Contractor fails to comply, Contractor shall not be entitled to any payment whatsoever nor to any extension of time whatsoever in respect of the Change (or any part thereof) and Contractor shall be deemed to have conclusively waived any such entitlements in which case Contractor must comply with its obligations under the Contract and any principle of law or equity which might otherwise render any Critical Milestone Date (s) and/or Scheduled Mechanical

Completion Date (s) immeasurable and/or any liquidated damages unenforceable, or which may otherwise entitle Contractor to any relief, will not apply.

1.7 Company Acceleration

If at any time or times before the Date of Mechanical Completion of the Facilities Company wishes to accelerate the Work or any part thereof, then subject to the Parties reaching agreement on the effect (if any) thereof on the CMPS, the Scheduled Mechanical Completion Dates, the Critical Milestone Dates and/or additional compensation due to Contractor or credit due to Company, Company may issue a Change Order requiring such acceleration and dealing with any other related or consequential matters.

1.8 Contractor Acknowledgements

1.8.1 Contractor acknowledges and agrees that:

(a) no Change shall have the effect of relieving Contractor from any of its obligations under the Contract, except as expressly set out in a Change Order;

(b) no Change will affect Company's rights against Contractor whether under the Contract or otherwise according to Law;

(c) no Change shall vitiate the Contract (whether itself or cumulatively with other Changes);

(d) the commenting on or marking or approval of or the failure to comment on or mark or approve documents shall not be nor be construed to be a Change;

(e) normal design and engineering development (including design and engineering developed by the EPCM Contractor after the Effective Date), and corrections to detailed design and engineering work, shall not be nor be construed to be a Change;

(f) no additional compensation shall become payable to Contractor, and Contractor conclusively waives any entitlement to an extension of time, if and to the extent that any Change:

(i) is required as a result of any act or omission on the part of Contractor, any Subcontractor, any Vendor or any of their employees and/or agents;

(ii) relates to the omission of any Work, and Company shall be entitled to arrange for the same to be executed by others and all Claims that Contractor may have against Company in connection with the omission of Work are hereby conclusively waived; or

(iii) is directed by Company in relation to or in connection with any Defect.

1.9 Change Order List

Company shall maintain a Change Order list which it shall update every month to accurately and properly record and describe each and every Change Order. Company shall provide Contractor with ready access to such list and Contractor may (at its cost) reproduce such list.

某国际工程合同变更通知示例：

Contract Change Notice

Company: ____________________
Owner: ____________________
Job No. ____________________
Contractor: ____________________ Letter Number: __________
Address: ____________________ Effective Date: __________
Reply Required: __________
Contract Number: __________
Change Notice No. __________

This Change Notice is forwarded for your signature. Please complete this form as required and return the original to this office. A copy has been included for your files.

Description of Change:
Pricing Method:
□LS □UNIT PRICE □COST BASIS □N/A
□Proceed with work □Notice to proceed required
□No change in price authoried □No extention of time authorized
□Drawings/Data Attached □Submit proposal within ____ days
□____________________
Date approved:
Signature authority: Date:

To: Contractor Letter Serial No. ______
□Acknowledge and Accept □Acknowledge with Exceptions:
□Are □Are not proceeding with this change
A Proposal □Has been submitted □Will be submitted
Signature:
Title: Date:

第六章

承包商合同索赔管理

索赔管理是合同管理的重要组成部分。国际工程实施过程中承包商的工作受到外部干扰很大，很可能会影响项目按计划进行，导致拖期与费用的增加。因此需要对合同实施阶段出现的每一个索赔现象，都应按照合同的有关条款和惯例尽快加以解决。工程索赔是承包商弥补损失的一个重要途径。另外，业主也可以根据合同对承包商提出索赔，业主的索赔有时也被称为反索赔。本章主要从承包商的角度来论述索赔管理。

第一节　工程索赔的合同基础

一、索赔的定义

索赔是国际上通用的工程术语，是国际工程承包中经常发生的正常现象，是对外承包企业利用客观性、合理性、合法性及双赢性获取补偿的经济活动。美国 AIA 文件 A201“土木工程施工合同通用条件”（1987 版）中第 4.3 条对索赔的定义为：索赔是某一方为维护其权利而提出的要求或主张，以期对合同条件进行调整或解释，进行支付，延长工期或其他对合同条款的放宽。

二、索赔的依据

一般承包合同中都有赋予 EPC 承包商索赔权的各项规定，即索赔的依据。主要表现在四个方面：一是业主违反合同义务或发生的工程变更；二是立法发生的变化；三是发生了战争、动乱、恐怖袭击等社会极端行为；四是重大天灾。后两个方面通常构成不可抗力。涉及此类索赔权的具体条款通常有：

（1）业主不按时提供现场或通行权；

（2）业主支付延误；

（3）业主无故扣发或延误答复承包商的各类申请或设计文件批复；

（4）业主干扰或延误须双方参加的各类检验；

（5）业主变更了工程范围、质量标准、原定工程实施方式或顺序；

（6）业主提供的某些基准数据有误；

（7）立法的变动或政府当局签发新的行政命令；

（8）不可抗力。

另外，EPC 合同还规定业主应向承包商提供某些协助，若业主没有履行该义务，也构成承包商的索赔依据。

由于工程的索赔必须依据合同或其他规定，因此在合同签订前就必须对合同的各项规定，尤其是关于索赔的规定予以重视，特别是关于合同范围、义务、付款、工程变更、违约及罚款、业主违约、索赔时限和争端解决等条款。在合同履行过程中的一切要约和反要约或争议等，都应得出双方确认的一致结论并写进合同补充协议中，在合同条件方面的一切口头承诺都是没有法律效力的。在没有得到业主正式书面确认前就着手执行工程，可能被误认为承包方已经放弃了自己的声明和要求，只能被看作是某种权利的单方性保留而已，承包商对此应有充分的认识。

一定要注意合同的特别条款，例如：在合同中可能没有索赔条款，却可能有类似的无索赔条款，如“本工程按照合同规定日期完成，不考虑任何的工期延长”；拖期付款可能无时限规定；没有物价调整条款；合同中有“业主认为不可预见的工程施工条件不承担责任，或者在合同条款中列入延误补偿条款，即可以索赔工期，但不能索赔费用”等规定。如果在签订合同时没有注意到这些问题，承包商在履行合同时就很难进行索赔。所以承包商只有仔细研究合同条件，才能在合同执行过程中发现索赔机会。

三、索赔的特点

（一）客观性

必须确实存在不符合合同约定或违反合同约定的事件，且该干扰事件对索赔方的工期或成本造成影响。索赔方提出工期或成本索赔时，应提供客观、真实的确凿证据。由于索赔相关方都在进行合同管理，对合同实施过程都进行监督和跟踪，对索赔事件也都足够了解清楚，所以不论提出任何索赔，证据必须是客观、真实的。

（二）合理性

索赔要求应合情合理，符合实际情况，真实反映由于干扰事件发生对提出索赔一方造成的实际损失，采用合理的计算方法和计算基础。承包商必须证明干扰事件、干扰事件的责任、合同履行过程所受到的影响、承包商所受到的损失与所提出的索赔要求之间存在着因果关系。

（三）合法性

引起索赔的干扰事件非承包商自身责任引起，按照合同条款对方应给予补（赔）偿，索赔要求应符合合同规定。合同作为工程中的最高依据，由它判定干扰事件的责任由谁承担，承担什么样的责任，应赔偿多少等。因此，不同的合同条件，索赔要求有不同的合法性，相应的解决结果也会随之不同。

第二节 索赔工作的日常管理

一、组织管理

由于索赔需要项目多部门的配合，才能获得索赔所需的各类数据，所以良好的组织管理是索赔成功的组织保证。大型工程项目一般都设有项目经理办公室、控制部、设计部、采购部、质量部、施工管理部、合同部、财务部、文控部、保安部、行政管理部等。若工程项目规模较小，可以将控制部、合同部、文控部合并到一起，甚至合并到项目经理办公室；也可以根据项目的具体情况，不设立部门，只设立相应的职能工程师。但无论怎样设计，各角色的职能需要清晰，要有清楚的合同索赔意识，善于抓住索赔机会。一项索赔往往起因于设计、采购、施工等工作中出现问题，导致承包商误期以及增加了承包商的计划开支。此情况下，项目经理办公室要求合同部牵头处理索赔工作。合同部一般负责合同依据的查询、索赔权的论证以及索赔整体思路的设计，并协助控制部、财务部计算延误的工期和费用；设计部、采购部、施工管理部、一线施工队等负责提供相关部门的证据文件；文控部负责所有索赔文件的归档保存和发放。各个部门需要有明确的分工，并密切配合，才有可能索赔成功。

索赔资料的文档管理是国际工程索赔成功的基础。承包商在提出索赔要求时必须进行大量的索赔取证工作，以充分的证据来证明自己拥有索赔的权利。完善高效的文档管理可以为及时、准确、全面、有条理地解决索赔提供分析资料和证据，用以证明索赔事件的存在和影响以及索赔要求的合理性和合法性。

有关索赔的文档分为如下各类：

（一）EPC 招标文件；

（二）各类分包/采购招标或询价文件；

（三）签订合同前双方来往信函以及澄清文件；

（四）EPC 交钥匙合同；

（五）各类分包/采购合同；

（六）变更命令和现场指令；

（七）各类项目执行文件；

（八）日报、周报和月报；

（九）与业主、分包商/供应商的会议纪要；

（十）与业主的来往信函；

（十一）与分包/供货商的来往信函；

（十二）EPC 承包商内部会议纪要；
（十三）EPC 承包商内部各部门来往函件；
（十四）各类担保保证文件；
（十五）各类保险单；
（十六）政府官方部门发布的对项目有影响的正式文件。

上述文档可以由文控部统一编码归档管理，并规定文件的保密等级，供索赔时各部门查阅使用。

结合上述文件，还可以抽出核心事项，做出表格，供合同监控人员随时查阅，核心事项通常包括：

（一）主合同支付汇总表；
（二）主合同变更、索赔申请汇总表；
（三）批准变更、索赔汇总表；
（四）分包费用支出预算表；
（五）分包合同汇总一览表；
（六）分包合同支付汇总表；
（七）分包合同变更、索赔汇总表；
（八）保险单汇总监控表；
（九）履约保函/担保汇总监控表。

二、加强索赔资料的文档管理

索赔方应积累一切可能涉及索赔论证的资料。对于同业主就一切研究技术问题、进度问题和其他重大问题举行的会议，应做好文字记录，并争取与会者签字作为正式文档资料。即使未能取得各方签字，也应当编号、标明日期和发送单位，作为正式会议纪要发给与会者，并应有收件人的签收手续。建立严密的施工记录、记工（窝工）卡片、工程日进度记录，实验报告，以及往来函件编号，归档记录制度，还应有相应的财务会计和成本核算记载，物资采购单证等，这些均是计算索赔金额和必要的索赔论证资料。

此外，工程技术、施工管理、物资供应、财务会计人员之间应保持密切联系，经常在一起研究索赔和额外费用补偿问题。各部门草拟的有关索赔或承诺责任的对外信函，在发出前应进行审核、会签，以保证信函内容在前后协调一致。

三、索赔影响分析

由于在工程合同履行过程中，时常会发生一些未能预见的干扰事件使预定的计划受到干扰，合同履行不能顺利进行，结果造成工期延长，费用增加。因此涉及索赔的各个部门要积极配合，及时准备计算索赔工期和费用。

（一）工期索赔分析的依据

工期索赔的依据主要有：

1. 合同规定的总工期计划；

2. 合同签订后由承包商提交的并经过业主同意的详细的进度计划；

3. 合同双方共同认可的对工期的修改文件，如认可信、会谈纪要、来往信件等；

4. 业主和承包商共同商定的月进度计划及其调整计划；

5. 受干扰后实际工程进度，如施工日记、工程进度表、进度报告等。

承包商在每个月底以及在干扰事件发生时都应分析对比上述资料，以发现工期拖延以及拖延原因，提出有说服力的索赔要求。

（二）对项目活动的影响分析

在进行网络分析前必须确定干扰事件对项目活动的影响。这是很复杂的，因为实际情况千变万化。下面就几类常见的索赔事件叙述其分析方法。

1. 工程拖延的影响分析

在工程中，业主推迟提供设计图纸、建筑场地、行驶道路等，会直接造成工程推迟或中断，影响整个工期。通常，这些活动的实际推迟天数可直接作为工期延长天数，即为工期索赔天数。现场实际工程记录可以作为证据。

2. 工程变更的影响分析

工程变更一般有如下几种情况：

（1）增加的工程量超过合同规定的承包商应承担的风险范围，可以进行工期索赔。通常可以按工程量增加的比例同步延长所涉及的网络活动的持续时间。

（2）增加新的附加工程，即增加合同中未包括的，但又在合同规定范围内新的工程分项。这导致必须增加新的网络活动，应按照合同双方商讨或签订补充协议确定新活动的持续时间、新活动与其他活动之间的逻辑关系或新活动的开始时间。

（3）对因业主责任造成工程停工、返工、窝工、等待变更指令等事件，可按经业主签字认可的实际工程记录延长相应网络活动的持续时间。

（4）业主指令变更施工次序会引起网络中活动之间逻辑关系的变更，对此必须调整网络结构。其实际影响可由新旧两个网络的分析对比得到。

（5）在实际工作中，工程变更的实际影响往往远大于上述分析的结果，因为工程变更还涉及等待变更指令，变更的实施准备、材料采购、人员组织、机械设备的准备，以及对其他网络事件的影响，这些因素常常很容易被忽略。在许多索赔中常常因提不出这些影响的得力证据，使索赔要求被对方否定，使承包商受到损失。对此的处理和解决办法应在变更协议中予以规定。在变更前以及在变更过程中，承包商应重视这些影响证据的收集并由业主签字认可。

3. 工程中断的影响分析

对由于罢工、恶劣气候条件和其他不可抗力因素造成的工程暂时中断，或业主指令停止工程施工，使工期延长，一般其工期索赔值按工程实际停滞时间，即从工程停工到重新开工这段时间计算。但如果干扰事件需要后续处理，则要加上清除后果的时间。如恶劣的气候条件造成工地混乱，需要在开工前清理场地，有时需要重新招雇工人，组织施工，重新安装和检修施工机械设备等。在这种情况下，可以按业主填写或签证的现场实际工程记录为证据。

（三）工期索赔的计算

新工期与原工期之差即为干扰事件对总工期的影响，即为工期索赔值。干扰事件对工期的影响，即工期索赔值可通过原网络计划与可能状态的网络计划对比得到，而分析的重点是两种状态的关键线路。通常，如果受干扰的活动在关键线路上，则该活动的持续时间的延长即为总工期的延长值；如果该活动在非关键线路上，受干扰后仍在非关键线路上，则这个干扰事件对工期无影响，故不能提出工期索赔。

这种考虑干扰后的网络计划又作为新的实施计划，如果有新的干扰事件发生，则在此基础上可进行新一轮分析，提出新的工期索赔。这样在工程实施过程中进度计划是动态的，不断地被调整。而干扰事件引起的工期索赔也可以随之同步进行。

在实际工程中通常可以采用如下分析方法：

1. 网络分析方法

网络分析方法是通过分析干扰事件发生前后网络计划，对比两种工期计算结果，计算索赔值。它是一种科学的、合理的分析方法，适用于各种干扰事件的工期索赔。它通常以采用计算机网络分析技术进行工期计划和控制作为前提条件。

2. 比例分析法

前述的网络分析方法是最科学的，也是最合理的。但是，必须有计算机的网络分析程序，否则分析极为困难，人工分析和计算几乎是不可能的。稍微复杂的工程中，网络活动可能有几百个，甚至几千个，在实际工程中，干扰事件常常仅影响某些单项工程、单位工程，或分部分项工程的工期，要分析它们对总工期的影响，可以采用更为简单的比例分析方法。

（四）费用索赔的分析

费用索赔是整个合同索赔的重点和最终目标。工期索赔在很大程度上也是为了费用索赔。在承包工程中，干扰事件对成本和费用的影响的定量分析和计算是极为困难和复杂的。目前，还没有统一认可的，通用的计算方法。有的合同中规定了计算方法，但有的合同中没有约定，而承包商选用不同的计算方法，对索赔值影响很大。承包商必须采用为业主、调解人或仲裁人所接受的计算方法，否则计算方法不合理，费用索赔值计算明显过高，会使整个索赔报告和索赔要求被否定。

费用索赔以赔（补）偿实际损失为原则，在费用索赔计算中体现为如下三个方面：

第一，实际损失，即为干扰事件对承包商工程成本和费用的实际影响，可作为费用索赔值。承包商不能因为索赔事件而受到额外的收益或损失，索赔对业主不具有任何惩罚性质。实际损失包括两个方面：

（1）直接损失，即承包商财产的直接减少。在实际工程中，常常表现为成本的增加和实际费用的超支。

（2）间接损失，即可能获得的利益的减少。例如，由于业主拖欠工程款，使承包商失去这笔款的存款利息收入。

第二，对所有干扰事件引起的实际损失，以及相关的计算，都应有详细的、具体的证明。在索赔报告中必须出具这些证据。业主或业主代表在审核承包商索赔要求时，也常常要求承包商提供这些证据，并全面审查这些证据。没有证据，索赔要求是不能成立的。

实际损失及相关计算的证据通常有：各种费用支出的账单，工资表（工资单），现场用工、用料、用机的证明，财务报表，工程成本核算资料，甚至还包括承包商同期企业经营和成本核算资料等。

第三，当干扰事件属于相关违约行为时，如果合同中有违约金条款，则先用违约金冲抵实际损失，不足的部分再赔偿。

（五）费用索赔的计算

赔偿实际损失原则，并不能理解为必须赔偿承包商的全部实际费用超支和成本的增加。在实际工程中，许多承包商常常以自己的实际生产值、实际生产效率、工资水平和费用开支水平计算索赔值，以为这即为赔偿实际损失原则。这是一种误解。这样常常会过高地计算了索赔值，而使整个索赔报告被对方否定。

在索赔值的计算中必须考虑以下几个方面：

第一，扣除承包商因自己责任造成的损失，即由于承包商自己管理不善，组织失误等原因造成的损失由他自己负责。

第二，符合合同规定的赔（补）偿条件的，扣除承包商应承担的风险。任何工程承包合同都有承包商应承担的风险条款。风险范围内的损失由承包商自己承担。如某合同规定，“合同价格是固定的，承包商不得以任何理由增加合同价格，如市场价格上涨，货币价格浮动，生活费用提高，工资基限提高，调整税法等”。对在此范围内的损失是不能提出索赔的。

第三，超过索赔有效期提出的索赔要求无效。

第四，合同规定的计算基础。合同是索赔的依据，又是索赔值计算的依据。合同中的人工费单价、材料费单价、机械费单价、各种费用的取值标准和各分部分项工程合同单价都是索赔值的计算基础。有时按合同规定可以对其作出调整，如由于社会福利费增加造成人工工资基限提高，且合同规定可以调整，则可以提高人工费单价。

第五，如果合同对索赔值的计算规定了计算方法、计算采用的公式、计算过程等，则必须按照合同约定执行。

（六）计算费用索赔的策略

对重大的索赔，特别是重大的“一揽子”索赔，在最后解决中，承包商常常必须作出让步，即在索赔值上打折扣，以争取对方对索赔的认可，争取索赔的早日解决。这使得索赔报告中的费用赔偿要求常常与最终解决，即双方达成一致的实际赔偿值相差甚远。

在国际承包工程中，承包商对待不同的干扰事件和费用项目常常采用不同策略：

第一，对有固定计算基础或标准的费用项目，如对工程量增加，必须按合同报价的单价和实际量方计算；因工程拖期而计取的工地管理人员的工资和其他工地管理费等都以报价为依据。

第二，有些干扰事件可按实际费用支出计算索赔值，鉴于业主对承包商实际费用开支的审核和鉴别是比较困难的，因此常常将承包商自己的失误和风险范围的损失也计算进去。如对由于工程中断，业主原因造成施工方案的变化，业主指令赶工等提出的索赔值的计算可以略有扩大。

第三，对于新增的须重新计价的工程项目，特别是业主指令增加的不属于合同范围的工程，以及由于工程变更导致工程的性质变化，承包商可以提高报价以增加利润水平。

四、索赔管理应注意的问题

索赔管理中要树立的几种意识。

（一）法律意识

法律意识要求合同双方遵守合同规定的义务和权利，做到依法经营、合规经营。每一个工程合同都有一个法律适用的问题。作为国际工程的承包商，不仅要对项目执行中涉及的有关法律和规定进行深入研究，也要关注相关的通行的国际惯例。

（二）风险意识

国际工程承包是国际性的商业竞争，是一项高风险事业。在当前的后金融危机时代，全球的金融体系正在重建，双边关系和多边关系也在重新调整，社会矛盾有增加甚至激化的趋势，这些都给对外工程承包带来了更多的不确定性和更大的可变性，面临的风险会越来越高。“风险控制”成为当前对外工程承包活动中的一个关键词，政治风险、汇率和价格风险等因素的叠加，考验着我国承包商。

在EPC模式下，业主通过合同的设计将工程项目的大部分风险转移到EPC总承包商身上，EPC总承包商在企业层面要承担市场风险、战略风险、财务风险、运营风险、法律风险，在项目层面则可划分为外部风险、技术风险、合同及交付风险、财务风险、潜在合作方的风险、组织及人力资源风险、现场施工风险、工作范围的风险、进度风险、HSE风险等十类风险。在管理过程中要把握关键环节，按照“抓住深层次问题、抓住影响最大风险要素”管理原则，在整个项目生命周期中可以设定三个关键控制环节：项目立项、投标报价和组织实施。其中，项目立项环节重点解决如何选择项目和选择什么样的项目；投标报价环节重点解决以什么样的条件和价格签订合同；组织实施环节重点解决以什么样的措施和手段确保项目进展顺利。

（三）经营意识

经营意识体现在索赔管理中就是索赔的自觉性和主动性，自觉关注与项目经营行为中与索赔有关的一切事情。索赔是工程承包合同双方的权利，也是一种经营行为，任何一方都有权主动提出索赔要求，以维护自己的利益。但是，经营意识绝不是意味着企图获得额外的收入，不能盲目，否则过犹不及。索赔是承包商维护自身正当利益的手段，而不是我们的最终目的。索赔要求的提出和解决，都要建立在成本控制的基础上。因此，索赔管理要有明确的成本概念，要吃透合同的条款，熟悉项目的工程范围和成本的组成，及时掌握各个专业部门的相关工作和进展，及时发现超出合同范围的工作并提出相应的索赔要求。此外，索赔管理人员也要意识到索赔工作本身是需要支付成本的。

（四）进度意识

国际工程的承包商必须具备严格的进度意识，一是索赔工作有严格的时限要求，二是索赔要在最有利的时机提出。索赔是业主和承包商之间的利益之争，也是智慧之争和能力之争，需要承包商及时地发现索赔机会，准时地进行索赔，失掉时机或超过时限，往往意味着索赔失效。

五、索赔管理中要抓住的关键事项

（一）抓好证据管理

证据管理是索赔工作中最为核心、最为基础的工作，离开了证据，一切无从谈起。证据管理要体现在项目管理的每个环节和每个细节，从项目经理到专业工程师都要落实相应的管理责任，项目执行中发生的事件都要根据项目的有关规定和制度留下足够的痕迹，便于跟踪和追溯。

（二）研究合同文件

承包商从项目投标报价阶段开始就要安排相应的人员对承包项目的相关合同文件进行深入细致的研究和探讨。索赔的法律依据都是基于合同文件和合同条款的合理解释。承包商必须从合同文件中寻找事件的索赔权并确定该项索赔的合理性。此外承包商还要从法律法规、技术规程、工程量清单、工作范围、往来函件等所有文件中寻找索赔的法律依据。

（三）适时开展索赔

实践证明，承包商努力做好工程项目管理，不仅能为自己赢得良好声誉，而且能为业主创造价值，积极有效的项目实施是索赔成功的基础。承包商不能热衷于索赔，不能把索赔作为主业，要避免引起业主的不满，接二连三地报送索赔报告不利于索赔工作的提出和进行。有经验的承包商一般是在实施过程中，充分收集有利证据，做好索赔的前期准备工作，把握良好时机，在索赔事件发生后的有效时限内，适时提出索赔。承包商在提出索赔时，要有理有据、合情合理，应避免"高额索赔"策略，这样往往会适得其反。

（四）设计好索赔策略

由于涉及双方的利益，需要履行相应的决策程序，索赔的解决都需要持续较长时间，经历反复协商和谈判过程。因此，承包商在进行索赔的过程中要事先做好策略设计，从哪里入手，先与谁谈，让谁去谈，哪些可以妥协，哪些必须坚持，等等。此外，谈判人员知识要比较全面，既熟悉合同文件和法律规定，又懂工程技术专业知识，在谈判过程中，既要坚持原则，又要灵活机动，寻求双方都能接受的解决方案。

第三节　索赔的一般程序

对于合同实施阶段出现的每一个索赔现象，承包商与业主都应按照合同的有关条款和有关惯例尽快加以解决。

一、建立索赔组织

（一）成立索赔小组

要取得索赔成功，一个健全的组织是极为重要的。索赔问题涉及的层面非常广泛，索赔小组人员应通晓合同与法律、商务、工程技术知识，还应有一定的外语水平和工程承包的实际经验，同时，应当保持头脑冷静，思维敏捷，处事公正，性格刚毅有耐心，坚持以理服人。

（二）索赔小组的主要工作

1. 全面掌握合同的实施状况，及时了解项目进度、质量及成本支出情况，探讨可能采取的索赔事项。

2. 在透彻了解项目全套合同文件的基础上，编制项目的索赔工作指引，作为项目内部日常工作中的参考。

3. 及时判别索赔的事件并适时提出索赔要求。

4. 建立系统的合同履行记录制度，根据索赔的要求，研究制订各有关部门的合同履行记录制度，保证合同履行资料的完整。

5. 整理完整的合同资料，包括合同、往来信件、图纸、会谈纪要、变更指令等。

6. 编写索赔报告，根据具体情况确定或报上级确定是否进行该项索赔。

7. 组织、参加索赔会谈。

8. 处理索赔争议。

二、聘任外部索赔人员

索赔是一项复杂的工作，要统筹各方面工作，此类的专业人才并不多。如果索赔全部由公司内部人员负责，尤其是全部由项目人员负责时，有一个风险是对索赔的负面影响往往估计不足，而且公司内部人员所作的索赔通常会有过于乐观的估计，或对于索赔要求过于夸大。

对于复杂的索赔，或承包商的索赔经验或力量不足时，可以聘用索赔顾问，其作用是站在承包商的立场代表承包商开展索赔工作。对于索赔中遇到的非常专业的技术问题，可以聘请有关知名专家提供意见，这些专家必须有一定的知名度和相应证书，通常，他们的意见可以在仲裁庭或法庭上有效，如果在承包商索赔时有这些专家就某一技术问题给予正面支持，可增加索赔成功的概率。

三、提出索赔要求

当索赔事件出现时，承包商应在事件发生一定时间内（按合同规定的天数），以书面信件形式发出索赔通知，声明其索赔权利。在向业主提出的同时，应抄送如超出期限，索赔要求可能遭到业主的拒绝。但是承包商没有在规定的时限内提交索赔不意味着其丧失了索赔的权利，只有合同条款中明确说明承包商在规定时限提交索赔通知是必要条件时，承包商才丧失索赔的权利。

四、报送索赔报告

索赔资料和索赔报告的整理非常复杂，即使承包商根据记录和财务资料计算出了精确的索赔费用，现实中也不一定能得到全额的补偿，因此，即使是非常专业的人员准备的索赔文件也应留有富余，以便在谈判时让步。第一次提交索赔报告应当详细计划、周密安排。文件中不应包含任何可能用于攻击承包商自身的信息、计算数据、假设情况等，同时可以准备多套索赔方案，并考虑哪个更适合与业主商谈或容易被其接受。

索赔人员应首先按照具体情况计算出真实的索赔费用，然后对所有的索赔的成功概率进行分析，根据不同情况在实际费用的基础上做出一定的增量，以便在谈判中适当的时机进行让步。

实践证明，索赔报告的好坏对索赔的解决有很大的影响。索赔报告书写得不好，往往会使承包商失去在索赔中的有利地位和条件，使正当的索赔要求得不到应有的妥善解决。因此，有经验的承包商都十分重视索赔报告的编写，使自己的索赔报告充满说服力，逻辑性强、符合实际、论述准确，使阅读者感到合情合理，有理有据，有利于索赔的成功。

根据项目的性质以及索赔事件的特点，索赔报告大致由四个部分组成。

(一) 总述部分

概要论述索赔事件发生的日期和过程，承包商为该索赔事项付出的努力和附加开支，承包商的具体索赔要求。

(二) 合同的论证部分

论证部分是索赔报告的关键部分，其目的是说明自己有索赔权，是索赔能否成立的关键。立论的基础是合同文件以及所在国法律。承包商要善于在合同条款、技术规程、工程量表、往来函件中寻找索赔的法律依据，使索赔要求建立在合同、法律的基础上。如有类似的情况下索赔成功的具体案例，无论是否发生在工程所在国，都可作为例证提出。

(三) 索赔款项（或工期）的计算部分

如果说合同论证部分的任务是解决索赔权能否成立，则款项计算是为解决能得多少款项，前者定性，后者定量。

要先写出计价结果（索赔总金额），然后再分条论述各部分的计算过程。引证的资料应有编号、名称。计算时切忌用笼统的计价方法和不实的开支款项，勿给人以漫天要价的印象。

(四) 证据部分

要注意引用的每个证据的效力或可信程度，对重要的证据资料最好附以文字说明，或附以确认件。例如：对一个重要的电话记录或对方的口头命令，仅附上承包商自己的记录是不够有力的，最好附以经过对方签字的记录，或附上当时发给对方要求确认该电话记录或口头命令的函件，即使对方未复函确认或修改，亦说明责任在对方，按惯例应理解为对方已默认。

证据选择可根据索赔内容的需要而定，例如：关于工程所在国的重大政治、经济、自然灾害、罢工、动乱、地震、飓风、异常天气、税收、海关新规定、汇率、涉外经济法、工资和物价的定期报道等；施工现场记录及报表、往来信函及照片摄像片；工程项目的财务和物资的记录、报表等。根据合同论证，索赔款额计算中提出的问题，从上述证据清单中选用必要的材料，统一编号列入。

五、索赔谈判

如果承包商具有有效的索赔条件，按照合同提交了索赔通知，保存了同期的必要记录并提交了专业的、合乎逻辑的索赔报告，则承包商在谈判中将处于非常有利的地位，否则就很容易给业主找出拒绝索赔的理由。

不论索赔准备得如何，业主初步的答复通常不会是全部同意承包商的意见。答复的意见有时是很正面的，使双方有机会继续商谈；有时是全面的否定，拒绝索赔的所有方面，为解决问题设置了障碍。如果根本没有答复或全面地拒绝索赔，没有合适的途径进行对话，承包商除了开启争议程序外将没有其他选择。

谈判的人员在谈判伊始必须确定自身有权与对方达成协议。在谈判的前期，有无相关授权的人员均可以进行谈判，但在重大问题或最终协议时，必须由双方授权的人员进行确定。

开始谈判前，应考虑好让步的条件并在适当的时候提出让步，不应一次提出过多的让步，也应尽量不提出无条件的让步，双方最终寻求友好的解决。如双方达成协议，则最好在会议结束前将双方同意的内容由双方授权的人员进行记录，以免遗漏。在协议中，应包括同意索赔的内容、包含的范围、付款的时间以及延迟付款的违约等。

六、索赔争议的解决

在国际承包工程中，索赔争议是不可避免的，通常的争议解决有如下路径：

（一）裁判

第三方介入争议解决，裁判人员受争议双方委派，对争议的问题进行裁定。裁定一旦做出，对双方都有约束力，直到争议开始仲裁或开始法律程序。

（二）和解

如果双方特别希望解决争议，但确实存在解决问题的障碍，可以采取和解途径来减少双方的差距。和解员是争议问题方面的专家，其目标是将双方拉近，讨论争议的问题，引导双方达成一致，和解员不做任何决定但可以提供建议，而协议的达成留给争议的双方来进行。

（三）调解

与和解类似，如果双方经过调解没有达成协议，则调解员可以对所争议的问题作出调解建议。在与一方会谈时提出的任何条件均不可以透露给另一方。调解员将尽力在各自的会议上挖掘双方的共同点，并尽可能达成协议。如果没有达成协议，调解员可作出决定，但双方不一定要受调解员的约束，除非在一开始双方就同意调解员的决定是对双方有约束力的。

（四）仲裁或诉讼

如果上述方法都不能解决索赔争议，则双方可以根据合同中规定的条款对争议进行仲裁，或提交法院进行诉讼。应注意的是，优先采用何种方法来解决争议，是索赔成功的技巧之一，对承包商的索赔起很大作用。有些合同只规定了通过仲裁解决争议，则通常在没有进行仲裁程序之前，不可到法院进行诉讼程序。有的合同条款规定，仲裁的决定是最终的，则仲裁结果对双方都有约束力。如果合同中没有规定仲裁或者起诉时，承包商可自行决定。

对双方来说，最好的方案是力争通过裁判、和解和调解友好解决。当然，力争友好解决，并不意味着对方不同意时就放弃索赔。

承包商在日常工作中，对于容易解决的索赔，应尽快与业主商谈解决。对于索赔金额较大，承包商占明显主动的索赔，在双方都尽力但仍不能通过友好协商和谈解决时，承包商在姿态上应明确遵循仲裁或诉讼程序解决。当然在开始程序前或后，承包商都有权根据实际情况，在任何时候与业主达成协议。

第四节　反索赔的防范

反索赔是相对索赔而言的，是指被要求索赔的一方向要求索赔一方提出的索赔要求。本节所指的反索赔即为业主向承包商提出的索赔请求，通常体现在投标保函、履约保函、预付款保函、保留金、工程延期补偿、第三方责任险、缺陷责任等。反索赔是业主阻止承包商索赔的有效手段，在承包商提出索赔后，业主常常采取各种措施反索赔，以抵消或降低承包商的索赔值。例如，在索赔报告中寻找薄弱环节，以否定其索赔要求；抓住承包商工程中的失误或问题，向承包商提出罚款、扣款或其他索赔，以平衡承包商提出的索赔。

承包商为了防范业主的反索赔应当做到以下五个方面：

一、签订有利的合同

合同的规定是双方进行索赔和反索赔的最直接依据，如果合同中包含不利的单方面约束，双方的责权利不对等，以及隐含要承担较大风险时，就可能从根本上限制或否定提出索赔和反索赔的条件。因而，在签订合同时，就应有索赔和反索赔的意识，认真分析合同的每一条款对日后提出索赔或反索赔是否有利，如何利用制约对方的条款来缓解对方对己方的制约。

二、认真履行合同

合同签订后，承包商应完全按照合同规定办事，把精力放在管理上。通常，有效的工程管理是排除干扰，搞好协作，承包商自身不发生违约行为，防止扯皮事件发生，使对方找不到反索赔的理由。例如，如果工期没有拖延，业主不可能扣除由于承包商延期造成的延期赔偿费用。

三、发现违约应及时补救

己方违约正是对方提出索赔的机会，无论事后对方是否提出索赔，违约方都应做好如下工作：

第一，发现违约后，应及时采取补救措施，并客观地向对方作出必要的解释，使对方不容易提出索赔；

第二，违约后，应及时收集资料，分析合同责任，测算给对方造成的损失，做到心中有数，以应对对方可能提出的索赔。

四、主动索赔

反索赔从整体上讲是防守性的，但却是一种积极意识，有时则表现为以攻为守，争取索赔的有利地位。当发现双方都有违约行为，且双方都无法摆脱时，应抓住时机先行提出索赔，其原因如下：

第一，尽早提出索赔，防止超过索赔有效期而失去索赔机会；同时也给对方一种被迫感，在心理上处于优势地位。

第二，对方接到索赔报告后，必然要花费精力和实践进行分析研究，以求反驳的理由，这样就迫使对方进入己方的思路考虑问题。

第三，为最终的索赔解决留有余地，这是因为在通常情况下，索赔的最终解决中双方都要做出让步，这对首先提出索赔的一方往往有利。

五、反驳对方的索赔要求

对方提出索赔要求并提交报告时，必然会注明索赔的理由和证据，反驳对方的索赔要求就是利用所掌握的事实材料及合同文件，证明对方的索赔报告事实不准确、索赔理由不充分、索赔计算不正确，以减轻或否定自己的责任，最终达到减少损失的目的。

第五节 索赔案例

索赔报告是索赔内容的书面载体，编写一份形式精美、内容翔实丰富的索赔报告对索赔的成功大有好处。那么，如何编写一份高质量的索赔报告呢？这没有一个固定的格式，但不论如何，都要以事实和证据说话，做到论证有力、证据充分、索赔款及索赔的工期计算准确。索赔报告的正文主要包括目录、项目概述、依据陈述、事实陈述和分析、进度基准回顾、进度和成本调整、附件等。

一、索赔报告的目录

建立目录的好处就是让阅读者一目了然，对整个报告有一个结构和框架上的基本认识。

CONTENTS

1.0 EXECUTIVE SUMMARY

2.0 BASIS OF ENTITLEMENT

2.1 Contract basis of entitlement

3.0 EVENTS AND CIRCUMSTANCES

3.1 Schedule Overview

3.2 Delay in delivery of certain In Kingdom-sourced equipment and materials and SPA Vendor-sourced instrumentation and mitigation costs incurred.

3.3 Delay due to Unavailability of Free Issue Materials for completing the 88" cooling water line.

3.4 Cost of Mitigation incurred due to shift in Subcontracting Strategy for Product Handling Unit.

3.5 Cost of Mitigation due to Change in Subcontracting Strategy in Respect of Availability of Local Subcontract Labour.

3.6 Delay due to Change in Applicable LAW and Cost of Mitigation.

3.7 Delay due to Non-Accessibility of HDPE plot.

3.8 Delay due to Inability to place orders for spare parts (E-Spir, Pemto, SEED files).

3.9 Cost of Extension of Time for Site Establishment, Management Supervision and Indirect Labour and Costs.

4.0 SCHEDULE OVERVIEW

5.0 CONTRACT PRICE AND SCHEDULED COMPLETION DATE ADJUSTMENTS

5.1 CONTRACT PRICE Adjustment

5.2 SCHEDULED COMPLETION DATE Adjustment

APPENDIX 1 Relevant Project Correspondence
APPENDIX 2 Relevant Contract Provisions
APPENDIX 3 Promulgation New Chinese Law re. Paid Annual Leave

二、项目执行概述

概述部分就是对整个索赔情况做大致的说明，让业主和工程师阅后对索赔有一个初步的印象，如索赔事项发生的日期和过程，承包商为了减轻损失而做出的努力，索赔事项导致的承包商施工费用的增加，以及索赔要求等。这部分只是概括说明，不要太具体，其目的是给业主或工程师提供一个初步的了解和判断。

项目执行概述主要是对整个项目执行的概况进行总体的介绍和描述，并对关键节点中的一些情景进行回顾，为后面提出的索赔陈述进行铺垫。

1.0 EXECUTIVE SUMMARY

1.1 Client is not entitled to apply liquidated damages for delay and CONTRACTOR is entitled to an extension of time and reimbursement of certain costs and losses associated with the events and circumstances defined in 1.9 below.

1.2 Through a number of letters, presentations and discussions, CONTRACTOR has advised Client of its entitlement to an extension of SCHEDULED COMPLETION DATE and increase in CONTRACT PRICE.

1.3 This Submission describes the circumstances and events which have arisen since commencement of the Polyolefins Project and upon which CONTRACTOR's entitlement is founded.

1.4 This Submission is presented at a summary level to allow senior management personnel of CONTRACTOR and Client to enter into discussions, based on the facts before them, in order to resolve outstanding problems and achieve a path forward for COMPLETION in the interest of both parties.

1.5 Under a Lump Sum Out of Kingdom Agreement ("OOK") and a Lump Sum In Kingdom Agreement ("IK"), both dated 20th July 2005, CONTRACTOR undertook to design, supply and construct a LLDPE and PP Plant, incl. Product Handling Facilities for the Polyolefins Project.

1.6 The performance of the said Agreements is both interdependent and concurrent and places obligations on both parties such that CONTRACTOR shall design, supply, erect and complete the WORK and Client shall provide for example Utilities and Free Issue Materials in order that WORK can be completed by SCHEDULED COMPLETION DATE.

1.7 By letter dated 6th March 2008, Client notified CONTRACTOR that CONTRACTOR is liable for the application of liquidated damages by Client for each completed week

COMPLETION of the UNIT (S) is delayed beyond the Scheduled Completion Date of 5th March 2008.

1.8 By letter to Client dated 6th March 2008, CONTRACTOR denied liability for late COMPLETION and also denied that Client have any entitlement to apply liquidated damages and that CONTRACTOR was in the process of preparing a request for extension of time and reimbursement of certain costs and losses.

1.9 The following events or occurrences as described in detail herein have prevented CONTRACTOR from completing the WORK by the SCHEDULED COMPLETION DATE and have caused CONTRACTOR to incur additional costs and losses:

· Delayed Provision of Free-Issue Utilities by Client

· Cost of Mitigation incurred due to shift in Subcontracting Strategy for Product Handling Unit

· Cost of Mitigation due to Change in Subcontracting Strategy in Respect of Availability of Local Subcontract Labour

· Delay in delivery of certain In Kingdom-sourced equipment and materials and SPA Vendor-sourced instrumentation and mitigation costs incurred

· Delay due to Unavailability of Free Issue Materials for completing the 88" cooling water line

· Delay incurred due to Change in applicable LAW

· Non-accessibility of HDPE plot

· Inability to timely place orders for spare parts (E-Spir, Pemto) to enable delivery prior to SCHEDULED COMPLETION DATE

· Cost of Extension of Time for Site Establishment, Management Supervision and Indirect Labour and Costs

1.10 In accordance with CONTRACT, and as a consequence of Client preventions, delays and events of force majeure, outlined above and described in detail herein CONTRACTOR is entitled to:

· An extension of SCHEDULED COMPLETION DATE of * * calendar months, to give a revised SCHEDULED COMPLETION DATE of 5th January 2009.

· An adjustment of OOK CONTRACT PRICE of USD * * * * MM (say: * * * * United States Dollar).

· An adjustment of IK CONTRACT PRICE of SAR * * * * MM (say: * * * * Saudi Riyals).

1.11 This Submission excludes any impact of final availability dates for utilities. This will be assessed when the impact is known. This Submission excludes the costs of any Change Orders / Change Notices whether approved, pending or rejected in respect of scope changes although any accumulated effect on schedule is included in the time extension claimed.

As stated this Submission excludes the costs of site work-arounds required and due to the events outlined.

1. 12 CONTRACTOR expressly reserves the right to supplement, add to, vary, amend, alter, omit from, or otherwise withdraw any part of this Submission. This Submission in any part or in its entirety cannot be relied upon in any subsequent proceedings of mediation, arbitration or litigation without the prior and express written agreement of CONTRACTOR.

三、依据陈述

事实和证据是对整个事件的客观描述，并不能说明索赔没问题了。事实依据只是引起索赔的一个必要条件，索赔是否能够成功，最主要的还是看是否拥有索赔权，如果没有索赔权，索赔就从根本上失去了成功的可能性。而是否拥有索赔权主要取决于合同或法律依据。合同或法律就是国际工程项目的合同条件以及工程项目合同适用的有关此项索赔的法律规定。事实和证据并不能说明索赔权，只有合同和法律才能确认是否可以得到经济补偿或工期延长。可以说，依据陈述是索赔报告的关键部分之一，是索赔权的法律基础，是整个索赔报告的基石。

依据陈述主要是从合同和法律中找出有利于支撑索赔的条款，或对合同的具体条款依照相应的法律进行合理的解释。

2. 0 BASIS OF ENTITLEMENT

2. 1 Contract Basis of Entitlement

2. 1. 1 The CONTRACT for WORK to be undertaken by CONTRACTOR provides for progress payments and liquidated damages, and provides and values against which such progress payments and liquidated damages are measured.

2. 1. 2 The CONTRACT also makes provision for changes, additions and deletions to the Project and/ or WORK.

2. 1. 3 CONTRACT provides that YANSAB is to act reasonably in considering the issue of CONTRACTOR's entitlement to a CHANGE ORDER, and hence CONTRACTOR has an entitlement to be fairly treated.

2. 1. 4 Exceptional circumstances going beyond what could have reasonably been contemplated by CONTRACTOR at the time of entering into CONTRACT. Under a lump sum EPC contract arrangement, the contractor is supposed to have the ability to control the supply chain. However, in a market more and more dominated by the "supply" side and ever-increasing delivery times and costs of supply due to an overheated market, the balance shifts and hence, CONTRACTOR's actual control over the Project completion risk has eroded significantly. This is not uncommon anymore in light of the increasing number of oil, gas and petrochemical projects in the Middle East facing delays and cost overruns. This applies all the more where stringent

Client requirements relating to standardization and quality cannot be compromised and this is exacerbated in the case of Saudi Arabia since many of the problems of overheating, etc. described herein have been caused by the extraordinary volume of work and projects released over a comparatively short period of time by SABIC themselves such that the only party who could have foreseen and controlled such events was Client.

2. 1. 5 In this context, it is submitted that the exceptional delays encountered by CONTRACTOR and CONTRACTOR's mitigating efforts in respect thereof should be reviewed on the basis of fairness and reasonableness contemplated by the CONTRACT article on force majeure.

四、事实陈述和分析

事实陈述是报告的核心部分，必须做到有理有据，关键是要有双方沟通中留下的证据，如果光是简单陈述单方面提供的事实材料，那么该材料的冲击力和影响力会削弱很多。特别要关注的是区分事实和证据，如果没有证据，事实也“无能为力”。事实是无法而且也无须像当事人亲身经历那样被发现的，能够“看到”而且只需注意的只有证据，没有证据，就没有效用。“事实”是一个“实际已发生”的概念，“证据”既是一个“实际已发生”的概念，又是一个“制度安排”的概念，“制度安排”是指，你做什么都要注意制度上的要求，或者说要留有凭据。

一般在事实描述中会先进行背景介绍，发生了哪些事件，针对这些事件采取了哪些措施，这些措施是否进行共同商讨并得到对方的确认，这些措施对成本和工期的影响分析。

3. 0 EVENTS AND CIRCUMSTANCES（节选）

3. 1 Project Schedule Overview

During the autumn of 2005 the PROJECT level 3 schedule was developed based upon an agreed overall Project Target Schedule duration of 29. 5 months-rather than the contracted 31 month duration. This schedule-TG03 was issued to Client by CONTRACTOR letters dated 1st November, 2005 and 2nd December, 2005 (Client Comments Incorporated) and approved for use as the Project baseline by letter ######### dated December 19th, 2005.

· Due to the changed planning criteria (ref CONTRACTOR letter #########) of reactor and static equipment delayed delivery and other delays the Project Target Schedule TG03 was abandoned in February, 2007 and schedule R001 giving a 31 month duration was formally issued to Client by transmittal ######### on 3rd April, 2007 although presented and discussed prior to this date. Whilst this schedule has never been formally approved by Client it has been used for all reporting purposes as agreed in the Quarterly Review held 13th March, 2007.

· Whilst various re-planning was made within the confines of R001 to try to accommodate the ######## equipment delays and other delays the COMPLETION date of 5th March, 2008 was maintained despite various communications to Client (for example during the Quarterly Review of 13th March, 2007 when a Mechanical Completion date of end April, 2008 was discussed) that the COMPLETION date was in jeopardy.

As at April, 2007 with the anticipated delay delivery of the reactors (by 4 months), anticipated delay of static equipment (by 3 months), anticipated delay of structural steelwork (by 2 to 3 months), delay of isometric issue and resultant piping material (by 2 months), CONTRACTOR reported that the float contained in the TG03 approved schedule (and more) had been used. The situation in the following months in respect of material deliveries worsened.

· In December, 2007 / January, 2008 it became clear that the COMPLETION date could not be met. The Quarterly Review presentation of 15th January, 2008 advised that the forecast Mechanical Completion dates, based on assumed utilities provision dates, were:

……

These dates were not accepted by Client and CONTRACTOR was requested to reconsider the schedule and prepare a new schedule which should encompass all known issues and have sufficient contingency to accommodate any eventual further delays, rework etc.

· CONTRACTOR formally presented the new schedule at a Schedule Review held 17th February, 2008 and advised that the forecast Mechanical Completion dates, based on assumed utilities provision dates, were:

……

· These dates were not accepted by Client and CONTRACTOR was requested to reconsider the schedule with the view to bringing the Mechanical Completion dates earlier. CONTRACTOR has made that review and considers that the dates, based on the same assumed utilities provision dates, are unlikely to be substantially bettered - reference CONTRACTOR letter dated 4th March, 2008.

3. 2 Delayed Provision of Free-Issue Utilities and Cost of Mitigation

……

3. 3 Delay in Delivery of Certain In Kingdom-Sourced Equipment and Materials and SPA Vendor-Sourced Instrumentation and Mitigation Costs Incurred

Introduction

Despite early placement of critical equipment orders and sourcing of labour from China, and despite extraordinary efforts by CONTRACTOR to mitigate the effects, CONTRACTOR has been faced with unprecedented and pervasive delays in delivery due to the unavailability of local skilled labour and a lack of manufacturing capacity with Client so-called "AML-vendors" (particularly single source, Client-nominated SPA Vendors). These unprecedented events turned for example a "non-critical" supply (vessels and heat exchangers) into one that impacted the Project Schedule by 12 months (#####).

The "collapse" of some manufacturing/ supply capabilities in the Kingdom (rather than just the anticipated overheated market), constitutes truly unforeseen and unavoidable circumstances, which CONTRACTOR was not aware of and could never have foreseen when entering into the relevant Purchase Orders with vendors, despite shop visits and capacity commitments made by vendors.

CONTRACTOR managed to reduce the delays owing to the employment of Chinese skilled labour that virtually took over the manufacturing from (i) ###### (PP and LLDPE Reactors); (ii) ###### (vessels and heat exchangers for PP and LLDPE), and supplemented the workforce of (i) ####### (structural steel for PP and LLDPE) and (ii) ######## (structural steel for PHU) .

In particular the delayed delivery of the reactors and vessels and heat exchangers severely impacted piping installation (nozzle availability), even though meaningful progress could have been made with the available pipe spools. Absence of in-line tagged instrument items further exacerbated the situation and resulted in delays and disruption to WORK. Reference is made to graph overview * * * * * * below, indicating ##### and ###### delay impact on the Project Schedule.

Data in respect of planned vs. actual deliveries have been gathered from CONTRACTOR's VPRM database tool- a comprehensive database updated throughout the Project.

3. 3. 1 Delayed Delivery of LLDPE and PP Reactors and Cost of Mitigation

Background

Nine Requests for Quotation for the design and supply of the long-lead, PP and LLDPE Reactors were issued to AML qualified vendors in time for early placement to suit the overall Schedule. Only 3 bids were received and it was clear that the overheated market was the cause of the inadequate response. A meeting was held on 2nd September, 2005, in which Client was advised of the difficulties that CONTRACTOR was facing in obtaining suitable and sufficient bids to procure the Reactors and Purge Bins. #### and one other European vendor were shortlisted and ###### appeared to offer the best proposition.

After receiving approval from Client on October 18th, 2005 to award the Purchase Orders to #### (in line with CONTRACTOR's obligation as per clause 2. 1. 23 of the IK Contract to give preference to Saudi Arabian manufacturers, provided their competitiveness in terms of quality, delivery, price and availability is proven), the P. O. 's were awarded to #####. Moreover, from a risk perspective, placing the P. O. 's with a Saudi vendor also meant that the transportation time to the Site would present less of a schedule risk. The ordering date supported the overall Project Schedule.

The Event of Force Majeure

Even though all major materials for the PE and PP Reactor were available in the ###### shop, #####'s absolute inability to source qualified manpower (welders in particular), as well as their inability to even prepare recovery plans because of the uncertainty over the availability of welders has severely delayed manufacturing.

CONTRACTOR, e. g. by letter dated 21 September 2006, kept Client updated on the events by means of various communications.

Actions taken to mitigate the effect of the event of Force Majeure

(i) CONTRACTOR has expended an extraordinary amount of efforts (vid. attached correspondence) by notifying, expediting, visiting and meeting with Bilfal senior management;

(ii) CONTRACTOR, by letter dated 5 September 2006, asked for Client 's assistance by supporting visa requests made to the Saudi consulate in India and in ensuring that ##### prioritize CONTRACTOR's P. O. 's over all other competing orders;

(iii) ###### on CONTRACTOR's insistence contacted ####### for assistance in approaching the immigration offices and Saudi consulate in India for expediting the release of block visas. Visa requests were turned down, however, because of the uneven distribution of Hindi vs. Muslim welders;

(iv) CONTRACTOR developed fall-back scenario with alternate manufacturers to take over manufacturing of one of the reactors;

(v) ####### Resident Team Project Director joined a meeting with ###### on 1st November, 2006;

(vi) CONTRACTOR took over virtually the complete execution of manufacturing in ###### shop by supplying Sinopec qualified welders, scaffolders, fitters, riggers and associated supervision during the months of November 2006, December 2006, January, February and March 2007 (105 peak) (344 manmonths against 130 supplied by Bilfal);

(vii) Full-time shop expediting;

(viii) Weekly management attention.

The effect of the Force Majeure Event on the Project Schedule

Based on ###### re-scheduling efforts undertaken in September 2006, ##### had to report a 28 week delay in delivery consequent to their inability to supply the required manpower. On 10th January 2007, ###### had to report yet another delay of 3 to 4 weeks due to unavailability of radio-active source for testing (importation license not received) .

This 32 week delay would have affected the Project Schedule by an equivalent period of time, however, as a result of the actions taken by CONTRACTOR, the anticipated delays have been reduced by 14 weeks, resulting in a 18 weeks of delay on the overall Project Schedule.

Costs incurred by CONTRACTOR in mitigating the #### delays

CONTRACTOR labour costs:

USD#####

In addition, CONTRACTOR has incurred Site work around costs / disruption not evaluated here (delayed installation of steelwork - finishing buildings and purification area; delayed work on undergrounds; re-scheduling of heavy crane + local replacement) .

Entitlement to an Extension of Time and reimbursement of additional costs and losses

CONTRACTOR is entitled an Extension Of Time of ##### days and reimbursement of additional cost in an amount of USD ########.

五、合同价格和工期调整

有事实和证据，合同和法律依据，这两个条件，就可以索赔，索赔成功的可能性也非常大。合同论证部分的目的是确立索赔权，事实和分析部分的任务是决定相应的索赔款和工期补偿。前者是定性的，后者是定量的。但应该索赔多少呢？这又是一个非常引起争议的话题。索赔的具体数额和具体工期需要分项计算和累计合并，这也是索赔报告书中最复杂、最容易引起争议的地方。

在报告中对各个子项的价格和工期调整进行汇总，重复和叠加部分需要处理，一般不宜重复计取，否则在谈判中很快就被对方驳回。

5.0 CONTRACT PRICE AND SCHEDULED COMPLETION DATE ADJUSTMENTS

5.1 Contract Price Adjustment

5.1.1 There are […] main elements of CONTRACT PRICE adjustment which are addressed in this Submission, i. e. :

……

5.2 Scheduled Completion Date Adjustment

总的来说，索赔报告书应该文字简练、论理透彻、逐项论述、层次分明、逻辑性强，让工程项目的局外人也能一看即懂并认为言之有理。如此，才能说基础工作是比较扎实严谨的。当然，要实现成功索赔，编写报告只是其中的一项工作，还需要做大量的沟通工作，想方设法说服业主接受己方的观点并同意进行相应的补偿。

第七章

合同关闭管理

合同关闭是工程项目的最后一道程序。合同关闭意味着合同双方按照合同规定完成了全部的责任义务，包括商务、技术以及管理等合同中规定的责任义务，以及相关的变更、索赔、工期延长和扣款等，并取得相应的权益。

正常合同关闭指合同正常履行完毕后，按照工程移交程序办理的整个关闭过程。非正常合同关闭是指合同执行过程受不可抗力、合同一方单方面终止或其他原因导致合同不能完全履行情况下的关闭过程。本章针对正常合同关闭进行阐述。

在国际化工石油承包工程项目建设中，完工阶段分为实体完工（Substantial Completion）、机械完工（Mechanical Completion）和最终完工（Final Completion）。其中，机械完工通常被认为是衡量项目现场施工是否结束的关键节点。每一个具体的合同中，机械完工的范围定义不尽相同。比如，预试车工作是否应当属于机械完工的工作范围，不同合同模式都会有差异。

对工程承包合同而言，合同关闭过程就是对项目实体进行移交，对项目合同最终款项进行回收，对竣工文件进行移交等活动组成的全部过程。通常，合同关闭程序包括实体完工、机械完工、投运和接受四个大的环节。

下面是两个典型的项目后期主要工作图示，供参考：

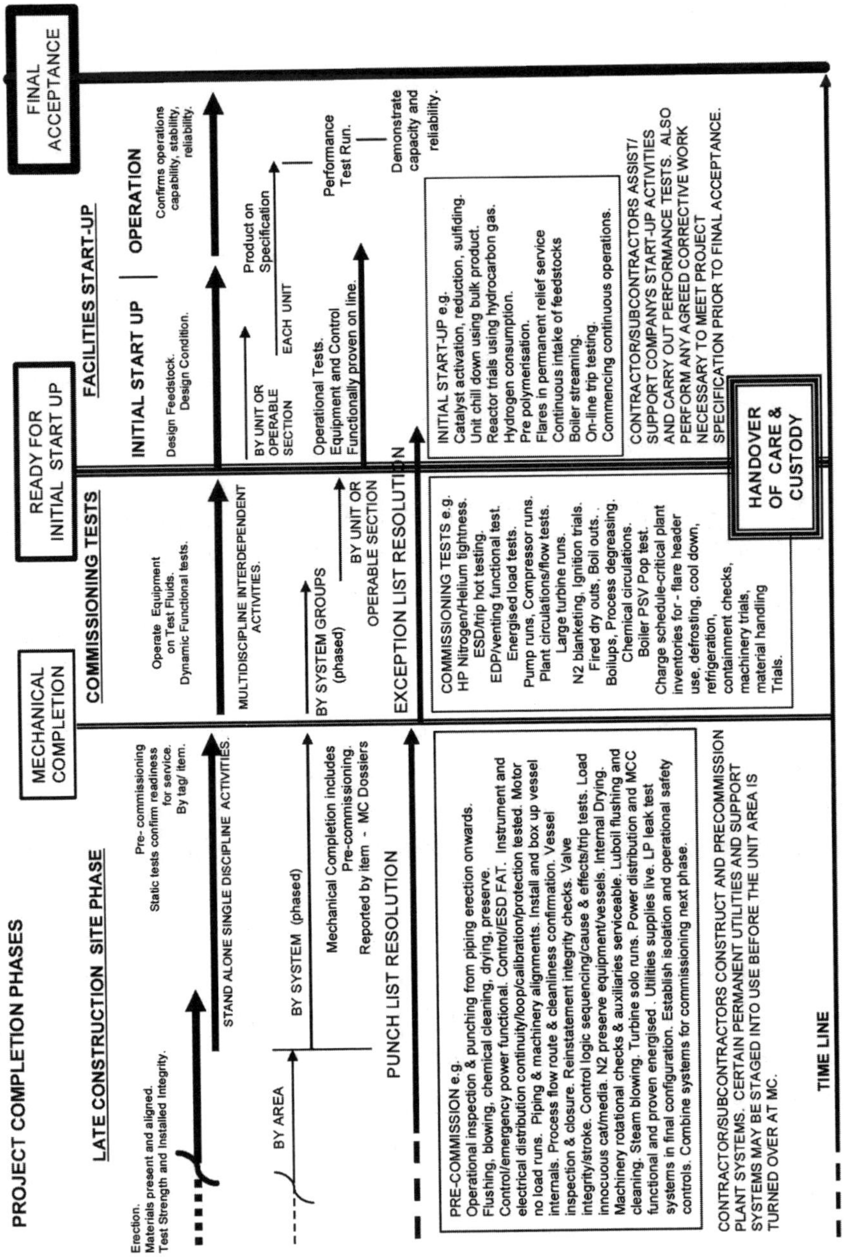

图7-1 沙特某炼油项目完工阶段工作流程图示

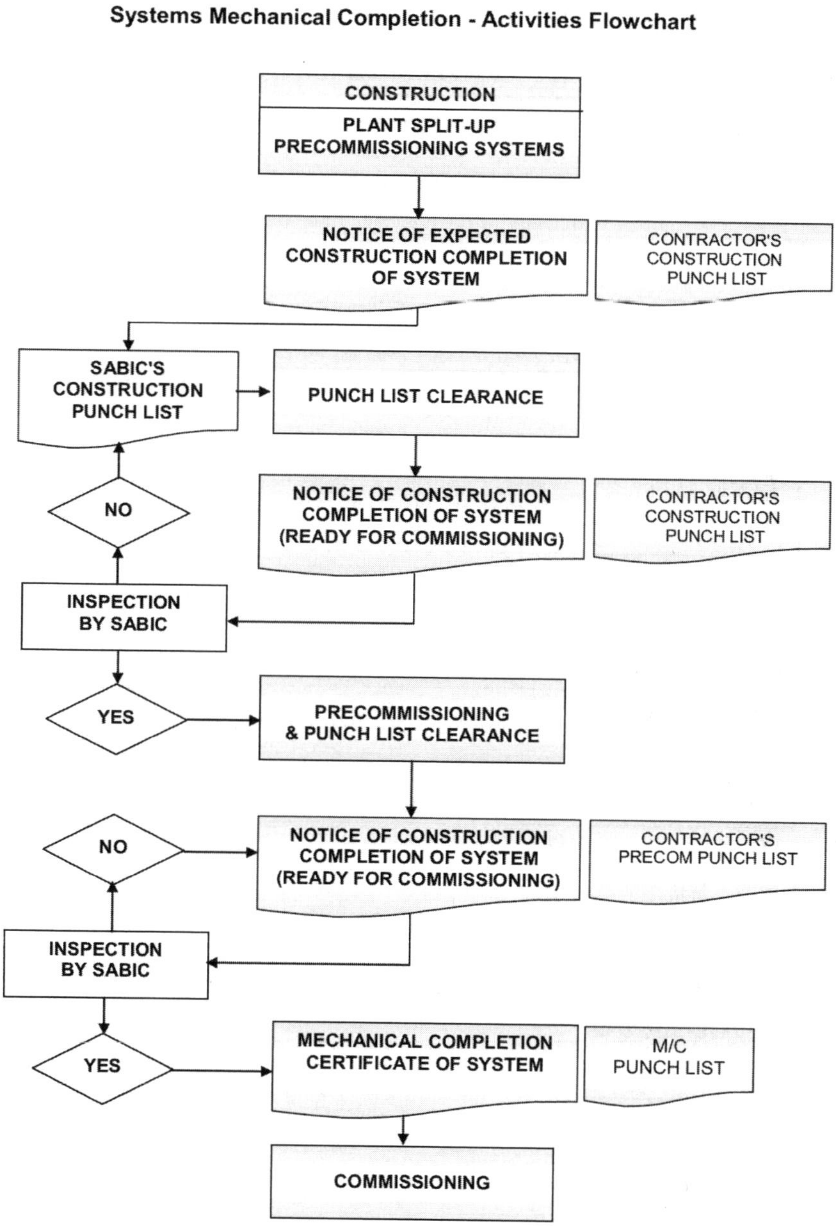

图 7-2　沙特某项目系统机械完工工作流程图示

合同关闭过程一般采用检查表方法，分解任务，逐项核对。

表 7-1 合同关闭检查表示例

合同关闭检查表（Contract Close out Checklist）			
序号	工作内容	状态	日期
1	承包商完工通知		
2	其他备案资料：		
	项目		
	施工		
	施工经理		
	现场监理		
	工程师		
	采购		
	质量检查 QC		
	费用/进度		
	账户的可支付性		
	合同总部管理		
3	所有工作指令已完成		
4	所有变更指令已完成		
5	所有补充、修改已完成		
6	索赔已解决		
7	扣款已入账		
8	证明或释放文件		
9	承包商的最终发票		
10	最终付款发票批准		
11	最终付款发票入账		
12	最终支付已给承包商		
13	银行保函		
14	滞留金		
15	合同关闭报告		
16	给承包商的关闭通知		
17	承包商绩效评估（Contractor Performance Evaluation）		

18	所有合同关闭文档资料		
19	最终接受证书		
	……		

1. 合同工程师应该参照上表逐项核对完成情况。
2. 状态栏填写（R：接受；I：问题；W：放弃；C：完成；T：移交；N/A：不适用）。
3. 具体项目可参考本表进行修改。

第一节 实体完工

在工程项目中，实质性完工的概念有别于合同竣工，它通常是指在合同竣工之前，但是主要工作已经完成，只剩余部分清理、整改项目等，出于有利于双方的目的，合同双方可以认为工程已经实质性完工。通常实质性完工可能发生在以下情况：

第一，工程项目的主要部分已经完成，只剩余部分清理及整改工作。

第二，部分单元、区域或者系统已经完成，但是其余部分仍然在进行施工。

第三，业主提前占有工程对其有利。

第四，合同原有工作范围已经完成，承包商仍然在进行变更的工作，但是合同原有工期已经结束。

工程合同中一般不会有明确的关于实体完工的规定。实体完工一般发生在合同尚未完全关闭前，承包商将工程移交给业主，这对于业主也更加有利。业主提前占有工程时，双方可能确定为工程已经实质性结束，但是业主并非一定要同意。

某炼化工程承包合同中对实体完工的定义节选如下：

"Substantial Completion" is the point at which, as certified in writing by the contracting entity, a project is at the level of completion, in strict compliance with the contract, where:

(a) Necessary approval by public regulatory authorities has been given;

(b) The owner has received all required warranties and documentation; and

(c) The owner may enjoy beneficial use or occupancy and may use, operate, and maintain the project in all respects, for its intended purpose.

Partial use or occupancy shall not necessarily result in the project being deemed substantially complete and shall not be evidence of substantial completion.

在确定工程实体完工时，合同各方的代表也要对工程进行验收，然后以消项单的形式确定未完成和存在缺陷的工作。需要注意的是，消项单不仅包括现场未完成或者是存在缺陷的工作，也包括管理、合同等为了关闭合同需要完成的工作，如竣工图、工程验收需要提交的文件等。合同竣工时，所有这些项目都需要被关闭。

一、实体完工证书

实体完工一般需要下发正式签署的书面证书，证书需要各方签署，在实体完工证书中应该包括需要承包商完成工作的消项清单。

实体完工通知格式示例

Notice of Substantial Completion

[ADDRESSED TO CONTRACTOR]

Attention: Project Manager

Subject: XYZ Project

Contract No. 12345-M-XXX

(Reference: If Contractor has requested Substantial Completion, reference its letter)

Dear×××,

It has been mutually agreed that [all work under the contract] [a portion of the work under the contract] is substantially complete. In accordance with the General Conditions, attached herewith is a fully executed Certificate of Substantial Completion covering [all work under the contract] [that part of contract work described in the Certificate] and the Punch List of remaining items has been resolved. As reflected in the Certificate, the work is determined to be substantially complete as of.

The provisions of warranty as described in General Conditions continues to be in full force and effect, and are supplemented by other requirements of the technical specifications. Maintenance of the work subsequent to [will be performed by others] [will remain your responsibility until Final Completion and Acceptance of the contract by the customer].

Please note that a formal billing for all costs or fees which you believe to be due under the contract must be submitted within thirty (30) days of the date of the Substantial Completion, or.

Very truly yours,

COMPANY

Attachment

Response Required:

实体完工证书签发后，业主将会承担对于工程进行维护的责任，承包商应该根据证书中要求的时间完成尾项关闭，从而实现合同的最终关闭。尾项关闭完成后，业主、PMC 和承包商的代表共同对尾项关闭清单进行验收。

二、业主提前占有

有些合同中会规定业主可以在合同关闭前占有全部或者一部分承包商已经完成或者部分完成的工作，这种情况称为提前占有（Beneficial Occupancy）。业主提前占有工程的目的各种各样，如为了交给第三方检验，或是自己使用。提前占有的工程可以是：一个房间、结构或者一部分场地；现场的一部分系统，如排水系统；街道、道路或者是停车场等业主可能提前使用的工程，但是提前占有不包括业主占有工程的某部分构件，如钢筋混凝土、钢结构、管线等。

提前占有在合同上相对比较重要，是因为当业主提前占有工程时，该部分工程的维护责任就从承包商转向了业主。但是承包商仍然负责完成剩余的工程以及修复在业主占有工程中发现的缺陷。

提前占有工程并不构成以下结果：业主接受承包商的任何工程；影响工程的保修期；免除承包商完成工程的责任；解除承包商的保留金或者给承包商增加费用。

通常，提前占有工程可以按照以下步骤进行：

首先，在提前占有工程之前，业主要和承包商共同对准备占有的工程的状态进行验收，指出其中未完成的部分或者存在缺陷的部分。

其次，PMC 书面通知承包商准备占有工程的日期，一般在合同中会规定 PMC 或者业主需要提前通知的天数。通知中一般要包括以下内容：

第一，清楚地写明业主准备占有的工程的位置和内容。

第二，表明工程中未完成项和存在缺陷项的消项单。

第三，关于业主占有工程后维护责任的清楚的陈述。

第四，业主准备占有工程的日期。

业主提前占有工程通知示例如下：

[ADDRESSED TO CONTRACTOR]

Attention: ____________________ Project Manager

Subject: XYZ Project

Contract No. 12345-M-XXX

NOTICE OF BENEFICIAL OCCUPANCY

Dear ____________________,

In accordance with the General Condition, entitled "Use of Completed Portions of the Work," the customer intends to take possession of a portion of the contract work on ____________. The work which the customer will occupy is described as ____________ ____________.

Based upon the joint inspection of that area made with you on ___________, the work shown on the attached list remains to be completed or corrected. Please contact the undersigned to arrange a schedule for completion of these work items which will be acceptable to the customer.

Effective upon the customer taking Beneficial Occupancy, you are relieved of responsibility for any damage which may occur as the result of the occupancy or use of the work, and of maintenance of work or systems within the area.

Beneficial Occupancy of this area does not constitute acceptance of the work or of the contract. You are reminded that the warranty duration extends ___________ months from the Final Acceptance of the Project as a whole by the customer. That date is currently forecast to be ___________. We recommend you periodically contact ___________ if you wish to be kept apprised of the actual acceptance date.

Very truly yours,

COMPANY

____

____

[CONTRACTOR'S NAME]

三、消项单

在合同关闭之前，承包商一般要先通知业主进行验收，业主、PMC 在验收后会以消项单（Punch list）的形式通知承包商工程中不符合合同要求的项目。最终的验收一般只是确认提出的不合格项是否都按照要求进行了修改。

项目竣工过程中，消项单是主要的内容。消项单的操作过程通常包括：

（一）消项单的起草

合同工程师要以正式的信函通知业主进行现场消项单验收，通常至少要在现场验收之前提前通知，具体时间应按照合同约定执行，FIDIC 条款要求应提前 21 天通知。通知函一般包含以下内容：

1. 描述需要验收的内容和区域等；
2. 验收的时间；
3. 需要完成消项单输入内容的时间；
4. 下发消项单给承包商的时间。

（二）完成消项单内容并下发给承包商

1. 从不同方收集需要包含在消项单中的内容，并最终检查和汇总；
2. 准备正式的消项单并下发给承包商。

（三）消项单所列项目的重新验收

表 7-2 消项单示例

Punch List								
Project Name					Project No.			
Punch List/Work list by					Date			
Trade	Item	Location	Issue	Status	Description/ Comments	Action taken	Schedule Completion	Actual Completion

实体完工证书格式示例如下。

Certificate of Substantial Completion

Date: ____________________

UNIT/FACILITY/AREA: ____________________

DESCRIPTION OFUNIT/FACILITY/AREA: ____________________

CONTRACTOR: ____________________

CONTRACT NO.: ____________________

PUNCH LIST COMPLETION DATE: ____________________

This is to certify the work described above has been substantially completed in accordance with the contract and associated documents. The facility/area designated above has been inspected by representatives of all parties, and is complete with the exception of the attached Punch List which contractor agrees to complete by the date designated.

The extended warranty period commences on the date the remedial work is completed as described in the Punch List or from the date of Final Acceptance of the Project as a whole, whichever is later.

INSPECTION CERTIFICATE

CONTRACTOR: ____________________ DATE: ____________________

ACCEPTED BY

COMPANY: ____________________ DATE: ____________________

CUSTOMER

第二节　机械完工

国际工程合同中，机械完工（Mechanical Completion）是界定承包方和业主之间责任和义务的极其关键的合同节点。一般情况下，达到机械完工条件即意味着施工承包商的合同工作履行完成。从试车阶段开始，施工承包商的任务一般以配合为主。对于EPC总承包合同而言，总承包商的合同范围有时会延伸到商业运营前期。所以，对于不同类型的合同机械完工的定义会有所区别。对于国际工程项目而言，业主一般都会将机械完工的工作范围界定得更广，以降低业主风险。

某境外炼化工程承包合同中对机械完工的定义摘录如下：

"Mechanical Complex Completion" means stage related to Complex, when:

a) the Complex is constructed and fully completed mechanically and in another sense in accordance with Agreement and is ready for commissioning and for operation under Article 14;

b) all tests and checking, required in relation to Complex before commissioning and operation under Article 14, were conducted and successfully completed;

c) Contractor obtained all Approvals, which are required to obtain before Mechanical Complex Completion; and

d) Customer agreed commissioning date in written form.

This definition is given only for the purpose of distribution of expenses for power, water, gas, steam and other resources, consumed in the process of Work performance, between Parties.

机械完工和实体完工一样，也要由承包商发出机械完工通知，业主签发机械完工证书。机械完工通知和机械完工证书示例如下。

Mechanical Completion Certificate

TO: [The Contractor]

Gentleman,

Pursuant to CC 24.4 of the Contract entered into between the Contractor and the Company dated [Insert Effective Date] in relation to ###########. The Company hereby notifies the Contractor that:

[Insert relevant U&I Component or Unit] has achieved Mechanical Completion in accordance with the Contract on the date herein;

The Company requires the correction and completion of minor omissions and /or Defects which do not materially affect the operation or safety of the [Insert relevant U&I Component or

Unit], as identified in the attachment to this Mechanical Completion Certificate, as soon as possible and no later than the date specified in the attachment.

Issuance of this Mechanical Completion Certificate shall not relieve the Contractor from its obligation to carry out and complete the Work in accordance with the Contractor, or from any other of its obligation and liabilities under the Contract.

Name:

Title

for and on behalf of

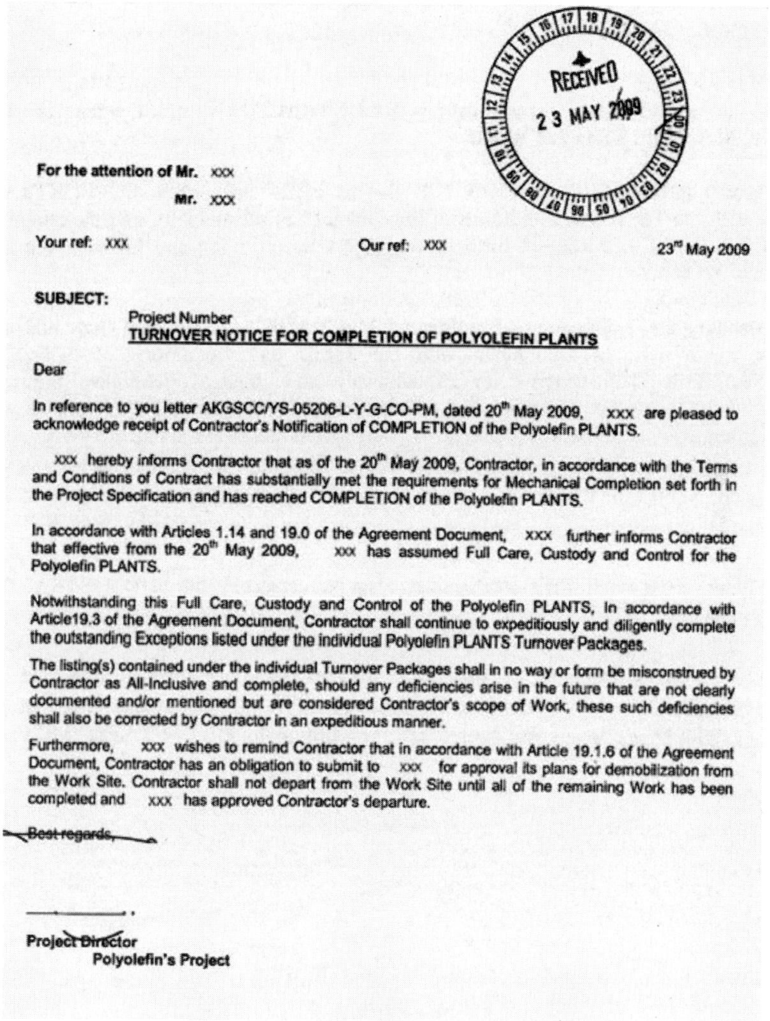

RECEIVED 23 MAY 2009

For the attention of Mr. xxx

Mr. xxx

Your ref: xxx　　Our ref: xxx　　23rd May 2009

SUBJECT:

Project Number

TURNOVER NOTICE FOR COMPLETION OF POLYOLEFIN PLANTS

Dear

In reference to you letter AKGSCC/YS-05206-L-Y-G-CO-PM, dated 20th May 2009, xxx are pleased to acknowledge receipt of Contractor's Notification of COMPLETION of the Polyolefin PLANTS.

xxx hereby informs Contractor that as of the 20th May 2009, Contractor, in accordance with the Terms and Conditions of Contract has substantially met the requirements for Mechanical Completion set forth in the Project Specification and has reached COMPLETION of the Polyolefin PLANTS.

In accordance with Articles 1.14 and 19.0 of the Agreement Document, xxx further informs Contractor that effective from the 20th May 2009, xxx has assumed Full Care, Custody and Control for the Polyolefin PLANTS.

Notwithstanding this Full Care, Custody and Control of the Polyolefin PLANTS, In accordance with Article19.3 of the Agreement Document, Contractor shall continue to expeditiously and diligently complete the outstanding Exceptions listed under the individual Polyolefin PLANTS Turnover Packages.

The listing(s) contained under the individual Turnover Packages shall in no way or form be misconstrued by Contractor as All-Inclusive and complete, should any deficiencies arise in the future that are not clearly documented and/or mentioned but are considered Contractor's scope of Work, these such deficiencies shall also be corrected by Contractor in an expeditious manner.

Furthermore, xxx wishes to remind Contractor that in accordance with Article 19.1.6 of the Agreement Document, Contractor has an obligation to submit to xxx for approval its plans for demobilization from the Work Site. Contractor shall not depart from the Work Site until all of the remaining Work has been completed and xxx has approved Contractor's departure.

Best regards,

Project Director

Polyolefin's Project

图 7-3　沙特某项目机械完工通知

Date : 30 June 2009

Attention : XXX
XXX *Project Manager*

Our Ref : XXX

Subject : **SUBCONTRACT NO. 121032-SC016 –NOTIFICATION OF SUBSTANTIAL MECHANICAL COMPLETION**

Dear Mr. XXX

In reference to you letter XXX ; dated 29 June 2009, OWNER is pleased to acknowledge receipt of SUB-CONTRACTOR's Notification of Substantial MECHANICAL COMPLETION of WORK.

OWNER hereby informs SUBCONTRACTOR that as of 24 June 2009, SUBCONTRACTOR in accordance with the Terms and Conditions of Subcontract has substantially met the requirements for MECHANICAL COMPLETION set forth in the Project Specification and has achieved conditional Acceptance of WORK.

Not with standing this Notification of substantial MECHANICAL COMPLETION and conditional Acceptance of WORK, in accordance with the Terms and Conditions of SUBCONTRACT SUBCONTRACTOR shall continue to expeditiously and diligently complete the outstanding exceptions, minor incomplete works and/or deficiencies, as detailed in the enclosure to your above referenced letter, prior to FINAL COMPLETION AND FINAL ACCEPTANCE.
The listing contained under the enclosure of the above referenced letter, shall in no way or form be misconstrued by SUBCONTRACOTR as all-Inclusive and complete, should any deficiencies arise in the future that are not clearly documented and/or mentioned but are considered SUBCONTRACTOR's

Scope of Work, these such deficiencies shall also be corrected by SUBCONTRACTOR in an expeditious manner.

The issuance of this Notification of substantial MECHANICAL COMPLETION and conditional acceptance by OWNER does not constitute FINAL ACCEPTANCE nor concurrence that the WORK for the Butene/BTX Plants, or any part thereof, fully conform to the PROJECT SPECIFICATION.

Sincerely yours,

XXX

Projects Director

图 7-4　沙特某项目机械完工证书

第三节 投 运

化工、炼油装置的投运是一个相当复杂的过程。尽管机械完工的装置一般都已进行了空气吹扫和水冲洗，但是容器和管道内还会残留焊渣、锈迹等杂质。为了保证容器、设备、管道等组成的工艺系统的贯通，有些装置在开车前要进行水联运、柴油联运等预投运或冷运过程，以保证投运时系统洁净、畅通无阻、密封不漏。水联运达到要求的装置即可投运。

装置投运前，业主或业主代表会签发证明达到投运条件的相关证书。“Ready for Initial Start-Up Acceptance Notice（RFISUAN）”指由业主或业主代表签发的证明项目已经达到投运条件的接受通知。某炼化工程承包合同中“准备投运”（RFISU）的定义摘录如下：

“Ready for Initial Start-Up” shall be achieved for the FACILITIES when:

1.1.50.1 the FACILITIES have achieved mechanical completion including the successful completion of all required inspections, dynamic testing and commissioning such that the FACILITIES are ready for initial start-up for the introduction of start-up fluids;

1.1.50.2 all utility and electric power systems that are part of the WORK are fully operational and in permanent service;

1.1.50.3 the WORK Site is in a clean and safe condition, with all surface and subsea construction debris, equipment and excess materials removed;

1.1.50.4 all drawings and other manuals and other documents to be provided by CONTRACTOR as specified in Schedule “B” have been given to COMPANY;

1.1.50.5 all Capital Spare Parts, Start-Up Spare Parts, Operating Spare Parts and Operating Materials (all as defined in Schedule “G”) to be provided by CONTRACTOR under the Contract have been delivered to the WORK Site;

1.1.50.6 all documents required by COMPANY's insurers have been delivered to COMPANY by CONTRACTOR;

1.1.50.7 pre-start-up safety review has been completed by COMPANY and CONTRACTOR;

1.1.50.8 the programme and method of resolution for the completion of each individual Exception Item (if any) has been agreed by COMPANY;

1.1.50.9 the provision by CONTRACTOR to COMPANY of such documentation so that title to the FACILITIES (and all parts thereof) has vested in COMPANY free from all liens and other encumbrances and if any liens or other encumbrances have existed over or in respect of the FACILITIES (or any part thereof) written evidence to demonstrate that all such liens and/or other encumbrances have been waived or discharged; and

1.1.50.10 COMPANY has confirmed compliance with all conditions (except those set forth in Paragraphs 1.1.50.1 to 1.1.50.9 inclusive) for Ready for Initial Start-Up set forth in Schedule "B".

有时候装置投运会分两个步骤，即冷运和投运，两个阶段中分别签发相应的证书。格式示例如下：

Ready for Cold Run Certificate（准备冷运证书）

TO: [The Contractor]

Gentleman,

Pursuant to CC 24.4 of the Contract entered into between the Contractor and the Company dated [Insert Effective Date] in relation to ##########, The Company hereby notifies the Contractor that:

[Insert relevant U&I Component or Unit] has achieved Ready for Cold Run in accordance with the Contract on the date herein;

The Company requires the correction and completion of minor omissions and /or Defects which do not materially affect the operation or safety of the [Insert relevant U&I Component or Unit], as identified in the attachment to this Ready for Cold Run Certificate, as soon as possible and no later than the date specified in the attachment.

Issuance of this Ready for Cold Run Certificate shall not relieve the Contractor from its obligations to carry out and complete the Work in accordance with the Contractor, or from any other of its obligation and liabilities under the Contract.

Name:

Title

for and on behalf of

Ready for Start Up Certificate（准备投运证书）

TO: [The Contractor]

Gentleman,

Pursuant to CC 24.4 of the Contract entered into between the Contractor and the Company dated [Insert Effective Date] in relation to ##########, The Company hereby notifies the Contractor that:

[Insert relevant U&I Component or Unit] has achieved Ready for Start Up in accordance with the Contract on the date herein;

The Company requires the correction and completion of minor omissions and/or Defects which do not materially affect the operation or safety of the [Insert relevant U&I Component or Unit], as identified in the attachment to this Ready for Start Up Certificate, as soon as possible and no later than the date specified in the attachment.

Issuance of this Ready for Start Up Certificate shall not relieve the Contractor from its obligations to carry out and complete the Work in accordance with the Contractor, or from any other of its obligation and liabilities under the Contract.

Name:

Title

for and on behalf of

第四节 接　　受

项目的接受是承包商合同规定义务履行完成的标志，表明业主同意接受承包商完成的工作成果。由于化工、石油装置每个都是唯一的，建造过程不可完全复制，每个装置的建造不可能完全达到各方的所有要求，因此，每一个项目的接受都是在尾项关闭的基础上，最终形成附带条件的接受。作为业主既想早日接收装置，早日投产，产生经济效益，同时又想让承包商对合理的义务继续承担履行责任或附带例外清单。接受分为初步接受和最终接受。

初步接受是典型的附条件的接受方式，下面是两个初步接受证书的格式示例。

实例一：

Initial Acceptance Certificate

TO: The Contractor

Gentlemen,

Pursuant to CC 25.5 of the Contract entered into between the Contractor and the Company dated [*Insert Effective Date*] in relation to the XXX at XXX , XXX , the Company hereby notifies the Contractor that:

- The Facility has achieved Initial Acceptance in accordance with the Contract on the date herein;
- [The Company requires the correction and completion of minor omissions and/or Defects which do not materially affect the operation or safety of the Facility, as identified in the attachment to this Initial Acceptance Certificate, as soon as possible and no later than the date specified in the attachment.]
- Issuance of this Initial Acceptance Certificate shall not relieve the Contractor from its obligations to carry out and complete the Work in accordance with the Contract, or from any other of its obligations and liabilities under the Contract.

____

Name:

Title

for and on behalf of

实例二：

Date: Nov. 9, 2009

Provisional Acceptance Certificate (PAC)

(Renk S/S)

To: XXX

The XXX Project had been completed by xxx, and it was energized after the inspection and acceptance by the committee of XXX in June 24, 2009. Therefore XXX accepts the handover and issue Provisional Acceptance Certificate (PAC) to XXX.

According to the contract, XXX will clear all the outstanding items (as seen in outstanding list) before the issuing of the FAC.

Issued by:

XXX

Signed by: XXX , Project Manager

Signing Date: 2009/11/9

最终接受表示业主对承包商合同履行结果满意，符合合同约定，完全接受履行结果。最终接受意味着承包商的合同履行义务结束，业主相应地签署释放证书并为承包商支付合同尾款，关闭合同。为了避免与承包商形成合同关系的分包商和供应商在合同关闭后，因承包商未完全履行与其之间的合同义务，一般承包商的释放证书须同时附带分包商和供应商的证书，以保证整个项目相关利益方之间的责任义务的关闭，解除向业主追偿的可能。

下面是沙特某业主采用的释放证书格式。

FORM OF CONTRACTOR' S FINAL RELEASE

In consideration of __________________ ("COMPANY") making the payments shown in the invoice to which this release is attached, (name of Contractor) ("CONTRACTOR") releases and discharges COMPANY, its owners and their AFFILIATES from all actions, suits, debts, accounts, damages, liens, claims and demands known to CONTRACTOR that CONTRACTOR now has for WORK accomplished under the terms of Contract No. ___________ between CONTRACTOR and COMPANY dated ___________ relating to theProject name ("CONTRACT") .

Without limiting the generality of the foregoing, CONTRACTOR covenants and agrees not to file any liens or make any claims or apply for any charge to be created against or in respect of the premises known as the (Plant name) or any part or interest in these premises for any work done or any materials furnished to the date of the attached invoice by CONTRACTOR or upon any other ground or character whatsoever for which payment under the CONTRACT has been made; and CONTRACTOR further covenants and agrees to release and does hereby release these premises and all buildings and improvements erected on these premises and any interest in them from any and every lien, charge, or claims of any nature whatsoever that CONTRACTOR might otherwise at any time have against the premises or any part of them for work done or materials furnished or upon any other grounds whatsoever growing out of or in any way connected with the erection or construction of any building or improvement upon these premises.

CONTRACTOR also hereby certifies and represents that attachment one attached hereto is a true and complete list of all parties who have supplied or furnished CONTRACTOR with such materials, equipment and labour in the performance of CONTRACTOR's work up to the date shown on the attached invoice, and that the listed parties have been properly and lawfully compensated for all equipment, and labour supplied or furnished by them, that CONTRACTOR knows of no outstanding actions, suits, debts, accounts, damages, liens, claims or demands of any kind or nature whatsoever made by the listed parties against COMPANY or CONTRACTOR.

For purposes of this release, reference to COMPANY or CONTRACTOR includes their respective AFFILIATES, Parent, successors, and assignees, and reference to the CONTRACT includes all amendments thereto.

"AFFILIATE" means, in relation to a specified company, any other company that directly or indirectly controls, is controlled by, or is under common control with, the specified company. "Control" means the ownership, directly or indirectly, of 50% or more of the shares or voting rights in a company. A "Parent" is the company that so controls a specified company and a "Subsidiary" is the company that is so controlled by a specified company.

By signing or accepting this release, neither CONTRACTOR nor COMPANY waives any rights under the CONTRACT with respect to:

- adjustment in compensation based on audit;

- representation, guarantee, or warranty claims against CONTRACTOR; or
- matters unrelated to calculation or payment of CONTRACTOR's price under the Contract.

This certification and representation is made with the understanding that COMPANY will rely upon it and will materially change its position because of it. In witness whereof, CONTRACTOR by its authorized officer, has executed this Release.

DATE: ___________ BY: ___________

CONTRACTOR

TITLE ___________

(Signatures to be notarized)

FORM OFSUBCONTRACTOR/SUPPLIER FINAL RELEASE

In consideration of payment of (Currency Value) by (Contractor's Name) ("CONTRACTOR"), as shown in the Final Invoice to which this release is attached, the undersigned, releases and discharges for itself and its AFFILIATES, heirs, executors, administrators, successors, and assignees, Saudi Basic Industries Corporation ("COMPANY") and CONTRACTOR, their respective Parents and their AFFILIATES, successors and assignees, of and from all demands of every kind and nature whatsoever, including all actions, suits, debts, accounts, contract obligations, damages, liens, and claims, against COMPANY or CONTRACTOR which the undersigned ever had, now has, or which it, its heirs, executors, administrators, successors, and assignees of the undersigned hereafter can, or may have for or by reason of any matter, cause, or thing whatsoever under CONTRACT No. ___________ dated ___________ ("CONTRACT") with COMPANY's prime contractor, CONTRACTOR (or its SUBCONTRACTOR) or otherwise arising out of or because of work performed or goods furnished by the undersigned for or under its responsibility relating to the (Project name).

Without limiting the generality of the foregoing, the undersigned for itself and its AFFILIATE, heirs, executors, administrators, successors, and assignees covenant and agree not to file any liens or make any claims against or in respect of the premises known as the (Name of project) or any part of these premises or against any building or other improvement erected or made on the premises or any interest therein, or any interest or property of CONTRACTOR, for any work done by the undersigned or any materials furnished by the undersigned or upon any other grounds whatsoever. The undersigned further releases these premises and all building and improvements erected on the premises or any interest therein, and any interest or property of CONTRACTOR, from any and every lien, charge, or claim of any nature whatsoever that the undersigned might otherwise at any time have against the premises or any part of them for work done or materials furnished or upon any other ground whatsoever growing out of or in any way connected with the erection or construction of any building or improvement upon these premises.

The undersigned shall also defend, indemnify, and hold COMPANY and CONTRACTOR harmless from and against any claim, demand, or cause of action by any SUPPLIER or SUBCONTRACTOR of the undersigned of whatever tier relating to work done or material and equipment furnished relating to performance of the undersigned's obligations under the CONTRACT.

"AFFILIATE" means, in relation to a specified company, any other company that directly or indirectly controls, is controlled by, or is under common control with, the specified company. "Control" means the ownership, directly or indirectly, of 50% or more of the shares or voting rights in a company. A "Parent" is the company that so controls a specified company and a "Subsidiary" is the company that is so controlled by a specified company.

The undersigned agrees and acknowledges that COMPANY and CONTRACTOR will rely upon this Release and will materially change their positions by reason thereof.

DATE: ____________ BY: ____________

SUBCONTRACTOR

TITLE: ____________

(Signatures to be notarized)

Partial Release and Certificate of Payment（部分付款证书）

COMPANY: ____________JOB NO:

With reference to Subcontractor No. ____________ dated ____________ As amended. Between the undersigned Subcontractor.

____

(NAME OF SUBCONTRACTOR)

and ____

(CONTRACTOR)

for ____

(TYPE OF WORK)

at ____

(LOCATION OF OWNER' S PERMISES)

The undersigned hereby certificates and represents that it has made full payment of all costs, charges and expenses incurred by it or on its behalf for work labor, services, materials and equipment supplied to the foregoing premises and/or used in connection with the Work under said Subcontract through ____________.

(DATE)

The Undersigned further certificates that to its vest knowledge and belief, each of its subcontractors and materialism has made full payments of all costs, charges and expenses incurred by them or on their behalf for work, labor, services, materials and equipment supplied to theforegoing premises and/or used by them in connection with the Undersigned's work under said Subcontract through ____________.

(DATE)

In consideration of ____________ as payment under the Subcontract for all work performed through ____________, the Undersigned hereby unconditionally releases and forever discharges

(DATE)

the owner ____

and Contractor ____

and the owner's premises and property form all claims, liens and obligation of every nature arising out of or in connection with the performance of the said Subcontract and all amendment hereto, through ____________ expect as set forth below:

(DATE)

As additional consideration for this payment, the subcontractor agrees to the fullest extent of the law to, indemnify and hold harmless the said Owner and Contractor from and against all costs, losses, damages, claims, causes of action, judgments and expenses, including attorney's fees, arising out of or in connection with claims against the said owner or Contractor which claims arise out of the performance of the work under the Subcontract through ____________ and which may be asserted by the Subcontractor or any of its

(DATE)

suppliers, contractors of any tier or any of their representatives, officers, agents or employees except for those claims listed above, and except for claims arising out of the sole negligence or willful misconduct of the party indemnified or held harmless.

The foregoing shall not relieve the Undersigned of its obligation under the provisions of said Subcontract, as amended, which by their nature survive completion of the Work including, without limitation, warranties, guarantees and indemnities.

Executed this ____________ day of ____________

[NAME OF SUBCONTRACTOR]

BY :

TITLE:

Release and Certificate ofFinal Payment（最终支付证书）

COMPANY:　　　　　　　　　　　　　　　　　　　　JOB NO:

With reference to Subcontractor No. ____________ dated ____________ As amended. Between the undersigned Subcontractor.

____

(NAME OF SUBCONTRACTOR)

and ____

(CONTRACTOR)

for ____

(TYPE OF WORK)

at ____

(LOCATION OF OWNER'S PERMISES)

The undersigned hereby certificates and represents that it has made full payment of all costs, charges and expenses incurred by it or on its behalf for work labor, services, materials and equipment supplied to the foregoing premises and/or used in connection with the Work under said Subcontract.

The Undersigned further certificates that to its vest knowledge and belief, each of its subcontractors and materialism has made full payments of all costs, charges and expenses incurred by them or on their behalf for work, labor, services, materials and equipment supplied to the foregoing premises and/or used by them in connection with the Undersigned's work under said Subcontract and has obtained releases to that effect.

In consideration of ____________ as final payment under the Subcontract, the Undersigned hereby unconditionally releases and forever discharges

the owner ____

and Contractor ____

and the owner's premises and property form all claims, liens and obligation of every nature arising out of or in connection with the performance of the said Subcontract and all amendment thereto expect as set forth below:

As additional consideration for this payment, the subcontractor agrees to the fullest extent of the law to, indemnify and hold harmless the said Owner and Contractor from and against all costs, losses, damages, claims, causes of action, judgments and expenses, including attorney's fees, arising out of or in connection with claims against the said owner or Contractor which claims arise out of the performance of the work under the contract and which may be asserted by the Subcontractor or any of its suppliers, contractors of any tier or any of their representatives, officers, agents or employees except for those claims listed above, and except for claims arising out of the sole negligence or willful misconduct of the party indemnified or held harmless.

The foregoing shall not relieve the Undersigned of its obligation under the provisions of said

Subcontract, as amended, which by their nature survive completion of the Work including, without limitation, warranties, guarantees and indemnities.

Executed this ____________ day of ______________________________________

[NAME OF SUBCONTRACTOR]

SIGNED:

TITLE:

后　记

一、依法合规经营坚守底线

改革开放四十多年来，我国工程企业逐步发展和壮大。但从客观上来讲，我国工程企业的规则意识还远没有跟上国际化和全球化时代发展的步伐。为此，许多中国企业在国际化经营的进程中付出了惨痛的代价，巨额的经济损失、企业信誉扫地、企业国际化受阻。近年来，国际形势复杂多变，中国工程企业可能因全球经营合规问题直接遭受国家间制裁、禁运、贸易战的影响，或是被卷入跨国行政调查、司法程序中，遭到巨大的打击。

近几年，我国政府逐步意识到了企业合规经营的重要性，出台、完善了一系列法律、法规，力图通过中央企业的示范引领，带动中国企业合规管理水平的不断提升。同时，越来越多的中国企业也逐渐认识到，合规能够为企业赢得声誉、尊重和信任，能够使企业在国际市场获得认可和拓展商业机会，能够保护企业的管理层安全履职，减少个人决策合规责任风险。随着合规的管理价值、经济价值和社会价值被不断挖掘，中国企业对合规的认识已从“合规减少风险”升级为“合规创造价值”，心态从“被动合规”转变为“主动合规”；举措上也从传统、零散的局部合规调整发展为业务链条高度融合的全面合规体系建设。对于中国企业，全面建设合规体系的崭新时代已经来临，合规已成为企业参与全球竞争的“必备通行证”。

1. 合规的内涵与外延

2018 年 11 月 2 日，国资委发布《中央企业合规管理指引（试行）》，其中第二条规定，本指引所称合规，是指中央企业及其员工的经营管理行为符合法律法规、监管规定、行业准则和企业章程、规章制度以及国际条约、规则等要求。2018 年 12 月 26 日，发改委等七部门联合发布《企业境外经营合规管理指引》，其中第三条规定，本指引所称合规，是指企业及其员工的经营管理行为符合有关法律法规、国际条约、监管规定、行业准则、商业惯例、道德规范和企业依法制定的章程及规章制度等要求。2022 年 8 月 23 日，国资委发布《中央企业合规管理办法》，第三条规定，本办法所称合规，是指企业经营管理行为和员工履职行为符合国家法律法规、监管规定、行业准则和国际条约、规则，以及公司章程、相关规章制度等要求。

合规是管理科学，既是一个目标，也是一个完整的体系，更是一个持续的过程。合规要综合考虑法律、法规、强制性规定、自愿性标准、行业规范、合同义务、企业内部制度以及道德规范。

2. 合规义务主体

合规的义务主体，包括企业及其员工。可以细化为三类：一是企业作为组织本身；二是直接控制或者参与企业决策、经营、管理的主体，包括股东、管理层、经理层、普通员工等，甚至还包括实际控制人；三是与企业经营管理发生联系，从而影响企业本身合规成效的外部主体，主要指客户、供应商、经销商、承包商、中间商等业务伙伴。企业是合规的当然主体，大量的法律法规直接以企业本身作为规制对象。作为合规义务主体的企业，既应当包括央企、其他国企和外企，也应当包括广大民企。企业作为组织，本身无法从事具体行为，必须通过管理层、普通员工等自然人来执行企业意志，所导致的法律后果，往往由企业承担，但在多数情况下，责任人还必须与企业共同承担违规责任。

3. 合规是过程与结果的融合

合规的过程性体现在两个方面：一是前期合规体系建设需要投入时间开展大量工作，比如梳理企业内外部制度、通过现场访谈等方式发现合规风险点、编写合规义务指引和员工行为手册、撰写合规条款等；二是合规体系建设完成后，需要维护、运行和更新，开展合规体系评估等，更新、完善企业的合规体系；三是合规体系运行离不开合规考评、合规培训、合规文化培育、合规风险举报等需要长期开展的合规保障工作。综上所述，合规是指通过建立、运行和维护一整套企业内部管理制度和流程，以确保企业及其员工、其他利益相关方等主体遵守和执行适用于企业的内外部规范。

二、国际化经营任重而道远

1. 国际化经营的任务

工程企业国际化经营，是企业适应新形势发展下的必然选择。一个工程企业，要保持持续健康发展，就应当在国内市场不断巩固和发展的基础上，实施国际化经营战略，培育境外区域重点市场，建立健全完善的公司治理体系、QHSE 质量安全管理体系、境外工程市场开发体系、境外工程项目执行体系等，并加强各体系的有效运行，提升国际化经营的实力和能力，在不断的“实践-提高-再实践-再提升”

的模式下壮大自身的竞争能力，实现国际工程承包规模化和效益化，进而达到企业跨越式发展的目标。

2. **国际化经营的挑战**

国际化经营的发展，从来都不是一帆风顺的。我国工程企业绝不能故步自封，应当具有一个宽广的胸怀和全球的视野，敢于正视我们在国际化经营道路上所存在的问题或薄弱环节，对标世界一流工程公司先进的管理理念、思路和方法，找差距、摆不足，并采取一系列的相应措施去改进和提升我们自身的能力和水平。同时要勇于开拓进取，面对国际工程竞争对手，既要讲求投标报价策略，同时又要树立信心，迎接挑战，转变理念、厘清思路和改进项目管理方法，坚持以工程承包合同为契约、以依法合规经营为底线、以管理体系有效运行为保障、以防控项目风险为抓手，全面实现国际工程项目的安全、质量、工期和综合效益目标。

三、法律风险管理与时俱进

法律风险管理，贯穿国际工程项目投标和执行的全过程。因此，我国工程企业在纷繁复杂的国际工程市场竞争中，要顺应国际工程市场发展的趋势，时刻保持风险的意识，抓好项目投标和执行过程中的法律风险识别、评估、应对、评价和改进等工作，以防范项目重大法律风险为目标，建立健全法律风险防控体系，并加强体系的有效运行，在项目开始阶段要做好项目执行的策划，尤其是项目费用控制计划，并在项目执行的关键环节，做好工程项目的变更和索赔工作，同时要预防和应对业主的反索赔，坚持有据有理有节地开展和推进各项工作。此外，要充分利用外部法律资源，协助己方做好有关项目的索赔和反索赔策划，帮助己方应对项目执行过程中发生的法律争议或纠纷，必要时运用法律诉讼或仲裁的方式，维护己方的合法权益。

参考文献

〔1〕 杨海林:《EPC 工程总承包项目管理逻辑与方法》，中国建筑工业出版社 2022 年版。

〔2〕 李森、张水波:《EPC 工程总承包全过程管理》，中国建筑工业出版社 2020 年版。

〔3〕 范云龙、朱星宇:《EPC 工程总承包项目管理手册及实践》，清华大学出版社 2016 年版。

〔4〕 王伍仁:《EPC 工程总承包管理》，中国建筑工业出版社 2008 年版。

〔5〕 徐培涛:《FIDIC 合同条件下 EPC 项目风险分析与对策》，机械工业出版社 2021 年版。

〔6〕 刘相文等:《中国企业全面合规体系建设实务指南》，中国人民大学出版社 2019 年版。

图书在版编目（CIP）数据

国际工程项目合同管理全流程手册 / 秦占飞著．—北京：中国法制出版社，2023.5

ISBN 978-7-5216-3532-4

Ⅰ.①国… Ⅱ.①秦… Ⅲ.①国际承包工程-经济合同-管理 Ⅳ.①F746.18

中国国家版本馆 CIP 数据核字（2023）第 080610 号

策划编辑 王 彧 责任编辑 王 悦 封面设计 杨泽江

国际工程项目合同管理全流程手册

GUOJI GONGCHENG XIANGMU HETONG GUANLI QUANLIUCHENG SHOUCE

著 / 秦占飞

经销 / 新华书店

印刷 / 三河市国英印务有限公司

开本 / 710 毫米×1000 毫米 16 开　　印张 / 15.5 字数 / 304 千

版次 / 2023 年 5 月第 1 版　　2023 年 5 月第 1 次印刷

中国法制出版社出版

书号 ISBN 978-7-5216-3532-4　　定价：69.00 元

北京市西城区西便门西里甲 16 号西便门办公区

邮政编码：100053　　传真：010-63141600

网址：http：//www.zgfzs.com　　**编辑部电话：010-63141830**

市场营销部电话：010-63141612　　**印务部电话：010-63141606**

（如有印装质量问题，请与本社印务部联系。）